Economics Series

大陸經改與兩岸經貿

第二版

高長 著

五南圖書出版公司 印行

◉ 再版序 ◉

　　承蒙五南圖書出版公司及讀者的支持，拙著「大陸經改與兩岸經貿關係」自民國八十三年八月間問世迄民國九十六年，共發行三版，每一版都經歷至少二刷，其中民國九十一年發行的三版有六刷，總計銷售流通的數量超過萬本。這個發行量與坊間暢銷書比較根本不足掛齒，儘管如此，對於一本以大專院校師生為主要訴求的專業書籍作者而言，仍然有莫大的鼓勵作用。因此，我要特別藉此機會對五南及讀者致意，表達由衷的感謝。

　　民國九十六年中，接獲五南張毓芬主編電話通知，三版書將再印刷若干本。鑑於三版一刷時間為民國九十一年，已經過多年，尤其該期間無論大陸經濟改革開放政策、經濟表現，或是兩岸經貿關係，都已經發生結構性的變化，因此，我倆討論之後當下決定應該改版後再發行較有意義。嗣由於客觀環境已發生大變化，需要增刪的內容太多，同時也由於個人工作忙碌，耽擱了撰寫的進度，全新版以「大陸經改與兩岸經貿」為書名，延遲到去（民九十七）年十月才出版。

　　本書出版再度受到讀者的肯定，深感欣慰。不過，由於書中諸多論述的內容，相對於國民黨再度執政後兩岸關係已發生明顯變化之現況，出現極大落差，初版付梓之前來不及修改，一直耿耿於懷，因此，為了切合現階段兩岸經貿關係情勢的發展，趁再版之際，本書做了必要的增刪。其中，主要包括：第4章第五節補充修正、第5章全新增加第六節、第6章全新增加第四節、第11章刪除原第五節，替入全新的內容、第14章第二節和第四節做部分補充和修正。希望這些修訂的內容可以滿足讀者的需求。

　　近一年多來，全球金融海嘯及兩岸關係改善，使得大陸經濟與兩岸經貿關係形勢發生明顯的變化。全球金融海嘯造成國際市場嚴重衰退，台灣與大陸經濟同遭受傷害，兩岸經貿交流也受到影響。而馬政府走馬上任後，為謀求兩岸和平發展和繁榮，主張在「九二共識」、「一中各表」的基礎上，優先處理兩岸經貿關係正常化問題，所謂「先經濟後政治」的發

展策略，兩岸政策大幅鬆綁，中斷十多年的海基、海協兩會制度化協商機制重新啟動，並先後完成三次協商、簽署九項協議和發表一項共同聲明，實現兩岸「大三通」。兩岸關係改善受到國際社會的普遍肯定，兩岸經貿交流的模式更大大的改觀。

在全球金融海嘯肆虐之下，兩岸政策鬆綁或將為兩岸經濟發展注入新的動能，其在中長期可能造成的政經效應，值得進一步觀察和研究。本書修訂版，主要是將初版不合時宜的論述刪除或訂正，另將最近一年多來兩岸政府新的交流政策措施、東亞區域經濟整合新趨勢和兩岸經貿關係新的發展等內容增補加入，方便讀者參考。

在全球化及區域經濟整合蔚為潮流之環境下，要如何面對大陸經濟崛起的現實，走出台灣永續發展之路，已成為朝野各界熱切關注的課題。個人在學界一直鑽研該領域相關議題，謹將長期研究的成果藉本書出版與各界人士分享，拋磚引玉。文中或難免有疏漏及未盡周延之處，也請關心相關議題的同好，不吝批評指正。

高　長　謹識

民國九十八年九月

● 導　論 ●

高　長

　　中共統治中國大陸頭三十年（1949～1978），奉行馬列共產主義、毛澤東思想，不但自絕於世界經濟環境之外，而且內部「兩條路線」的權力鬥爭不斷，經濟發展呈現反覆劇烈變動現象。儘管在該期間，大陸經濟仍然保持成長，不過，相對於更快速的人口成長，以及過度發展重工業造成不合理的產業結構與資源浪費的情形，這種經濟發展成就並未改善人民生活水準。另一方面，與歐美先進國家長期隔絕的結果，已造成中國大陸科技水準（國防工業除外）低落、科學知識貧乏等問題。中共領導者或已體認到這些問題不利於社會安定及政權穩定，因此，在1978年12月舉行的「十一屆三中」全會，斷然決定自1979年起採取「對內改革、對外開放」的政策。

　　所謂「對內改革」，主要在於「改革」已實行三十年的中央集權計畫經濟體制。第一階段的改革從1978年12月開始到1984年10月中共「十二屆三中」全會召開前夕。這一階段的改革重點在農村經濟體制，家庭聯產承包責任制逐漸取代了人民公社制；同時，大陸政府也在城市進行大規模的經濟體制改革實驗，重點在於擴大地方政府和企業的自主權。在「計畫經濟為主、市場調節為輔」的原則下，大陸經濟從傳統計畫體制的邊界上開始逐漸向市場體制轉軌。

　　第二階段的改革是從1987年10月至1992年10月中共「十四大」召開前。這一階段經濟體制改革特徵是建立「有計畫的商品經濟」。改革的重點有三，一是進一步擴大企業的生產經營自主權，以增進企業經營活力；二是對價格體系和價格管理體制的進一步改革；三是建立起由直接控制為主轉向間接控制為主的宏觀管理制度。另外，對於農村部門也同時推進第三步改革，重點在於發展農村商品經濟，使農村改革和城市改革結合起

來。

第三階段的改革是從1992年10月到2002年10月中共「十六大」召開前。大陸在中共「十四大」會後確立了「社會主義市場經濟」的基本發展路線，結束了過去「摸著石頭過河」的改革模式，全面加速推動經濟改革。大陸經濟體制的市場化進程在許多方面展開，例如，以形成現代企業制度為目標的轉換國有企業經營機制改革，社會保障制度、商品市場和生產要素市場體系之建立，宏觀經濟管理體制改革（主要包括財稅、金融、外匯）等方面。

第四階段的改革是從2002年10月中共「十六大」召開迄今。「十六大」政治報告中提出「完善社會主義市場經濟體制」、「全面建設小康社會」的目標，一系列改革所涉領域主要包括：所有制結構，農村稅費制度，糧食流通體制，土地徵用制度，農村金融服務體系，農村剩餘勞動力轉移機制，金融、財稅、投資和價格體制，行政管理體制，宏觀調控體系，社會保障體系等。2001年12月，大陸正式成為WTO的締約成員後，經濟體制改革的壓力增大，同時改革的速度也較過去加快。

「對外開放」主要是打開門戶、與國際社會交流、融入國際經濟體系等。大陸對外開放政策，首先從區域空間的對外開放著手，選擇幾個沿海城市構建對外開放基地，也就是說，初期是以沿海地區為戰略重點，嗣後再延伸至其他內陸地區，分階段、分層次逐步推進。對外開放政策的決策思維，無非是要加強與世界各國經貿交流，透過國際貿易、利用外資、人才交流等手段，促進大陸經濟發展。配合實施對外開放政策，大陸政府制訂了許多優惠政策措施，以鼓勵對外貿易、吸引外商直接投資、引進國際人才。

「改革開放」政策之實施，對大陸經濟之影響可說是全面的。一方面，經濟持續快速成長，已使得大陸的綜合國力大幅提升，以國內生產總值（GDP）和進出口貿易總值兩項指標來看，大陸在全世界各國之中的排名分居第四位和第三位，外匯存底更是居各國之首。另外，大陸製造的產品中已有一百多種之生產規模位居世界第一位，例如彩色電視機、棉布、

棉紗、鋼、煤、化肥等，大陸已成為全球最重要的生產基地。另一方面，大陸宏觀經濟體質也產生了巨大的變化，特別是集權計畫經濟的主導作用減弱、市場化和國際化的程度則不斷提高，非公有制經濟所佔比重愈來愈來大等方面。

　　國際上對於大陸日益增強的經濟實力，都表現了極大的關注，一方面，大陸強勁的經濟成長被認為是全球經濟成長的新動力；另一方面，「中國威脅論」的論調也在國際間引起討論。無疑地，在全球經濟舞台中，大陸已成為重要角色。值得重視的是，大陸不但在融入全球經貿體系的態度上非常積極，以爭取更高的國際分工地位，而且以發展中國家的領導者自居，積極參與國際組織的運作，試圖在國際社會爭取更大的發言權和影響力。各種跡象顯示，隨著經貿實力增強，加上國際社會對於大陸的期望甚高，大陸在發展國際政、經關係上更顯得得心應手。

　　此外，我們也必須注意到，「改革開放」固然對大陸經濟發展具有多方面的正面效應，但由於「改革」採「漸進式」，經濟發展戰略採「不平衡式」，因而在過去三十年發展過程中造成許多結構性問題，譬如市場不公平競爭現象充斥、市場失序、區域發展失衡、貧富不均、城鄉差距擴大、生態環境嚴重破壞等問題。這些結構性問題可說是實行「改革開放」政策之代價，對大陸經濟永續發展造成不利影響。

　　大陸在推動「改革開放」政策的同時，對台政策也做了相應的調整。北京當局在1979年元旦發表「告台灣同胞書」，首次提出「和平統一」、「三通」、「四流」等主張。1982年元月，鄧小平再提出「一國兩制」的對台政策思想，從此，「和平統一」和「一國兩制」成為大陸對台政策的基本方針。

　　北京當局對台政策基本上採「兩手策略」，在國際間，一方面不斷宣傳台海兩岸的緩和氣氛和民間交流的進展，凸顯其「和平統一」政策作為的成果；另一方面則盡其所能壓縮中華民國政府在國際上的活動空間，以遂行其「一國兩制」的目的。在兩岸關係，大陸政府特別重視對台經貿關係之拓展，希望透過加強兩岸經貿交流，促進兩岸經貿關係，提高台灣對

大陸經濟的依賴程度，從而可以「有效地操縱台灣經濟的運行，加速祖國統一」，因此，採取了各種優惠措施，吸引台商到大陸投資及從事兩岸經貿活動。

面對中國大陸對台政策的「兩手」操作，台灣初期以「不妥協、不接觸、不談判」的「三不」政策回應。嗣後，隨著國內外環境變化，台灣對大陸經貿政策陸續做了微調，尤其自1987年底，宣布解除戒嚴及開放國人對大陸探親後，兩岸民間交流快速發展，在新的形勢下，台灣的大陸政策漸由過去的消極且被動的態度，轉趨務實且逐漸放寬限制。

兩岸交流開放以來，政治關係之改善似乎相當有限，不過，在政經分離「兩手」策略的主導下，政治領域以外的交流、互動，例如經貿、社會、文教等方面，卻有明顯的進展。以兩岸經貿關係為例，儘管受到政治因素影響，歷年來台灣與大陸執政者都在不同程度上施予行政干預，但由於雙方各自採取了「非對抗性的經貿政策」，使得兩岸經貿交流仍能在市場機制的引導下持續發展。兩岸經貿關係愈來愈密切，一方面表現在兩岸經貿相互依存度不斷提高，另一方面則是兩岸經濟整合程度逐漸加深，兩岸經濟交流也成為台灣參與國際產業分工的重要環節。目前大陸已是台灣最大的出口市場，第二大進口來源，最大的貿易出超來源，大陸是台灣廠商海外投資的最大聚集地。而台灣作為大陸的貿易伙伴地位相對較遜，目前台灣是大陸第五大進口來源，第七大出口市場，最大的貿易逆差來源，第五大投資來源地。

在兩岸經貿關係的發展過程中，「三通」議題一直受到兩岸朝野各界人士的關注。大陸政府早自1979年提出「和平統一」的對台政策後，一直主張儘早實現兩岸「三通」。面對大陸政府積極倡議開放兩岸「三通」，台灣官方起初的態度是完全排斥，不過，後來隨著外在環境之變化，台灣官方乃逐步調整、開放，如設置「境外航運中心」、實施春節包機直航等作為。開放兩岸直航對台灣經濟長期發展的利弊互見，關鍵在於能否擴大其正面的影響，並減少其負面的衝擊。正面的經濟效益主要表現在節省運輸成本、產業結構調整、有利於吸引跨國資金來台投資、有助於改善兩岸

關係等；負面的影響主要表現在加速產業外移、失業增加及國家安全受威脅等。

　　台灣與大陸相繼成為WTO締約成員之後，台灣民間要求開放兩岸「三通」的呼聲愈來愈大。2001年元月開始試辦「小三通」，依據《離島建設條例》第十八條規定，試辦金門與馬祖對大陸（分別為廈門和福州）直接通航，具體規劃項目主要包括航運、商品貿易、人員往來、金融往來、郵政往來、工商及農漁業發展等七大方面。針對我方提出的「小三通」政策方案，初期大陸政府並沒有正面回應，不過，實施之後，大陸政府的態度轉而支持。整體而言，「小三通」政策對於金馬地區的經濟成長有明顯的貢獻，有助於改善金馬地區民眾的生活，同時，對於改善兩岸關係也具有正面的意義。

　　過去多年來，由於兩岸執政當局對於雙邊經貿交流並未採取對抗性的政策，加上WTO因素的推波助瀾，兩岸經貿關係呈現逐年快速發展的趨勢。大陸經濟崛起，無疑帶給台灣許多商機，同時也造成台灣對大陸經濟依賴度提高，因而台灣經濟更容易受到大陸經濟波動的影響。統計分析的結果顯示，歷年來兩岸經貿交流之變動的確與大陸經濟波動存在正向關係。近幾年大陸一直受到經濟過熱的困擾，宏觀調控政策的發條儘管不斷加緊，但是似乎仍無法有效控制達到預期的目標。另外，從長期來看，未來大陸經濟的可持續性發展將面臨結構失衡、資源過度消耗、環境承載能力不足等問題之困擾。大陸經濟發展的可持續性存在諸多不確定性，勢必影響兩岸經貿交流穩定發展。

　　面對全球經濟區塊化、先進國家貿易保護主義日益抬頭、國際市場競爭日趨激烈等國際現勢，東亞各國已深刻體認到加強雙邊或多邊經濟合作的重要性，區域內經濟一體化正加速推進。過去多年來，台灣與大陸對於東亞地區經濟一體化的發展都扮演著重要的角色，同一期間內，台灣與大陸的經貿關係也持續發展。不過，近年來東亞各國致力於建立有組織的區域經濟整合體，例如東協加一（自由貿易區），新加坡分別與日本、美國等國家簽署自由貿易協定（FTA）等，台灣卻因兩岸政治對立因素受到排

斥無法參與，或在與特定國家洽簽FTA時遭到阻撓。兩岸經濟高度互補，攜手共同參與東亞區域之經濟整合，將可創造更大的經濟利益共同分享，消除兩岸政治對立刻不容緩。

● 目　錄 ●

大陸經濟體制改革 1

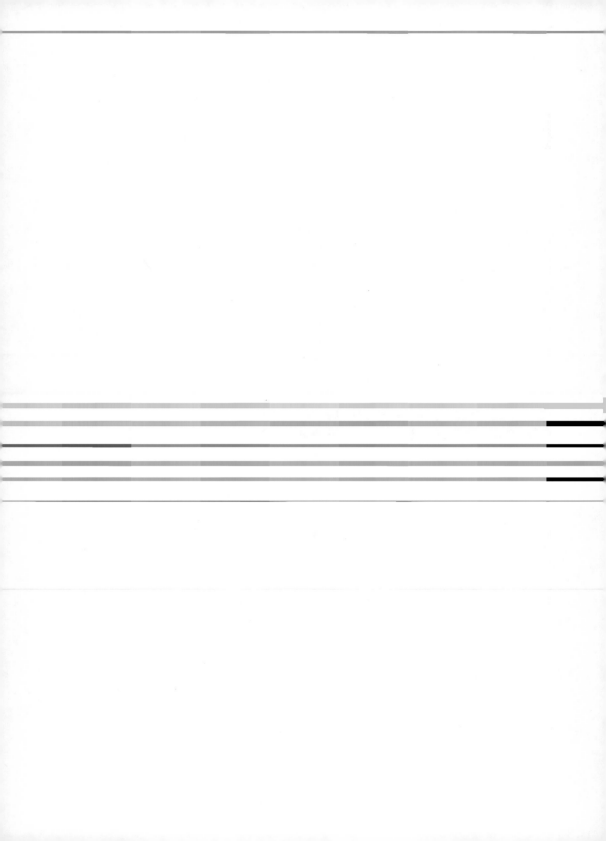

1978年以前，大陸經濟發展策略係以加速資本的累積為重點，在集權計畫經濟體制下，透過產業政策和所得分配政策，實行強迫儲蓄來實現計畫經濟目標。該項策略使得1949～1978年間中國大陸的儲蓄率平均達30%以上，經濟成長率平均每年約6%左右。然而，經濟成長並未使人民生活水準相應獲得改善，由於誘因機制被嚴重扭曲，反而導致民眾工作意願低落，農業、輕、重工業等產業結構嚴重失衡，以及資源使用效率低落等問題。1978年之後，大陸政府乃針對這些問題進行經濟調整、改革，並開放引進外資、技術和加強發展對外經濟關係。

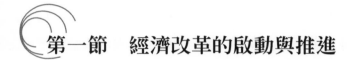

第一節　經濟改革的啟動與推進

　　1978年12月，中共召開十一屆三中全會，拉開了大陸經濟體制改革的序幕。中共十一屆三中全會決議將黨和國家的工作重心轉移到社會主義現代化建設後，隨即展開經濟改革行動。第一階段的改革從1978年12月到1984年10月十二屆三中全會召開前夕，大陸經濟在「計畫經濟為主，市場調節為輔」的經濟體制原則下運行，從傳統計畫經濟體制的邊界上開始向市場經濟轉軌。這個階段的經濟改革重點在農村，家庭聯產承包責任制逐漸取代了人民公社制，與此同時，大陸當局也開始在城市中進行改革試點，主要重點為擴大地方政府和企業的自主權。

　　在這個階段中，農村地區之改革主要在解決農民與集體的關係，也就是農民與原來人民公社制度的關係問題，目的在激勵農民發展商品生產的積極性，提高農村生產力。較重要的改革措施有：

　　一、在土地等主要農業生產資料集體所有制的前提下，實行土地所有權與經營權分離，把原屬於集體所有的土地承包給農民

家庭分散經營。到1984年底止，已有1.8億農戶採用了各種形式的承包生產責任制，佔全大陸農戶總數的98%左右。

二、取消了政經合一的「三級所有、隊為基礎」的人民公社制度；恢復了鄉村政權組織。

三、提高農產品收購價格，例如在糧食收購上，1979年平均提高20.1%，1980年又提高了8.1%，其後迄1984年，每年皆提高3%左右。

城市經濟改革的目標，主要在促使企業成為一個獨立的經濟體，亦即從過去附屬於行政部門的地位，提升到成為獨立核算、自負盈虧的經營主體。為了擴大企業自主權，過去的行政干預式經濟管理體制同時也做了一些改革，新的管理體制較重視經濟手段，且以財政與貨幣政策為工具。基本上，擴大企業自主權必須要從解決企業所有權和經營權如何分離的問題上著手；而落實經濟管理則必須從解決價格體系的扭曲問題及建立各種市場機能方面開始。為了達到這些目標，大陸在歷經了一些「試點」後，乃自1979年底開始全面推廣「擴大企業經營管理自主權」。同時，也開始把一部分中央和省、自治區直屬的企業下放給城市管理，實行政企分開。此外，財政權、管理權也自1980年開始下放給地方部門。經濟管理方面，為配合上述財政權下放給地方部門，「試點」採行了「利潤留成」、「盈虧包幹」、「利改稅」等措施，替代過去的計畫管理；在貨幣政策方面，則採取了企業流動資金全額信用貸款，以取代過去無償撥款的辦法。

第二階段的改革是從1984年10月至1992年10月中共十四大召開前。從1984年10月中共中央十二屆三中全會通過《關於經濟體制改革的決定》，作出改革重點轉向城市的決定開始，到1988年9月治理整頓深化改革的決策，再到1992年「十四大」提出建立市場經濟體制的改革目標，這一段期間，經濟體制改革的特徵是建立「有計畫的商品經濟」。1986年3月公布的「七五計畫」，指出經濟改革主要包括三方

面的內容，一是進一步擴大企業的生產經營自主權，使之真正成為相對獨立、自主經營、自負盈虧的經濟個體；二是對價格體制和價格管理體制的進一步改革，逐步放開生產資料計畫價格，放開生產要素價格，進行工資和勞務收費調整，房租和住房逐步商品化，建立對少數重要商品和勞務由國家定價，其他大多數商品和勞務分別實行國家指導價格和市場調節價格的制度；三是建立起由直接控制為主轉向間接控制為主的宏觀管理制度。

農村改革主要是在解決農民與國家的關係問題，自1985年起取消對農副產品實行統購及派購的辦法，採取了尊重農民自主權的國家計畫合同收購的新政策；同時，大陸當局亦取消向農民徵收實物稅的辦法，將農業稅由實務稅改成現金稅；取消對城鎮居民統銷農產品（基本口糧和食用植物油除外）的辦法，而改給予生活補貼。

1987年10月，中共「十三大」的政治報告指出：有計畫的商品經濟體制應該是計畫與市場內在統一的體制，「國家調節市場，市場引導企業」是當前的經濟運行機制。1988年2月間，大陸國家體改委提出並經國務院批准公布實施的經濟工作重點包括：按照發展社會主義商品經濟的總目標，以落實和完善企業承包經營責任制，深化企業經營機制改革為重點；同時改革計畫、投資、物資、外資、金融、財稅體制和住房制度，加強對國家資產投資、消費基金和物價管理。

不過，這個階段的改革進程並不順遂。由於前一階段經濟改革帶來的一些問題，譬如經濟層面的財政赤字擴大、通貨膨脹、外貿赤字、外債激升、產業發展結構失衡等，以及非經濟層面的官倒、所得分配不平均造成之社會問題、意識型態的衝擊等，使得這個階段的經濟體制改革遭到很大的阻力，最後甚至演變成改革派和保守派之間的權力鬥爭，趙紫陽下台可說是路線鬥爭的結果。

由於經濟問題未獲妥善解決，贊成加速改革的一派在歷經天安門事件之後，基本上已失去權勢。原本由中共十二屆三中全會所通過的

經改方案，自1988年9月中共十三屆五中全會後即已被擱置，而由李鵬、姚依林所主導的「治理整頓」所取代。嗣後，除了一些技術性的改革，目的在吸收社會游資，減少政府負擔，例如住房制度改革、試辦證券市場、出售土地使用權等繼續推行外，對涉及企業自主、企業產權及價格體系等較根本性的體制改革問題，基本上均已停擺，「深化體制改革」的構想事實上在當時已成為口號。

第二節　經濟改革的全面推展

　　1992年是大陸整個經濟體制改革歷程中一個重要的轉折點，這一年鄧小平的南巡談話，以及10月份中共中央召開的「十四大」，結束了過去「摸著石頭過河」的改革模式，確立了建設社會主義市場經濟體制的目標，全面加速推動經濟改革。

　　在1991年以前，大陸當局實施連續三年的「經濟調整」，緊縮的經濟政策加上天安門事件造成的社會動盪，以及外國對大陸採取經濟制裁，使大陸經濟陷入嚴重的衰退。鄧小平曾於1991年春節期間在上海公開發表談話，試圖催促改革，加速經濟發展，不過，並未獲得李鵬等保守派人士的積極回應。反而是在「反和平演變」的浪潮中，保守派人士公然質疑經濟改革的成果，甚至利用輿論影射批評鄧小平的「改革開放」思想，反對進一步改革開放。

　　北京的官僚機構公然敷衍鄧的意思，甚至公然唱反調，鄧小平的感受當然不是滋味，而此種演變，可能將否定鄧在七年改革開放中的歷史地位，更是鄧所無法容忍的。於是他結合軍隊及在改革開放中得到實益的地方勢力，1992年初在東南沿海及特區等地公開發表一系列「深化經濟改革，擴大對外開放」的談話，試圖對北京的保守勢力施加壓力。果然，鄧小平南巡講話帶給地方、改革派勢力很大的鼓舞，

造成了另一波的改革開放熱潮。

　　1992年1月18日至2月21日，鄧小平先後視察武昌、深圳、珠海、上海等地，並發表一系列言論，其內容可綜合歸納為下列六點：

一、中國要走具有中國特色的社會主義道路，不能墨守成規，走教條主義路線。

二、要大膽一些，放開一些，不搞改革開放，就只有死路一條。

三、改革開放，是為了解決中國面臨的困難問題，要以實事求是的態度採取禁得起實踐檢驗的政策措施，不要以虛論求是的態度預設姓「社」姓「資」的條條框框，摒棄有良好效果的政策措施。

四、資本主義有社會主義可用的地方，不用怕搞資本主義；事實上，許多措施和制度不能斷然定性為資本主義或社會主義。

五、有中國特色的社會主義道路，並不是一條已經鋪好的現成道路，而是要經過可能長達二、三十年的努力，一步一步腳踏實地走出來的路。

六、有些同志從一開始就反對改革開放，到現在仍對這條道路沒有信心。誰動搖沒有堅持這條道路，誰就下台。

　　鄧小平這些談話內容，成為大陸改革勢力提出「二次改革開放」的理論依據。中共中央在繼二號文件（鄧小平南巡講話）發佈後，四號文件則是體現鄧小平講話精神與內涵所採行之市場化改革措施，以及全方位開放的新格局；五號文件強調加快發展第三產業 則是適應市場化改革與促進經濟發展的因應策略。

　　鄧小平南巡旋風，無疑地已促使大陸改革開放進入了新的發展階段。就加速改革方面來觀察，在鄧小平談話之後，大陸當局似乎不再擔心經濟過熱問題，而勇於採行較為寬鬆的經濟政策，允許所有有條件的地區追求較高的成長率。

　　加快改革步伐，基本上是以企業改革為重點。改革的內容包括國

營企業試行股份制、擴大實行稅利分流管理的試點、鼓勵組建各類企業集團、企業兼併、商業部門進行「經營、價格、分配、用工」等四方面放開的改革試點；取消出口補貼、進口調節稅；降低商品進口關稅；建立待業、醫療、養老等社會保險機制等，其中尤以股份制改革最受各界關注。

大陸先後已在上海、深圳兩市設立證券交易所，發行股票並公開上市，廣東、福建、北京、天津、四川等地經核准進行股份制試點，其他地區也積極爭取辦理試點，一些省市甚至未經核准，即成立證券交易機構或變相機構，掀起股份制的熱潮。

其次，與改革的進展相比，擴大對外開放的措施似乎更受到歡迎。擴大對外開放包括區域的擴大和領域的擴大兩個層次。依開放區域而言，政策上由沿海開放，擴大包括沿邊開放、沿江開放和向內陸省推進，在內陸省區進行特區試點。對新的開放浪潮來說，領域的擴大比區域的擴大更重要、更具效果。大陸擴大利用外資，允許外商直接投資於過去不准插手的金融、貿易、商業、交通、旅遊和其他第三產業等領域，並同意試辦外資銀行、外資保險公司，讓外商投資零售業，其目的不外是要利用「內需市場」之開放，換取外商投入更多的資金、更高水準的技術與汲取現代化國際企業經營管理知識。

中共能夠在1992年10月召開的十四大中確立「社會主義市場經濟」體制，與鄧小平的政治影響，以及深化經濟改革的現實需要有密切的關聯。

鄧小平南巡講話中，重新界定經濟運作中的計畫和市場概念，以釐清姓「社」姓「資」的爭議，鄧小平說：「計畫多一點還是市場多一點，不是社會主義與資本主義的本質區別。計畫經濟不等於社會主義，資本主義也有計畫；市場經濟不等於資本主義，社會主義也有市場。計畫和市場都是經濟手段。」鄧小平實用主義的經濟發展理念是大陸突破傳統經濟理論和認識的主要因素。

其次，十多年來改革開放政策的實施，大陸的經濟結構和對外經濟關係已發生了重大的變化，進而影響到其經濟體制改革的方向。

一、私營經濟的發展，三資企業的迅速增加，鄉鎮企業的興起，形成了多種經濟成分並存的所有制格局。

二、地方意識抬頭，諸侯經濟的形成，改變了中央與地方的關係。

三、從國際經濟的角度來看，過去大陸的對外開放，已使大陸經濟與國際經濟存在著某種相互依存的關係。為了加速外資的吸引和技術引進，以促進經濟發展，大陸必須遵循國際經濟的規範，調整本身的經濟體制，以適應國際經濟的運作。

為了加速建立「社會主義市場經濟」體制，推動經濟發展和社會全面進步，在中共總書記江澤民的政治報告中強調將來須努力採取一系列的政策來配合，其主要內容包括：

一、加速經濟改革步伐，具體做法包括轉換國有企業的經營機制、加快培育市場體系、深化改革分配制度和社會保險制度，以及加快政府職能之轉換。

二、進一步擴大改革開放，積極利用國外資金、資源、技術和管理經驗。

三、調整和改善產業結構，重視發展農業，加快發展基礎工業、基礎設施和第三產業。

四、加速科技進步，大力發展教育，充分發揮知識分子的作用。

五、充分發揮各地優勢，加快地區經濟發展，促進全大陸經濟佈局合理化。

換言之，大陸期待能藉「社會主義市場經濟」體制的建立，更大幅度引用市場機制，發揮資源有效分配、提高經濟效益、提升產業結構，以及加速經濟發展速度，進而實現促進經濟發展的目標。

中共「十四大」確立的以市場經濟為導向的改革戰略，解決了社

會主義與市場經濟能不能結合，以及如何結合的問題，顯示「計畫」與「市場」之爭最後以遵循價值規律和建立市場機制的結論劃上了圓滿的句號。從此以後，大陸的經濟體制改革工程全面展開。

　　從1992年到2002年中共中央「十六大」召開前期，大陸經濟體制的市場化進程在許多方面展開，例如以形成現代企業制度為目標的轉換國有企業經營機制改革，社會保障制度、商品市場和生產要素市場體系之建立，宏觀經濟管理體制改革等方面。

一、國有企業改革

　　1992年以前，在「放權讓利」改革思路的引導下，大陸政府對國有企業先後進行了「擴大企業自主權」（1979年）和「經濟責任制」試點（1981年），實行了兩步「利改稅」（1983年、1984年），嗣後再以「承包經營責任制」（1987年）的改革思路展開改革，一直持續至1992年。1992年中共「十四大」將轉換國有企業特別是大中型企業的經營機制，作為建立社會主義市場經濟的重點工作之一，鼓勵採取股份制，通過聯合、兼併組建企業集團，使企業成為真正的市場主體，並承擔國有資產保值增值的責任。這個時候，國有企業改革似乎已跳脫前階段「放權讓利」和經營承包制的改革路徑，轉向建立現代企業制度的路徑。

　　1993年11月，中共「十四屆三中」全會通過《關於建立社會主義市場經濟體制若干問題的決定》，提出通過建立適應市場經濟要求、產權清晰、權責明確、政企分開、管理科學的現代企業制度，以轉換國有企業經營機制；大陸國務院並挑選100家國有大中型企業進行建立現代企業制度的試點。另外，在同年12月召開的八屆人大五次會議中通過了《中華人民共和國公司法》，引導大陸國有企業的公司制改造進入新的里程。

　　1995年，大陸政府正式推出「抓大放小」的改革思路，展開國有企業的現代企業制度改革。對於一般小型國有企業，主要建立以產權制度為特徵，採取承包經營、租賃經營、改組為股份合作制或者出售給集體或個人的經營方式。根據企業經營狀況，國有小型企業還可以選擇依法破產。而對於大中型國有工業企業則以建立現代企業制度試點開始，主要進行明晰產權關係的改革，企業中的國有資產所有權屬於國家，企業擁有包括國家在內的出資者投資形成的全部法人財產權，成為享有民事權利、承擔民事責任的法人實體。明確企業的法人權利和責任，按投入企業的資本額享有所有者的權益，即資產受益、重要決策和選擇專業治理團隊等權利。企業破產時，出資者只以投入企業的資本額對企業債務負有限責任。

　　1997年9月，中共中央「十五大」政治報告強調指出：國有企業的改革方向是建立「產權清晰、權責明確、政企分開、管理科學」的現代企業制度，要抓好大的，放活小的，對國有企業實施戰略性改組。對國有大中型企業實行公司制改革，通過發展多元化投資主體包括直接融資等，推動企業轉換經營機制；對國有小型企業採取改組、聯合、兼併、租賃、承包經營和股份合作制、出售等形式進行改革。實行「鼓勵兼併、規範破產、下崗分流、減員增效和再就業工程」，以形成企業優勝劣汰的競爭機制。

　　1997年，亞洲金融危機引起各界對大陸金融體系風險的關注，國有企業的高負債率令人擔憂的不只是企業本身的生存和發展，還會拖累並加劇大陸銀行體系的金融風險。大陸政府適時提出「債轉股」改革，四大國有商業銀行分別組建了各自的資產管理公司，中央政府以財政為資產管理公司注資，承接各銀行的不良債權。1999年9月，中共「十五屆四中」全會通過了《關於國有企業改革和發展若干重大問題的決定》，重申國有經濟必須進行戰略性的大重組，其中，國有企業債轉股和減持國有股均是國有經濟改革的重要內容。

● 二、非公有制經濟改革

　　所有制改革是經濟體制改革的核心，自1978年以來，所有制改革不斷推進，已取得一定的成果，例如公有制和非公有制經濟的相對地位已發生根本性的變化，非公有制經濟佔全大陸經濟總量〔以國內生產總值（GDP）衡量〕的比重，到1997年間已達四分之一。1997年以後，所有制改革仍然是經濟體制改革的重點工作之一，主要包括調整所有制結構，尋找能促進生產力發展的公有制實現形式。

　　中共在1997年9月間召開「十五大」，揭示了新時期大陸經濟體制改革方向，其主要內容包括：「調整和完善所有制結構」、「加快推進國有企業改革」、「完善分配結構和分配方式」、「充分發揮市場機制作用和健全宏觀調整體系」等項。由於這些改革構想，特別是國有企業改革牽涉「所有制」的部分，在意識型態上有重大突破，因此，大陸學術界稱「十五大」所提出的改革構想，是1979年以來第三次思想大解放，與1978年十一屆三中全會的改革開放決議和「十四大」確定社會主義市場經濟體制的思想解放作為相媲美。

　　「調整和完善所有制結構」的主要內容為：重新界定公有制經濟的涵義，繼續強調公有制為主體的概念，指示公有制實現形式可以而且應當多樣化，只要能發展公有制，只要有利於發展社會生產力，任何形式都可採用在「加快推進國有企業改革」方面，「十五大」的政治報告（以下簡稱報告）指出：「建立現代企業制度是國有企業改革的方向」，國有企業改革將繼續依循1995年底所提出的「抓大放小」原則。「抓大」就是要「集中力量搞好一批關係國民經濟命脈、具有經濟規模、處於行業前列地位的國有大型企業的改革和發展」；「以資本為紐帶，通過市場組建跨地區、跨行業、跨所有制和跨國經營的大企業集團」。「放小」就是要「繼續採取改組、聯合、兼併、租賃、承包經營和股份合作制、出售等形式，加快放開搞活國有小型企

業的步伐」。

具體的做法是，針對攸關國計民生的國有大企業實行公司制改革，由國家全資控股；在每一行業選擇一家或若干家大型國有企業，進行跨地區或跨行業的兼併與聯合，組成超大型的企業集團，採股份制形式，除了國家股，並允許外資、集體、私營或個人入股；中小型國有企業經營不善者將予破產處理，或由其他企業收購、兼併，繼續經營者亦將進行全面的產權重組，成為股份制或股份合作制企業，但也可予以轉售或轉租給中外企業、個人獨資、合夥經營。

「關於完善分配結構和分配方式」，強調在社會主義的初級階段，以按勞分配為主，多種分配方式並存。把按勞分配和按生產要素分配結合起來，允許和鼓勵資本、技術等生產要素參與收益分配。勞動者以勞動收入投資企業獲得紅利，是合理合法的收入。

為了使市場機制作用充分發揮，並健全宏觀調控體系，「報告」強調要加快總體經濟市場化進程，特別是資本、勞動力、技術等生產要素市場，形成健全的價格機制，發揮市場對資源配置的作用；宏觀調控主要運用經濟手段和法律手段，要完善協調機制，注意掌握調控力度，以實現經濟穩定成長。

嚴格來說，「報告」中提示的擴大經濟體制改革主題，與歷年來大陸推動的系列改革重點，一是所有制改革（即產權制度改革）；二是市場價格機制的重建；三是收入分配制度的改革，即要重建經濟誘因機制，相較之下並無新鮮之處。不過，「報告」特別強調「中國將長時期處於社會主義初級階段」，為進一步改革開放，致力追求經濟發展提供理論基礎，同時對於各項改革的論述，從思想觀念到實際操作方向，在意識型態上可以說已有重大的突破。

以「調整所有制結構」的構想為例，首先對「公有制」的定義重新詮釋。過去將包含國有和集體的公有制經濟視為主體，將個體私營、外商投資等非公有制經濟視為公有制經濟的補充；現在的觀點

是：無論是公有制還是非公有制，都認為是社會主義市場經濟的重要組成部分，強調兩者係處於平等競爭、共同發展的地位。公有制經濟當中的國有和集體，過去認為集體為低級形式，要向高級形式的國有經濟過渡，「報告」將集體與國有併列，強調同是公有制經濟的一部分，並特別提出要支持、鼓勵城鄉地區大力發展集體經濟。

關於「公有制為主體」的信念，大陸也有嶄新的詮釋方式。過去認為屬於公有制的國有和集體經濟，必須在總體經濟中佔較高的比重，並具支配的地位；新的觀點為：公有制經濟不只包含國有和集體，尚包括混合經濟中的國有和集體成分，其主體地位的表現，主要不在於其數量佔絕對優勢，而在於是否能控制國民經濟命脈、對經濟發展起主導的作用。

基本上，「公有制為主體」的新詮釋，主要在強調所有制與所有制實現形式兩者之差別。「報告」中強調，公有制為主體的概念不需也不能改變，但公有制的實現形式不只包含傳統的國有和集體兩種，公有的參股部分也應涵蓋在內。由於所有制實現形式的本質是財產組織形式，因而公有制的實現形式可以朝多元化發展，公有和非公有企業可以互相參股，公有制佔控股地位的混合經濟，例如有限責任公司、股份有限公司、合作企業、合夥企業、股份合作制企業等，因而獲得較大的發展空間。

● 三、宏觀經濟管理體制改革

鄧小平南巡談話和中共「十四大」的決議，明確了「計畫」和「市場」之間的關係，化解了「姓社」和「姓資」之間的爭議，長期困擾、禁錮一般人觀念的思想得到解放。1993年11月，中共十四屆三中全會通過了《關於建立社會主義市場經濟體制若干問題與決定》，其中除了國企改革和投資體制改革，自1994年初開始，以治理通貨膨

脹，消除經濟過熱為初始目標的一攬子宏觀經濟管理體制改革全面展開，主要包括財稅、金融、外匯等領域（參閱表1-1）。

表1-1　中共1994年改革措施一覽表

類別	具體措施	說明
財政稅收	實行中央和地方分稅，取代「財政包幹」制度 建立「流轉稅」，取代「工商統一稅」 統一各類「所得稅」 改革財政赤字融資辦法 （有關稅制改革詳請見本書表1-2）	今後中央財政赤字不再向銀行透支，改用長短期國債券解決
金融、銀行	重建銀行體系：中央銀行專門執行國家貨幣政策 　　　　　　　商業銀行由現有專業銀行改制 　　　　　　　政策性銀行承擔嚴格界定的政策性業務 組建多種新銀行：國家開發銀行、 　　　　　　　　　進出口信貸銀行、 　　　　　　　　　城市合作銀行、 　　　　　　　　　農村合作銀行 改變宏觀管理辦法：	採用類似西方國家管理金融市場辦法，成立貨幣政策委員會，銀行和證券分業管理
投資與計畫	區別三類投資項目：基礎性項目建設 　　　　　　　　　競爭性項目 　　　　　　　　　社會公益性項目 計畫工作要轉軌：指導性為主 　　　　　　　　重點放在中長期 　　　　　　　　建立國民經濟核算體系 　　　　　　　　建立經濟監測預警體系	分中央和地方性項目，由開發性或政策性銀行融資 由企業自主決策自擔風險，所需貸款由商業銀行自主決 按中央地方項目由財政統籌

表1-1　中共1994年改革措施一覽表（續）

類別	具體措施	說明
企業改革及國有資產	國有企業實行公司制： 一大中型企業改組為： 　一獨資公司 　一有限責任公司 　一股份有限公司 一小型企業可以實行： 　一出售 　一承包 　一改為合作制 　一全國性行業總公司強化國有資產管理 改為控股公司兩項措施： 一強化中央和省市三級管理機構 一可派出監事會對企業實行監督	適用於單一投資主體 適用於多個投資主體 同上
外貿外匯	人民幣改革：統一人民幣匯價，逐步實現	
	人民幣自由兌換；外匯留成制度改革：取消外貿企業無償和有償上繳外匯任務	

資料來源：《當代月刊》，1994年1月，頁84。

（一）財稅體制改革

　　大陸自1988年開始實行的「財政包幹」制度，儘管對激勵地方積極性，促進經濟成長產生一定的成效，但是在這種制度下，地方政府掌握的財政資金愈來愈多，違法從事貸放、信託投資和買賣證券等金融性活動，造成金融秩序混亂，中央政府卻因財政權相對萎縮，宏觀調控政策難以施展。因此，自1994年1月1日開始，大陸的財稅體制進行了分稅制改革（參閱表1-2）。

表1-2　1994年大陸實行新稅制主要內容

三大改革	改革方向	具體措施	稅率
稅制	建立以「流轉稅」為核心的新稅制取代過去實行多年的「工商統一稅」	新增三種稅：增值稅 營業稅 消費稅	作為整個流轉稅的主體 對非商品經營徵稅 對少數高檔消費項目徵稅（共15檔次）
	統一不同所有制企業的所得稅	統一以流轉稅為基礎，廢除現行國營企業所得稅、集體企業所得稅、私營企業所得稅	實行33%比例稅率 降低企業所得稅的同時又取消能源交通建設基金和預算調節基金
	統一內外資企業所得稅	廢止對外資企業徵收「工商統一稅」	
	統一「個人所得稅」	合併過去三稅種：個人所得稅（外籍）個人收入調節稅（對內地公民）個體工商戶所得稅	相對提高個人所得稅 實行超額累進稅制 採四級累進稅制，稅率從30～60%
	新增幾個稅種	開徵：房地產增值稅 證券交易稅 城市維護建設稅	買賣雙方各徵3～10% 以銷售收入為計稅基礎徵收0.5～1%
分稅制	提高中央政府財力 避免地區稅負不均 劃分中央地方事權 取代過去的財政包幹制	設立三種稅（注一）中央稅 地方稅 共享稅 兩類稅收分別徵收管理	分三年逐步從承包過渡到分稅制 其中中央60% 地方40%（注二）
國有企業利潤分配制	改變過去統收統之辦法	強調按「企業會計準則」和「企業財務通則」來規範政府與企業關係	

表1-2　1994年大陸實行新稅制主要內容（續）

三大改革	改革方向	具體措施	稅率
註一：中央稅—包括：關稅、中央企業所得稅，消費稅，產品稅，鐵路、銀行、保險集中交納的收入、中國人民銀行發予執照的金融機構所得稅、菸酒等專項收入 地方稅—包括營業稅（扣除鐵路、銀行、保險）、地方企業所得稅、個人所得稅、農業稅、城市維護建設費、集市貿易稅、獎金稅 共享稅—包括增值稅、證券交易稅、資源稅（海洋資源歸中央） 註二：第一年（1994）：中央按60%的比例徵收稅款，但仍按當時各省包幹的基數向地方返還相同金額 第二年（1995）：中央按留成40%的比例向地方返還10%的稅收 第三年（1996）中央收足稅制的60%			

資料來源：《當代月刊》，1994年1月，頁33。

　　　　財稅體制改革的重點有二，一是把當時實行的地方財政包幹制改為按中央和地方政府事權，劃分為中央和地方稅收；二是改革稅收制度，統一稅種、稅率，取消工商統一稅、產品稅，由增值稅、消費稅和營業稅取代，統一適用於內資和外資企業。在新稅制中增設房地產增值稅、證券交易稅，對外資企業開徵城市維護建設稅。另外，實行中央財政對地方的轉移支付制度，以調節分配結構和地區結構。

　　　　分稅制度的實施，凸顯了財政體制改革走出了過去行政性分權的思維，走向了經濟性分權的政策創新。「條塊分割」式的行政隸屬關係被淡化削弱，消除了依靠討價還價確定基數和比例的缺陷。此外，這期間財稅體制改革的另一重點是，按照統一稅法、公平稅負、簡化稅制和合理分權的原則，推行以增值稅為主體的流轉稅制度，統一、規範內資企業和個人所得稅制度，其目的是為了促進企業經營機制轉換，實現公平競爭；調節個人收入分配，改善社會分配的矛盾。

（二）金融體制改革

　　大陸經濟發展一直存在周期波動的問題，究其原因，主要是經濟體制不健全所致。金融體制的不健全主要表現在中央銀行的角色混淆，同時執行直接貸款和財政透支的業務，無法客觀獨立執行貨幣政策。另一方面，各專業銀行通常都需要負擔政府的政策性任務，墊付財政性投資或彌補財政窟窿的現象屢見不鮮，因此常造成銀行資金不足，不但降低了銀行的安全性和穩定性，而且也使得銀行無法有效監管其信貸資金，加劇了信用膨脹及通貨膨漲的壓力。

　　金融體制改革的重點是要建立強有力的中央銀行宏觀調控體系，並確立中央銀行和專業銀行的職能分工體系，前者專司宏觀調控職責，獨立執行貨幣政策，後者專辦商業銀行業務。另外，通過新設政策性銀行，如開發銀行和進出口信貸銀行，負責執行政策性金融業務，人民銀行不再辦理直接對社會的放款，割斷了政策性貸款和基礎貨幣的直接關係，增強了人民銀行調控基礎貨幣的主動權。

　　1997年之後，金融體制改革又向前邁進了一步。首先是改變金融調控方式。1998年取消了央行對商業銀行的貸款規模限制，顯示金融宏觀調控從直接控制向間接調控轉變的意義；同時逐步推進利率市場化改革（參閱表1-3），放開了貼現和轉貼現率。1999年實現國債在銀行間債券市場利率招標發行，並對保險公司大額定期存款實行協議利率。目前，公開市場業務操作已經成為央行調控基礎貨幣的主要政策工具，公開市場利率已經成為貨幣市場的基準利率。其次是農村信用社與農業銀行脫鉤，由中央銀行行使對農村信用社的監管工作。第三是健全金融體制。1997年4月公布實施《中國人民銀行貨幣政策委員會條例》，確立貨幣政策委員會制訂貨幣政策的制度；同年11月頒佈實施《國有獨資銀行監事會暫行規定》，強化了國有商業銀行經營發展和風險防範的制度性約束。

表1-3　大陸利率市場化進程（1996～2000）

時間	利率市場化措施
1996年	財政部通過證券交易所實現國債的市場化發行
1996年6月	開放銀行間同業拆借市場利率
1997年6月	開放銀行間債券市場債券回購和現券交易利率
1998年3月	改革再貼現利率及貼現利率的生成機制
1998年9月	開放了政策性銀行發行金融債券的利率
1998年9月	成功實現國債在銀行間債券市場利率招標發行
1998年10月	對保險公司3,000萬元以上、5年期以上的大額定期存款，實行保險公司與商業銀行雙方協商利率的辦法
1998年10月	擴大了金融機構對中小企業的貸款利率的最高上浮幅度，由10%擴大到20%：擴大了農村信用社的貸款利率最高上浮幅度，由40%擴大到50%
1999年4月	允許縣以下金融機構貸款利率最高可上浮30%
1999年9月	將對小企業貸款利率的最高可上浮30%的規定擴大到所有中型企業
1999年10月	准許中資銀行對中資保險公司試辦五年以上、3000萬元以上的長期大額協議存款業務
2000年9月	進一步開放了外幣貸款利率，對300萬美元以上的大額外幣貸款利率由金融機構與客戶協商確定，並報中央銀行備案，放開大額外幣存款利率。

資料來源：根據于洋等人（2005），表1-4補充整理。

（三）外匯管理體制

　　1993年11月，中共「十四屆三中」全會通過《關於建立社會主義市場經濟體制若干問題的決定》，明確提出：改革外匯管理體制，建立以市場供求為基礎的、有管理的浮動匯率制度，以及統一規範外匯市場，逐步使人民幣成為可兌換貨幣。根據此原則，1994年初大陸在外匯管理體制進行了重大改革，其主要改革項目包括：第一是人民幣官定匯率與調劑市場匯率併軌，實行單一的、有管理的浮動匯率制。

　　第二是取消各類外匯留成、上繳和額度管理的制度，對境內機構

經常項目下的外匯收支實行銀行結匯和售匯制度。在實行銀行售匯制後，取消經常項目正常對外支付用匯的計畫審批，允許人民幣在經常項目下有條件可兌換。

第三是建立全國統一的、規範的外匯市場。自1994年1月1日起，人民幣官方匯率與調劑市場匯率合併，實行單一的、有管理的浮動匯率制。1994年4月1日銀行間外匯市場，即「中國外匯交易中心」在上海成立，並在若干城市設立分中心。中國外匯交易中心之營運，採用會員制，實行撮合成交集中清算制度。

自1996年7月起，大陸政府將外商投資企業外匯買賣納入了銀行結售匯體系，外匯調劑中心為外商投資企業提供外匯買賣服務保留至1998年11月底後關閉。另外，大陸政府也在1996年間取消了所有經常性國際支付和轉移的限制，達到了國際貨幣基金組織（IMF）協定第八條之要求，並在同年12月1日，正式宣布接受IMF該項規範，實現人民幣經常項目完全可兌換。

第三節　2002年以來的經濟改革

大陸於2001年12月加入WTO，該項成就對大陸而言，一方面表示對外開放進入新的階段，另一方面也對經濟體制進一步改革形成壓力。2002年11月，中共「十六大」政治報告提出了「完善社會主義市場經濟體制」、「全面建設小康社會」的目標，隨後展開一系列的改革，涉及的領域主要包括：所有制結構，農村稅費制度，糧食流通體制，土地徵用制度，農村金融服務體系，農村剩餘勞動力向非農產業和城鎮轉移的機制，金融、財稅、投資和價格體制，行政管理體制，宏觀調控體系，社會保障體系，市場體制等。

◉ 一、國有企業改革

此一時期，國有企業改革的重點在於加強國有資產管理體制改革。2002年底，中共「十六大」政治報告對如何改革國有資產管理體制作了明確的宣示，提出通過制定法規，建立中央和地方兩級國有資產管理機構，實行權力、義務、責任相統一和管資產、管人、管事相結合的國有資產管理體制。

大陸的國有企業改革，經歷了企業擴權、利潤留成、利改稅、企業經營責任承包制、現代企業制度等一系列改革階段。嗣又藉由改組、聯合、兼併、租賃、承包經營和股份合作制、出售等多種形式對國有企業進行大幅度股份改制，推動了國有資本的流動重組，促進了企業經營機制的轉換，對於國有企業經營體質的改變確實產生了效果。然而，由於國有資產管理體制改革滯後，使得仍有相當數量的企業至今仍處於長期虧損的困境中，因此，2002年以來針對國有企業的改革重點聚焦在國有資產管理體制上。

新建立的國有資產管理體制有別於舊的體制。首先，舊體制實行的是國家統一所有，分級管理，由國務院代表國家行使所有者職能；新體制實行的是國家所有，授權中央和地方政府分別代表國家履行出資人職責，享有所有者權益，權利、義務和責任相統一。其次，舊體制實行的是管資產和管人、管事相分割，而新體制實行管資產和管人、管事相結合。第三是新體制強調加強法制建設，2003年3月召開的十屆人大一次會議批准設立「國有資產監督管理委員會」，負責監管中央所屬企業（不含金融類企業）的國有資產。

此外，針對國有企業改革，大陸還採取兼併、破產、關閉等措施，對一大批長期虧損、資不抵債、扭虧無望的國有企業進行調整和改組；鼓勵外資和大陸境內民間資本參與國有企業改革和國有經濟的戰略性改組。按照建立現代企業制度的改革方向，加強國有企業公司

制改革；進一步健全國有企業監事會制度，積極推進財務總監監督機制；推進「主輔分離、輔業改制、分流安置富餘人員」，以及開展收入分配改革試點。

● 二、壟斷行業和城市公用事業改革

壟斷性行業改革逐步推進。例如中國電信一分為二，分別為中國電信集團和中國網通集團。三大航空集團公司聯合重組為國航、東航、南航及航油、航信、航材等六個集團，脫離了與民航總局的隸屬關係；23個省（自治區、直轄市）民航局被撤銷，新設立7個地區管理局，實行民航總局、民航地區管理局兩級行政管理體制；民航國內航空運輸價格由政府定價改為政府指導價。電力行業的改革方面，由兩大電網、五大發電公司及四大輔業集團正式掛牌營運；另成立五家區域電網公司、改組省及電力公司、提出電價改革方案、完成廠網價格分離工作。鐵路行業改革主要是針對五家運輸企業進行股份制改造，分離企業辦社會職能、三個鐵路局（分局）進行「主輔分離、輔業改制」改革。城市公用事業積極推進市場化改革，例如水價改革；各地放寬市場進入，例如城市公交市場開放；積極推進公用事業「政企分開、政事分開和事企分開」的改革。

● 三、農村經濟體制改革

農民收入偏低、城鄉二元社會結構差異、土地承包經營權流轉、農村剩餘勞動力流動、城鄉社會保障等問題，對大陸追求全面建設小康社會造成困擾。針對土地承包經營權流轉問題，2003年3月，大陸開始實施《農村土地承包法》，將家庭承包經營為基礎、統分結合的雙層經營體制用法的形成確立下來，並規定耕地承包期為30年，另對土

地承包經營權流轉的幾種形式也做了具體規定。其次，全面展開農村稅費改革試點，遏制「亂收費、亂集資、亂攤派」問題，減輕農民負擔；全面取消除煙葉以外的農業特產稅，對部分地區如上海、北京、天津、浙江、福建等免徵或減徵農業稅；增加中央和省級財政對農業主產區特別是糧食主產區的支持。

四、建立現代化市場體系

深化改革糧棉流通體制。針對糧食流通體制改革，大陸國務院要求「放開購銷市場、直接補貼糧農、放開收購價格」，打破計畫與市場並存的體制；對主產區重點糧食品種實行最低收購價格政策；棉花流通體制改革主要為「放開棉花收購和價格，走產業化經營道路」。建立中央儲備糧、棉垂直管理體系，實行儲備和和經營分開。另外，在價格改革方面，改革了石油、天然氣價格形成機制，深化電力、供水、電信、民航、鐵路運輸等領域的價格體制改革，建立城市污水和生活垃圾處理收費制度，改進藥品定價辦法，進一步規範政府定價行為。

生產要素市場化改革。以證券市場改革為例，在深圳證券交易所設立中小企業板塊，在股票發行中引入了保薦人制度，推出上市型開放式基金交易，開闊券商的中長期融資渠道，允許證券公司發行債券，擴展保險資金、社保基金、企業年金等機構投資者的入場渠道，引入「合格境外機構投資者（QFII）」等。關於保險市場的改革，主要為放寬資金運用渠道、費率市場化、放寬保險公司分支機構的經營區域。貨幣市場參與主體擴大，建立了債券做市商制度，推出買斷式回購、貨幣市場基金等新產品。針對外匯市場改革，增加外幣拆借中介服務、擴大遠期結售匯業務試點銀行及業務範圍，開發新的市場避險工具。放寬人才流動政策，一些地方實施居住證制度；各級政府取

消對農業進城就業的各種限制性規定和歧視性政策。

五、財稅體制改革

首先是全面推動部門預算改革。中央各部門按照基本支出和項目支出編製部門預算，省級部門預算改革同時展開。同時還改革了國稅、海關經營收支掛鈎的做法，實行預算制管理；深化國庫集中支付制度改革、政府採購管理制度改革及「收支兩條線」管理改革（收支脫鈎改革），加強財政的預算外資金管理。

另外，改革政府對企業投資的管理體制，落實企業投資自主權、合理界定政府投資職能，建立投資決策責任追究制度，健全投資宏觀調控體系，加快投資領域的立法進程，加強投資監管，全面實施核准制。

所得稅收入分享改革。根據大陸國務院《關於所得稅收入分享改革方案》，自2002年1月1日起，除少數特殊行業或企業外，對絕大多數企業所得稅和個人所得稅全部收入，實行中央和地方按比例分享。增加對中、西部地區的轉移支付，同時發佈《關於完善省以下財政管理體制有關問題的意見》，推進省以下財政轉移支付制度建設。

自改革開放以來對內、外資企業分別建立的兩套所得稅制度，自2008年1月1日起合併為一套（一般稱之為「兩稅合一」）。按，原來內、外資企業所得稅率均為33%，不過，對一些特殊領域的外資企業實行24%、15%的優惠稅率，對內資微利企業分別實行27%、18%的兩種照顧稅率。新的所得稅法規定，統一稅率為25%，取消各項所得稅優惠政策，唯原已享有的優惠待遇可以保持五年過渡。

六、金融體制改革

建立金融分業監管體系。銀行、證券、保險分別設置監管機構分業監管。在銀行業，中央銀行主管貨幣政策，另成立銀行監督管理委員會，對銀行、資產管理公司、信託投資公司及其他存款類金融機構實行統一監管。大陸金融市場之管理由中國人民銀行、銀監會、證監會、保監會等四大機構分工合作。

金融企業改革加速進行。按照「一行一策」的原則積極進行國有商業銀行股份制改革，成立中央匯金公司，行使國家所有者權力，向中國銀行、中國建設銀行注資450億美元，補充資本金，改善資產負債比率，隨後該兩家銀行完成了公開上市計畫。另外，國有保險企業改革獲得進展，中國人民保險公司、中國人壽保險公司和中國再保險公司順利完成重組改制，其中前兩家公司已在境外上市。農村信用社改革逐步推進，目前已在大陸各省全面展開，以縣為單位組織統一法人，成立農村商業銀行及省農村信用社聯社。

利率市場化改革繼續推進，特別是在放開境內外幣貸款和大額外幣存款利率、逐步擴大人民幣貸款利率的浮動區間等方面。

有關外匯管理體制方面，隨著加入WTO，資本項目的開放成了必然選擇，按照《服務貿易總協定》的承諾，外資銀行在大陸的業務限制逐步取消，國有獨資金融機構逐步改制成為企業法人，對於外匯管理體制和匯率形成機制構成嚴重挑戰。2005年7月21日，大陸宣布實行「以市場供求為基礎、參考一籃子貨幣進行調節、有管理的浮動匯率制度」，放棄盯住美元，引入參考一籃子貨幣、以銀行間一籃子貨幣兌人民幣的每日收市價，作為翌日買賣的中間價。2006年1月14日起在銀行間即期外匯市場上引入詢價交易方式，同時保留撮合方式。

● 七、就業和社會保障體制改革

　　首先是各級政府消除制約就業、再就業的體制性障礙，建立國務院再就業工作部際聯席會議制度，實行稅費減免、崗位補貼、小額貸款、就業服務、工商登記、場地安排等優惠政策和措施，加強就業培訓和服務，大力培育勞動力市場，引入市場機制，促進下崗失業勞動力再就業。其次是全面推進「醫療保險、醫療衛生、藥品生產流通」三項改革，完善城鎮社會保障體系試點，做實基本養老保險個人帳戶和推動國有企業下崗職工基本生活保障向失業保險並軌。第三是建立新型農村合作醫療制度試點及推行企業年金制度試點。

　　在中共提出的「十一五規劃」（2006～2010年）中，特別強調持續改革對促進經濟發展的重要性，其重點方向，關於大的、全局性的改革，主要在於如何轉變經濟成長方式、改變對官員的考核體系（強調社會發展、環保、就業、教育等），建構協調區域平衡發展機制等方面；在局部改革上，主要在農村稅費、壟斷行業、股權配置、匯率形成機制、投融資體制、財政稅收體制、國有企業等方面。

● 參考文獻 ●

唐葦車（2003），「2002年經濟體制改革取得新進展」，《經濟研究參考》（北京），2003年第27期，頁23～30。

國家發改委經濟體制綜合改革司（2005），「2004年我國經濟體制改革取得積極發展」，《經濟研究參考》（北京），2005年第19期，頁2～8，20。

于洋、呂煒、蕭興志，《中國經濟改革與發展：政策與績效》，大連：東北財經大學出版社，2005年。

范桓山（2006），「中國經濟體制改革的歷史進程和基本方向」，《經濟研究參考》（北京），2006年第48期，頁2～10，25。

高長（1992），「大陸經改動向和兩岸經濟關係」，《中國論壇》（香港），第385期，頁95～101。

高長（1992），「改革開放與中共的經濟發展」，發表於「第十九屆終日中國大陸問題」研討會，國立政治大學國際關係研究中心，台北。

高長（1992），「大陸經改向前走·鄧小平南巡講話掀起大陸熱」，《貿易週刊》（台北），第1500期，頁4～8。

高長，（1995），「中共稅制與匯制雙改對大陸台商的影響」，《貿易週刊》（台北），第1643期，頁4～8。

大陸對外開放政策　　2

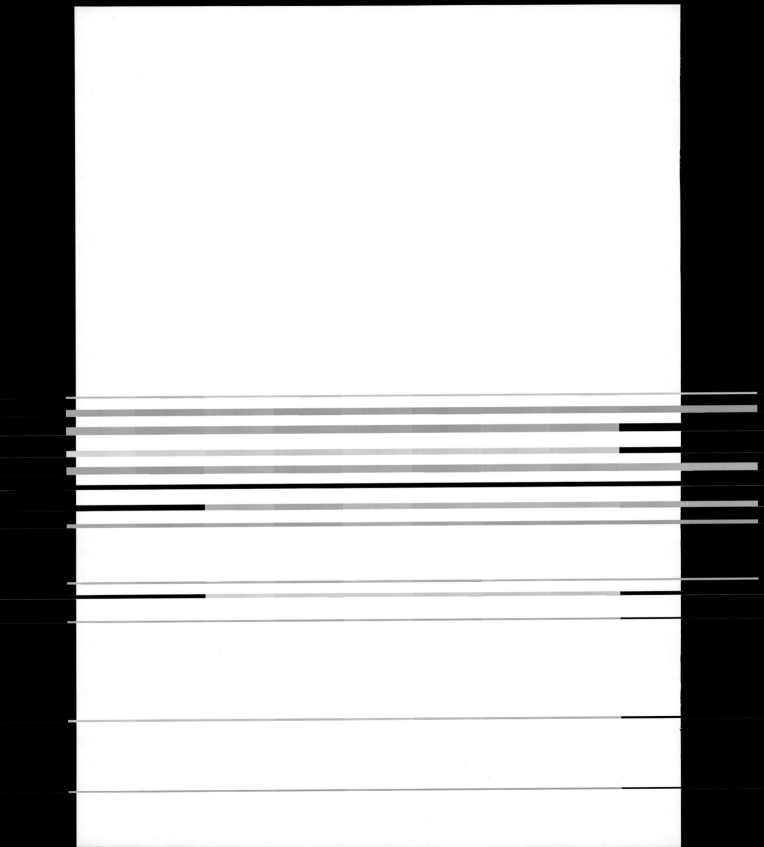

在 經歷了幾十年的閉關鎖國政策之後，自1970年代後期開始，大陸政府在推動經濟體制改革的同時，也開啟了對外開放政策。

　　大陸的對外開放戰略依循漸進原則逐步推進。自從1970年代末期確定把對外開放作為基本國策及經濟發展重要戰略之後，即從區域性開放著手逐步擴大實施範圍。換句話說，大陸的對外開放初期是以沿海地區為戰略重點，嗣後再延伸至其他內陸地區，分階段、分層次逐步推進。而對外開放戰略的決策思維，無非是要加強與世界各國經貿交流，透過國際貿易、利用外資、人才交流等手段，促進大陸經濟發展。

第一節　對外開放的空間演進

　　大陸的對外開放政策，首先，從區域空間的對外開放著手，選擇幾個沿海城市構建對外開放基地。該項決策背後的動機，主要是因大陸長期實行計畫經濟制度且閉關鎖國，與國際社會隔絕，造成國內價值觀和制度框架落伍，經濟發展落後，必須改弦更張；再加上幅員遼闊，各地資源稟賦差異懸殊，選擇從幾個沿海城市開始執行對外開放，一方面可以整合有限資源，達到專注的效益，另一方面也可以避免政策執行後果的不確定性，可能造成難以承受的衝擊。

一、沿海對外開放戰略

　　自1979年大陸政府提出改革開放的政策以來，大陸對外開放的地域範圍即不斷擴大。1980年5月，大陸政府決定對廣東和福建兩省實行對外開放的特殊政策和靈活措施。同年8月，正式批准在深圳、珠海、汕頭和廈門，各劃出一定範圍區域，試辦經濟特區。按規定，特區內

各類企業的自用貨物可以免繳進口關稅和工商統一稅；對於國外進口的商品，進口關稅和工商統一稅則可以享受減半徵收的優惠；特區內自產的商品在特區內銷售，工商統一稅也減半徵收。

繼1980年間開闢了四個經濟特區之後，大陸政府又在1984年5月間，決定進一步開放大連、秦皇島、天津、煙台、青島、連雲港、南通、上海、寧波、溫州、福州、廣州、北海、湛江等十四個沿海港口城市，隨後又在這十四個沿海開放城市中的十二個設立經濟技術開發區（上海和溫州未設置），允許這些開發區實行類似經濟特區的優惠政策。嗣後，上海先後於1986年8月在閩行和虹橋、1988年間於漕河涇等地區分別設立經濟技術開發區。

1985年2月，大陸政府又將對外開放的區域範圍擴大，包含了長江三角洲，珠江三角洲，閩南及廈門、漳州、泉州三角地帶；不久，又將遼東半島，膠東半島和河北唐山、秦皇島、滄州地區納入沿海經濟開放區。至於，大陸對外開放城市或縣域數量已達100個。1987年底，大陸中央政府提出沿海地區發展戰略，要求沿海地區「必須有領導、有計畫、有步驟地走向國際市場，進一步參加國際交換和國際競爭，大力發展外向型經濟」。1988年3月，大陸國務院再度擴大了沿海經濟開放區的地域範圍，把天津、河北、遼寧、江蘇、浙江、福建、山東和廣西等省市自治區所轄的140個市縣，列入沿海開放區。同年度，海南改制為省，並決定設立為經濟特區。1990年上半年，批准濟南市為對外開放城市，濟南市所轄地區併入膠東半島經濟開放區；同期間另宣布開發與開放上海的浦東新區。

經過1980年代實行對外開放政策後，大陸沿海地區挾著北京中央授予的特殊政策，發揮了「內引外聯」的功能，成為連接內地與國際市場的樞紐。沿海開放地區的門戶地位，一方面可以吸引國外資金，先進技術和現代化管理模式，發展外向型經濟，壯大當地經濟實力，另一方面可以將消化吸收的先進技術和現代化管理模式，逐步向內地

轉移，促進內地經濟發展，發揮內外雙向輻射的作用。

● 二、「四沿」對外開放戰略

　　1980年代的對外開放累積了相當多的經驗，為1990年代進一步擴大對外開放奠定了基礎。1990年代初，大陸政府在1980年代所實行的「沿海經濟發展戰略」之基礎上，進一步提出了對外開放的「四沿戰略」。其中，除了「沿海」發展戰略是延續過去的思維，側重發展從渤海灣到廣西北部灣的整個沿海地區之外，「沿邊」是指重點發展邊境各省、區與鄰近國家的經貿交流和合作關係。1992年3月，大陸首批開放內蒙古自治區的滿洲里、黑龍江省的黑河、綏紛河和吉林省的琿春等四個沿邊城市。同年6月，大陸再決定開放廣西的憑祥市、東興鎮，雲南的河口縣、畹町市和瑞麗縣，新疆的伊寧市、塔城市和博樂市，內蒙古的二連浩特等9個市縣，以及這些市（縣）所在省（區）的省會（首府）城市，包括哈爾濱、長春、呼和浩特、烏魯木齊、昆明和南寧等。沿邊開放城市和這些城市的省會（首府）城市都享受沿海開放城市的優惠政策。

　　「沿江」是以上海浦東新區為龍頭，著重推動重慶市以下長江流域各省市的全面開放和發展。1992年8月，大陸政府決定對蕪湖、九江、武漢、岳陽和重慶等五個城市實行沿海開放城市的政策，全面開放、發展長江中下游地區；同一時間，大陸政府也宣布開發太原、合肥、南昌、鄭州、長沙、成都、貴陽、西安、蘭州、西寧和銀川等11個內陸省會（首府）城市，享受沿海開放城市的優惠政策。

　　「沿路」是指沿歐亞「大陸橋」開放，及歐亞大陸橋在大陸境內的一部分，從東部港口至新疆阿爾泰山口這段鐵路的沿線地區。這段路線主要是從連雲港經隴海鐵路、蘭西鐵路銜接哈薩克斯坦的阿拉木圖，全長4,200公里，經過6個省區，為大陸西北、西南地區通向歐洲和

中亞、西亞等地區最便捷的陸上通道。

　　整體而言，1990年代大陸對外開放，基本上是沿著三個方向展開的。首先是以上海浦東新區的開放和發展為龍頭，進一步開放長江沿岸城市，逐步把長江流域建設成為一條新的開放帶。1990年4月，大陸政府正式宣布「在浦東實行經濟技術開發和某些經濟特區的政策，把浦東建設成為一個現代化、外向型的工業基地」；同年9月，大陸國務院公布發展、開放浦東新區的九項具體政策規定，主要包括：《上海外資金融機構、中外合資金融機構管理辦法》、《關於上海浦東新區鼓勵外商投資減徵、免徵企業所得稅和工商統一稅的規定》、《鼓勵外商投資浦東新區的若干規定》等。1992年8月，大陸國務院發出通知，決定進一步對外開放重慶等5個長江沿岸城市，以及成都等4個長江沿岸省會城市，實行沿海開放城市的政策。

　　其次是加速內陸省區的開放腳步，進一步開放內地沿邊城市，以及太原、鄭州、貴陽、西安、蘭州、西寧、銀川等11個內陸地區省會（首府）城市，實行沿海開放城市的優惠政策。這些內陸省會城市連同前項沿江城市，涉及12個省、自治區和16個城市，橫跨大陸中部、西部兩個經濟地帶，是整個大陸重要的經濟腹地。

　　第三是沿海省市進一步擴大對外開放的區域範圍，例如福建省於1993年1月間，經國務院批准將三明、南平、龍岩等三市及寧德地區的福安市、福鼎縣列入沿海經濟開放區；福州經濟技術開發區由原來4平方公里延伸擴大到10平方公里，另同意設立東山經濟技術開發區等。又如1993年5月，大陸國務院同意設立杭州蕭山、廣州南沙、惠州大亞灣經濟技術開發區，規劃面積都不超過10平方公里。

　　進一步開放沿邊、沿江和內陸地區部分城市，已使得在1980年代所形成的沿海開放基礎，由南向北、由東向西推進。結果，對外開放由「點」（經濟特區）到線（沿海開放城市），再發展到「面」（開放區、「四沿」開放），迄1993年初，涵蓋的範圍包含了5個經濟特

區、30個經濟技術開發區、13個保稅區、沿江6個城市和所有內陸各省省會、自治區首府城市、沿邊13個城市，形成了一個多層次、多領域、多元化、全方位的對外開放新格局。

　　對外開放的政策內容主要包括三項，一是擴大這些城市企業對外經濟活動的自主權，並給予外資企業一定的優惠政策；二是為外商提供更加優惠的投資環境；三是為企業技術改造給予特殊政策的支持。經濟特區、開放城市和開放區可享受的政策，主要包括擴大當地政府利用外資的審批權、積極支持出口創匯行業、給予「三資企業」稅收優惠、下放外資企業審批權、擴大金融信貸權等方面。

● 三、西部大開發戰略

　　在大陸執行改革開放政策的歷程中，產生了一個突出的負面影響，就是東西部地區經濟發展不平衡問題加劇。1995年10月，中共「第十四屆五中」全會提出，「要逐步地、積極地解決地區差距擴大的問題，實施區域經濟協調發展戰略」，「更加重視和支持中西部地區之發展，要實施有利於緩解差距擴大趨勢的方針政策」。1999年9月，江澤民在中共「十五屆四中」全會上宣布將實施西部大開發戰略。次年，大陸國務院公布《實施西部大開發若干政策措施的通知》，提出擴大建設資金投入、提高財政政策支持力度、增加金融信貸支持等政策方案。2002年11月，中共「十六大」政治報告闡明，「實施西部大開發戰略，關係全國發展大局、關係民族團結和邊疆穩定，要重點抓好基礎設施和生態環境建設，爭取十年內取得突破性進展」，「積極發展有特色的優勢產業，推進重點地帶開發」，「國家要在投資項目、稅收政策和財政移轉支付等方面，加大對西部地區的支持，引導外資和國內資本參與西部開發」。

● 四、振興東北老工業基地

東北地區一向是大陸最重要的重化工業基地，但是，在從計畫經濟向市場經濟轉軌過程中，東北的「工業基地」地位逐漸滑落。東北地區的工業企業，絕大多數屬於國際競爭力低下的技術、資本密集型老工業，在大陸加入WTO後面臨嚴重的衝擊。2002年11月，中共「十六大」的政治報告指出，「支持東北地區等老工業基地加快調整和改造，支持以資源開採為重的城市和地區發展接續產業；用高新技術和先進適用技術改造傳統產業，大力振興裝備製造業。」2003年8月，溫家寶公開強調振興東北這一戰略，「與西部大開發戰略是東西互動的兩個輪子，並行不悖」；次年9月，胡錦濤亦公開指出，支持東北地區等老工業基地振興，是「十六大」從全面建設小康社會全局著眼提出的一項重大戰略任務。西部大開發和振興東北老工業基地戰略的提出，顯示大陸對外開放邁向更深層次、更全面的格局。

在「十一五規劃」（2006～2010年）中，大陸引入功能區概念，重新劃分經濟區域版圖，長江三角洲、京津冀地區（特別規劃發展天津濱海新區）、成渝地區，以及東北老工業基地等四個區域成為重點關照的對象。另外，大陸中央又批准了福建省政府所倡議的「海峽西岸經濟區」的發展規劃，這些特定區域都是胡、溫體制下重點的發展區域，在改革、開放政策上將優先執行的新方案。

第二節　擴展對外貿易

改革開放之前，大陸對外經濟關係經歷了一個曲折的發展過程。1970年代以前，在歐美各國對大陸實行封鎖禁運，大陸與其他國家的經貿往來，除少數共產國家之外，幾乎沒有多大發展。直到1972年，

大陸對外關係才開始有所好轉。

　　改革開放前的大陸對外貿易體制，是計畫經濟體制下國家壟斷制的保護貿易，其主要特徵是高度集中行政管理為主。在對外貿易經營方面，由中央的外貿部統一領導、統一管理，外貿各專業公司統一經營，其他任何機構都無權經營進出口業務，實行指令性計畫和統負盈虧的高度集中體制。內陸省、市外貿分支機構僅負責出口貨源的組織、收購、調撥、運輸等活動，不能直接從事進出口業務；而有進出口權的外貿公司並不具有經濟自主權。另外，在外貿財務管理體制方面，也是採集中管理的制度，由外貿部統一核算並由財政部統收統支、統負盈虧。

　　自1979年開始迄今，大陸配合對外開放政策進行對外貿易體制改革，大致可以分為兩大時期四個階段。第一個時期（1979～1993年）是從計畫控制手段向國際慣用的許可證、配額及其他數量控制（也稱為商業手段）轉變；第二個時期（1994年以後）是從商業控制手段轉變為市場化手段。

　　第一階段的改革由1979年到1987年，改革的核心內容是「放權讓利」，基本的精神為，一方面對外貿易經營管理權和外匯審批使用權，由中央向地方、由外貿部向其他部門、由政府向企業下放；另一方面配合以商品出口退稅、外匯留成等方法，克服過去外貿壟斷經營的弊病。改革的重點內容包括下列幾項：

　　第一、擴大對外貿易經營權，增設各類外貿公司。打破專業外貿公司獨家經營的格局，允許國務院所屬中央部委成立各類領域的進出口公司，例如機械設備進出口總公司，將原來外貿部所屬進出口公司經營的一些商品，分散到有關部門經營。擴大地區對外貿易經營權，允許廣東、福建、北京、天津、上海、遼寧等省市分別成立外貿總公司。此外，也先後批准一些大中型企業經營本業產品的出口，下放對外貿易經營權，擴大生產企業經營對外貿易的權限等。

第二、探索工貿結合、技貿結合和農貿結合的途徑。隨著外貿經營權的下放，逐步改變了外貿計畫全部由外貿專業公司承擔的局面。不過，在出口計畫中，指令性計畫逐漸減少，指導性計畫則逐漸增加。自1985年起，外經貿部不再編製、下達外貿收購和調撥計畫，企業開始享有外貿的自主經營權，多種形式的工貿結合陸續出現，例如外貿公司和工業企業聯合出口、工業企業和外貿企業共同投資建立工貿公司等，使得生產企業開始直接面對國際市場。

第三、加強宏觀調控體制建設。恢復實施進出口許可證管理、配額管理等行政管理手段，加強了關稅管理，並開始運用匯率、外匯留成、出口補貼、出口退稅等手段鼓勵出口貿易發展。

第四、推行代理制，設立海外貿易機構。1980年，外貿專業總公司對部分出口產品由收購制改為代理制；1984年，大陸國務院正式提出實行進出口代理制。代理制是指外貿企業代理生產、訂貨部門辦理進出口業務，收取一定的服務費用，盈虧由被代理單位自行負責。為擴大出口，外貿專業公司積極在主要海外市場設立常駐代表機構。自1980年起，先後在日本、英國、法國、美國等17個國家設立了貿易中心。

這些改革措施的特徵，是對進出口貿易仍保持嚴格控制，只是手段上已由過去的指令性計畫控制，改變為許可證、配額等行政管理的商業控制；同時，對出口貿易的鼓勵，降低了傳統貿易體制對出口的歧視，打破了國內市場與國際市場長期隔絕的現象。

第二階段的改革由1988年到1993年，改革的核心內容是全面實行外貿承包經營責任制及加強出口鼓勵政策。首先，該項外貿承包制要求各省、自治區、直轄市、計畫單列市政府及各專業外貿公司、工貿總公司分別向中央承包出口收匯、出口換匯成本和盈虧等三項指標，承包指標一定三年不變。1988年2月，大陸國務院公布《關於加快和深化對外貿易體制改革若干問題的規定》，全面推行外貿承包經營責任

制，目的在於擴大出口創匯能力，以及減輕中央財政對外貿出口的負擔。

其次，各專業外貿總公司和部分工貿公司的地方分支機構與地方財政掛鉤，把承包落實到外貿企業和生產企業，盈虧由企業自負。此外，進一步擴大了企業的外匯留成比例。1988年，大陸中央取消了用匯指標的控制，對於超計畫出口的外匯大部分留給企業，企業對分得的留成外匯可以自主支配使用；同年，在各省、自治區、直轄市、計畫單列市、經濟特區和沿海重要城市建立了外匯調劑中心，為企業買賣外匯提供便利。同時，在輕工、工藝、服裝等三個外貿行業實行自負盈虧的改革試點。

第三，1988年實行全面的出口退稅政策，鼓勵來料加工、進料加工的出口，發展出口商品生產基地及擴大出口信貸等。

1988～1990年三年所實行的外貿承包經營責任制，改變了完全由中央財政統負外貿盈虧的局面。然而，由於當時人民幣匯率高估和國內外價格落差大等體制原因，外貿企業仍然無法完全落實自負盈虧，因此，中央財政對外貿的補貼不得不繼續保留。更嚴重的是，大陸政府對不同地區和不同企業規定了不同的承包基數、不同的補貼標準和不同的外匯留成比例，不但造成了地區間、企業間的不平等競爭，而且也使得各地區為完成承包出口指標，對內進行各種搶購大戰，演變成地區和地區封鎖，對外出口則競相削價，造成惡性競爭，企業的短期行為普遍存在。

自1991年開始，大陸實行新一輪的外貿承包。該項承包制度最顯著的特徵是，取消了中央對外貿企業出口的補貼，實行全行業的自負盈虧改革。同時，實施匯率貶值，改變外匯留成辦法，由過去按地區實行不同比例留成改為按大類商品實行統一比例留成。此外，大陸政府開始對進口體制進行重大改革，主要包括降低關稅水準、取消進口調節稅、削減進口配額和許可證、縮減計畫管理範圍、取消進口替代

清單等。這些改革措施，使大陸長期實行的保護貿易政策開始初步向自由貿易方向發展。

第三階段的改革從1994年到2001年。前面兩個階段的外貿體制改革，重點在於「放權」、「讓利」，嚴格說來並沒有擺脫傳統外貿體制的色彩。1994年1月1日，大陸國務院公布《關於進一步深化對外貿易體制改革的決定》，提出新時期外貿體制改革的目標是：統一政策、放開經營、平等競爭、自負盈虧、工貿結合、推行代理制，建立適應國際經濟貿易通行規則的外貿機制。

為加快市場經濟體制之建立，1994年以後，大陸政府連續對關稅及非關稅壁壘措施進行大幅度削減，使價格機制的作用逐步取代數量限制手段，逐漸邁向貿易自由化。同時，外匯管理也走向市場化。自1994年開始，實行多年的雙軌制匯率實現了併軌，建立了以市場供需關係為基礎的、單一的、有管理的浮動匯率制度；取消外匯管制，實現人民幣經常項目下的可兌換，取消了外匯留成，統一了結匯制度，實行銀行售匯制，這些改革大幅提高了對外貿易的自由化程度。

貿易體制的自由化同時表現在外貿經營主體日趨多元化的方向。隨著外貿行業進入壁壘的逐步取消，大批外資企業進入，逐漸佔據了大陸對外貿易的半壁江山；另一方面，大陸政府加快賦予生產企業、科研院所自營進出口權，授予商業流通企業、物資企業及私營企業進出口經營權，並在深圳等經濟特區實行對外貿易經營權自動登記制度，這些措施促進了外貿經營主體多元化發展。

此外，這段期間，大陸中央加強對外貿易法制化管理，頒佈了《對外貿易法》。該法自1994年7月1日開始實施，是大陸規範對外貿易的基本法。在此基礎上，《進出口管理條例》、《出口商品管理條例》、《反傾銷和反補貼條例》及《處罰低價出口行為條例》等法規相繼頒佈實施，逐漸建立了對外貿易法制。

在對外貿易宏觀管理方面，大陸一方面強化經濟調控手段，例

如，成立進出口銀行，為資本財貨之出口提供信貸支持；大幅降低進口關稅，減少進口配額許可證的範圍；對出口貿易實行銀行保證金結帳制度；國有外貿企業所得稅統一稅率33%。另一方面也改革行政手段，例如，取消所有貿易的指令性計畫，實行指導性計畫；逐步取消賦予生產企業自營進出口權的審批制，實行在一定條件下的登記制試點；繼續推行外貿代理制等。這些改革措施促使大陸以匯率、關稅和信貸等經濟手段為主的外貿宏觀調控體系逐步建立。

　　第四階段的改革自2002年開始至今。2001年11月，大陸加入WTO，配合WTO規則的要求及履行加入WTO的有關承諾，大陸政府做了許多工作。首先是清理和修訂法律法規，範圍涉及貨物貿易、服務貿易、智慧財產權保護和投資各方面。例如，2004年4月，十屆人大八次會議通過修訂《對外貿易法》，將實行了五十年的外貿權審批制改成登記制；同時，修正和補充了外貿經營權、貿易調查、貿易救濟、智慧財產權、外貿秩序和外貿處罰等方面的內容，增加了「對外貿易調查」的相關內容。該法已於同年7月1日正式實施。

　　其次是提高了外貿政策的透明度。按加入WTO有關透明度的承諾，大陸應在指定的官方雜誌上公布貿易改革和措施，在實施之前允許公眾進行評論；應建立貿易改革諮詢點，對新的貿易措施提供解釋，應在三十天內，特殊情況不得遲於四十五天對大部分諮詢做出回答。為履行承諾，大陸在質檢總局設立技術性貿易壁壘和衛生與植物衛生措施諮詢點，定期向WTO通報情況，執行貿易政策諮詢業務。另外，大陸國務院也明確規定：今後，各級政府部門制訂的與貿易、投資有關的規章和改革措施，都必須在指定的刊物上公布，不公開的不能執行。

　　第三是大幅度降低關稅。加入WTO之後，大陸根據各國在「烏拉圭回合」談判中達成的降稅模式，大幅降低關稅。據估計，關稅總水準已由1992年的42.7%降至2005年的10.1%。

第四是透由產品出口退稅率的調整，影響出口誘因，以改善出口產品結構及貿易失衡問題。

第五是實施「科技興貿」戰略。1999年初次提出該戰略，其核心內容為：大力促進高新技術產品出口、利用高新技術改造傳統產業、優化出口商品結構、提高出口商品附加值、增強國際競爭力。2006年間，大陸實施《科技興貿「十一五」規劃》，特別強調自主創新機制之建立和提升企業自主創新能力，以電子信息、醫藥和軟件等為未來五年科技興貿戰略的重點產業領域，並決定從優化貿易環境、培育出口主體、擴展出口市場等方面採取具體措施。

第三節　利用外資

引進外資，是大陸改革開放政策的一項重點工作。大陸希望利用外資，藉以：(1)彌補國內資金不足；(2)擴大出口，賺取外匯；(3)引進外國先進技術，加速工業化及促進產業升級；(4)改善交通、能源、原材料等經濟發展的瓶頸。為了達到這些目標，大陸當局自1979年開始採取了一系列的政策措施，一方面希望改善與世界各國的關係，從各國政府及國際金融組織獲得貸款；另一方面則希望改善本身的投資環境，創造商業機會，吸引各國廠商到大陸投資。

 一、起步階段（1979～1986年）

自1979年以來，大陸利用外資的政策演進，可以分別從下列幾個階段比較觀察。首先是利用外資的起步階段，自1979年開始至1986年止。1979年7月，大陸召開第五屆人大第二次會議通過並公布施行《中外合資經營企業法》（以下簡稱「合資法」），這是大陸第一部為吸

引外商直接投資的法律，對合資企業的形成、投資方式、董事會組成、工會組織和活動、利潤分配、外匯業務、原材料購買、稅務、合營期限和合同糾紛之解決等都做了規定。「合資法」的實施，充分展現了大陸透過立法吸引外商投資的決心與魄力。在隨後（1983年9月）公布的《中外合資經營企業法實施條例》（以下稱為「實施條例」）中，對於企業的設立與登記、出資方式、董事會與經營管理機構、稅務、外匯管理、勞動管理、經營期限、解散與清算等事項，更有具體的規定。同時在「實施條例」第三條中亦明確提出，外資可以投入的行業包括：

1.能源開發、建築材料、化學工業、冶金工業。

2.機械製造工業、儀器儀表工業、海上石油開採設備的製造。

3.電子工業、計算機工業、通訊設備製造業。

4.輕工業、紡織工業、食品工業、醫藥和醫療機械工業、包裝工業。

5.農業、牧業、養殖業。

6.旅遊和服務業。

除了「合資法」，在1980年間，大陸政府又先後公布實施多項配套的法律法規，包括《外資經營企業所得稅法》、《個人所得稅法》、《外匯管理暫行條例》、《中外合資經營企業登記管理辦法》等；1985年，大陸財政部發佈了《中外合資經營企業會計制度》。這些有關利用外商直接投資的法律法規之頒佈實施，目的在於營造一個良好的外資法律環境。

在此期間，大陸政府設立利用外資的試點地區。1979～1980年間，大陸中央政府先後批准廣東、福建兩省在對外經濟活動中實施特殊政策，並先後開闢了深圳、珠海、汕頭和廈門等四個經濟特區，積極吸引外商直接投資。特區內為吸引外商直接投資而實行的一些特殊優惠政策，主要包括土地利用年限、土地使用費和繳納方法，以及進

口設備和原料的稅務、特區企業所得稅等方面的優惠。隨後又分別在1984年和1985年間決定開放上海、天津等十四個沿海港口城市，將長江三角洲、珠江三角洲和閩南廈、漳、泉三角地區開闢為沿海經濟開放區，對這些城市和地區在利用外資方面給予一定的優惠政策；同時，中央又投入大量的經費，對當地進行大規模的基礎設施建設；擴大地方對外商投資項目的審批權限。

● 二、逐步發展階段（1986～1991年）

經過第一階段的探索之後，大陸利用外資工作在1986～1991年間進入了逐步發展的階段。在此期間，大陸又陸續公布實施了多項法令規章，例如，1986年4月和10月間分別頒佈實行的《關於鼓勵外商投資的規定》（以下簡稱「國務院二十二條」）和《外資企業法》，以及1988年4月間審議通過的《中外合作經營企業法》，是較為重要的。「國務院二十二條」顯示中共的外資政策將配合工業化和總體經濟發展戰略，有計畫地吸收外資，並引導外資流向。《外資企業法》和《中外合作經營企業法》的頒佈實施，則使各種形式的外商投資企業的生產經營活動和正當權益，都有了基本法規保障。

「國務院二十二條」的內容主要包含兩項，第一是明確提出出口型企業、技術先進型企業和能源、交通、通訊等社會基礎設施和基礎工業是吸引外資的重點；第二是吸引外資及引導外資投向的方式，由過去單獨地提供租稅減免優惠，轉為從政治、經濟、社會各方面全面改善投資環境著手。

經濟增長過快，使社會基礎設施不足，經營環境不佳的問題更加惡化，同時，外資大量湧入的結果，國內需配合投入的資金供應不足，在外資的選擇、引導和管理等方面均顯得力不從心，根本談不上與整體的產業發展政策配合。「國務院二十二條」鼓勵外資進入交

通、通訊等社會基礎設施和能源、原材料生產部門，試圖改善經濟發展的瓶頸，稱得上是一項正確的決策。

為了配合此項政策，大陸對外資的各種優惠，已由過去的只從地域考量給予差別待遇，轉向地區與產業並列考量。大陸中央為了讓某些老工業基地和中心城市具備較好的經濟、技術條件，能多吸收外資、引進較高水準的技術，下放了一部分外資審批權力。上海、北京和天津可自行審批3,000萬美元以下投資項目，大連可自行審批1,000萬美元以下項目，其他省市的審批權上限金額為500萬美元。另一方面，大陸對出口型企業和技術先進型企業均給予特別的租稅優惠，不論企業設立的地點是否在經濟特區、沿海開放城市和經濟技術發展區或在內地。

「國務院二十二條」的頒佈實施，對大陸外商經營環境的改善，確實產生了一些效果，尤其是有利於出口型與技術先進型企業。從事進口替代型的企業一直為外匯不能平衡感到困擾，這一項法規提供了法源，准許外商投資企業和大陸的國營企業相互調劑外匯餘缺。這些調劑中心設在上海、廈門、深圳等地共有90多個。此外，大陸政府亦允許技術先進型外商投資企業擴大其產品的內銷比率，內銷產品並准以外匯計價，同類產品則限制進口。還允許外商投資企業以「綜合補償」的辦法來自行實現外匯平衡。[1]進口替代型企業也可以用其人民幣利潤，收購其他企業的產品供出口並賺取外匯。其次，由於外資企業是計畫外的經營實體，不能得到國家計畫調撥的原材料、能源和人才的供應，大陸當局乃允許外資企業自行招聘人才，並在各地設立外商投資企業物資中心，供應外資企業所需原材料及電力等。

為了加強對外資流向的引導和篩選，大陸國務院在1989年3月公

1　外商投資企業如屬生產性企業，因外匯來源暫時存在困難時，可在一定期限內申請購買國內產品出口，賺取外匯，進行綜合補償。

布了《關於當前產業政策要點的決定》，提出外商投資審查標準。該決定指出，鼓勵外商投資的重點為：產品適應國內外市場需要，而國內不能生產者；可以擴大出口者；經濟效益高、技術先進者；能源、交通運輸和原材料工業急需者。另外，該決定也明確指出對某些投資項目，國內已經在開發或生產的、沒有出口競爭力的、不提供先進技術的、外匯不能自行平衡的，以及零配件依賴進口、產品主要在國內銷售的加工組裝生產線等，將限制投資。這個審查標準與「合資法」和「實施條例」等文件中公布的行業選擇標準相比，似較明確且具體些。

在這一段期間，大陸對外開放的程度愈來愈深，範圍也愈來愈大，由原來4個經濟特區、14個沿海開放城市，擴大到珠江三角洲、長江三角洲和閩南廈漳泉三角地區開闢為沿海經濟開放地區。嗣後又把沿海開放區再度擴大包含廣東、福建全省和遼東半島、山東半島，同時將海南島升格為省並指定為經濟特區。至此，大陸沿海便形成了面積約42萬平方公里的新月形對外開放地帶。

另一方面，大陸當局進一步擴大下放給沿海各地審批外資的自主權，除北京、上海和天津三個直轄市外，廣東、福建兩省也獲授權審批3,000萬美元以下的投資項目，遼寧省自行審批的權限也由500萬美元提高到1,000萬美元。

值得一提的是，在這一段期間內，大陸各地對外資的審批和行政管理工作上，有很大的改進。以上海市為例，過去外商要在上海市投資，申請書需經4個委員會、19個局批准，前後要蓋幾百個圖章。1988年6月間上海試行「一站式」服務，成立外商投資工作委員會，讓外商在同一窗口、同一機構辦理各項必要手續。審批所需時間之規定，也由原來的最少三個月減為最多不能超過45天。由於試行效果良好，天津、廈門、青島等省市也陸續效法，採取同樣的服務方式。

大陸發生「六四事件」之後，美國、日本及西歐各國先後宣布對

大陸實施經濟制裁，取消和中止對大陸官方貸款和其他方面的經濟合作。社會的動盪不安也使得外商的投資意願大幅滑落，不只新的投資項目減少，甚至於已在大陸投資的外商，也有許多宣布撤退，大陸利用外資政策面臨嚴峻的挑戰。大陸為了提高大陸地區對外商投資的吸引力，除了不斷強調改革開放政策不變和既定的外資政策不變外，更積極採取一些作為。其中較重要者包括：

(一)進一步擴大外國投資者在大陸投資企業的經營自主權。大陸在
　　1990年4月間修改「合資法」，除放寬合資期限規定外，合資
　　企業的董事也不再規定必要由中方人員擔任。同時，在新的合
　　資法中，還明確表示不對外商投資企業實行國有化，因社會需
　　要而必須實行國有化時，也會有相應的賠償。

(二)為了協助外商投資企業解決資金融通問題，大陸當局採取了一
　　系列的特別措施。其中主要有：專案撥款4億人民幣貸給外商
　　投資企業從事固定資產投資；放寬對外商投資企業流動資金的
　　貸款；物資部門優先供應外商投資企業所需的鋼鐵、木材、塑
　　膠原料等生產資料等等。

(三)在投資形式上，以更靈活的方式允許外商在各地從事土地連片
　　開發。這種形式自1987年起在深圳、廣州、上海、天津、大連
　　等地試行，外國投資者經由競標程序取得土地，在承租有效期
　　間內，可享有開發使用的自主權。

(四)1991年大陸中央正式宣布開發上海浦東新區。由於上海是大陸
　　上傳統的工商業中心，具有優越的經濟、技術條件，浦東新
　　區的開發又象徵大陸政府在1990年代對外開放的重點，因此，
　　大陸政府的這個大動作對於外商赴大陸投資的促進作用非常明
　　顯。

(五)外商投資項目的審批權限進一步放寬。除了北京、上海、天津
　　及廣東、福建兩省外，海南、遼寧、河北、山東、江蘇、浙

江、廣西等沿海省，以及深圳、珠海、汕頭、廈門4個經濟特區和大連、廣州、寧波、南京、青島等計畫單列市的審批權限均為每項目投資總額3,000萬美元以下。內地省、自治區和其他計畫單列市的審批權限為1,000萬美元以下。

此外，在1991年1月公布的《國民經濟和社會發展十年規劃和八五計畫》中，大陸中央再度強調利用外資發展經濟的政策，唯在目標上，希望利用政府間和國際金融組織的貸款，加強交通、通訊、能源、原材料等社會基礎設施和基礎產業之發展；而外商直接投資方面，強調要發展出口創匯型和技術先進型項目，特別希望外商直接投資能引進先進技術，加速帶動產業升級。

1992年初，鄧小平南巡倡導「加速改革、擴大對外開放」，大陸各地熱烈響應，外商到大陸投資再度掀起高潮，對外開放之「擴大」，主要包含兩項內容，一是擴大開放的領域，即指外商到大陸投資的行業，除製造業外，百貨商場等第三產業也准許外商投入，同時外商投資企業產品內銷，基本上也不再予限制。二是擴大開放的地域範圍。大陸當局提出「四沿」戰略，把對外開放的地域由過去的沿海地帶，擴大包含了沿（長）江、沿邊（境）地帶和沿路（指歐亞大陸橋在大陸境內的陸路）。在這種「戰略」下，大陸當局在邊境及長江沿岸各省分別選擇13個和9個重要城市對外開放，另外，內陸其他省分也都各選擇一個城市對外開放（計13個），這些城市與早期的14個沿海開放城市，享受相同的優惠條件。為了吸引更多的先進技術型企業到大陸各地投資，大陸當局又積極闢建了許多「高新技術開發區」，同時也在上海、天津、深圳、廣州、大連等地開闢「保稅區」，以利「出口型」外資企業營運。

三、高速發展階段（1992～2001年）

　　1992年，鄧小平南巡發表重要談話和中共「十四大」決定建立社會主義市場經濟體制之後，大陸利用外商直接投資進入一個嶄新的階段。1992～1997年間，大陸政府在利用外資方面的主要政策措施，首先是進一步擴大引資地域，鼓勵外商對內陸地區投資。為了進一步加強引進外商直接投資，大陸國務院自1992年起陸續選定一些內陸地區城市，包括6個沿江港口城市、13個邊境城市和18個內陸省會城市，全面推進對外開放，這些城市是用沿海開放城市的優惠，以鼓勵外商對內陸地區投資。

　　大陸當局的專案小組針對內陸地區對外開放、吸引外資等，曾提出以下幾項具體政策措施：

(一)進一步擴大中西部地區、特別是沿邊地區和內陸中心城市對外開放的範圍和領域，尤其是在開發當地優勢資源和加快基礎設施建設方面。允許採取靈活多樣的方式，擴大中西部地區開發利用本地資源的權限；對一些先行試點的領域和項目，在中西部有條件的地方安排一些試點；對內陸地區政府下放一部分外商投資項目的審批權，原則上與沿海開放地區一律平等。

(二)內陸地區採取和沿海地區相同的外商優惠政策。

(三)對內陸地區重點式利用外國政府及國際金融機構貸款，以改善內陸地區的投資環境。

(四)從速、從寬審批中西部地區大中型企業和科研院所的對外經營權。

(五)在對外貿易方面，結合中央配額、許可證管理制度的改革，對中西部地區採取某些傾斜；凡中西部地區為主產地的配額商品，要實行定向招標，將大部分配額分配給該地區；對其他產品則儘量予以照顧。

是…要將給予中部地區必要的土地，發揮中西部的優勢，促進當地社會經濟發展，縮短東西部地區間的差距。

…的項目作出明確規定。這是大陸政府第一次以法規形式將引進外商直接投資的產業政策公諸於眾。

根據最新資料顯示，大陸當局鼓勵的外商投資項目包括：農業、能源、交通、主要原材料、高新技術、資源利用等領域，以及中西部地區的合理開發等；限制外商投資項目則包括國家級吸收外資試點行業、實行專賣的行業、屬於國家開發或引進技術並已能滿足國內需求的項目，以及從事稀有、貴重礦產資源探勘開採等方面的項目；禁止外商投資項目則包括危害國家安全或損害社會公共利益、污染環境等方面的項目。

另外，《指導外商投資方向暫行規定》還提到，對於少數關係到國計民生的產業及項目，必須由國有資產投資任股份有限公司形式的項目中佔控股地位、在有限責任公司形式的項目中佔控股地位、在有限責任公司形式的項目中註冊資本的比例佔百分之五十以上

表2-1　大陸關於外商投資方向分類表

類別	產業別	項目
鼓勵類	基礎性產業	·屬農業新技術、農業綜合開發項目 ·能源、交通、重要原材料工業建設項目
	技術性產業	·高新技術、先進技術項目 ·能夠改進產業性能的項目 ·節約能源和原材料項目 ·提高企業技術經濟效益項目 ·能適應市場需求而大陸生產能力不足的新設備或新材料之項目
	出口性產業	·能適應國際市場需求，提高產品檔次、開拓市場項目 ·擴大產品外銷、增加出口的項目
	再生性產業	·綜合利用資源和再生資源項目 ·防治環境污染的新技術和新設備項目
	開發性產業	·能發揮中西部地區人力和資源優勢項目 ·符合產業政策項目
	其他	·符合法律、行政法規規定的其他鼓勵項目
限制類	技術性產業	·大陸已開發或已引進技術產業的項目 ·大陸生產能力已能滿足市場需求的項目
	政策相關產業	·吸引外商投資試點項目 ·專賣產業的項目 ·統籌規劃的產業項目
	稀有資源產業	·稀有、貴重礦產資源勘探、開採的項目
	其他	·法律、行政法規規定限制的其他項目
禁止類	危害公益產業	·危害國家安全項目 ·損害社會公共利益項目 ·危害軍事設施安全和使用效能項目
	破壞資源產業	·對環境造成污染損害項目 ·破壞自然資源項目 ·損害人體健康項目
	不利發展產業	·佔用大量耕地，不利保護、開發土地資源項目

	·大陸暫停或工業項目
	·暫時特有的技術先進產品項目
其他	·法律、行政法規規定禁止的其他項目

資料來源：《兩岸經貿通訊》（台北：海峽交流基金會），第43期，1993年7月10日，頁15。

根據《外商投資產業指導目錄》，大陸政府鼓勵外商投資的項目：

……不能產出改造、發展畜牧優質高產新品種的技術，及林木良種引進，優良種畜種禽繁育、飼料蛋白資源開發、高效、安全的農業和品種，同發展化肥等。

(二)基礎產業和基礎設施項目，如煤炭、石油、電力、鐵路、公路、港口、機場、鋼鐵、有色金屬、化工和建築材料等。

(三)機械電子、石油化工、汽車製造和建築業等，……需要加快發展的支柱產業。

(四)引進先進技術、改進產品性能、節約能源和原材料、提高企業技術經濟效益或改善產品與需求並且並適應市場需求的項目。

(五)提高產品檔次、擴大產品外銷，增加出口創匯的項目。

(六)工業能夠綜合利用資源和再生資源的新技術、新設備項目，如……低污染燃料、再生資源、廢棄物綜合利用技術開發等……

在國內產業和對外貿易領域，由試點逐步對外商開放。自1992年在北京、天津、上海、大連、青島、廣州等6個地區試點開放外商投資商業零售企業；對外貿易方面，允許在沿海城市的保稅區內設立外商投資的外貿公司，從事轉口貿易。

　　大陸於1996年頒佈實施《關於設立中外合資對外貿易公司試點暫行辦法》，允許外商參與進出口貿易行業，顯示國有外貿企業的獨佔局面不再存在，同時也象徵大陸的外貿體制進一步向國際靠攏。

　　在商品流通領域中，除了商業零售、批發和物資供銷對外商投資尚有限制，其他在市場基礎設施（如倉儲、運輸流通、物資流通等經營設施）、市場信息設施、市場服務行業等，均鼓勵外商投資。

　　第三是對外資銀行實行「國民待遇」。過去大陸吸引外資的主要手段是租稅優惠，以及進出口經營權、信貸和使用外匯方面的優惠。這些優惠對刺激外商的投資意願確曾發揮相當大的作用，不過卻也因此造成一些問題，譬如出現「假外商」造成稅收流失、內資企業處於競爭劣勢等，而外商企業在某些方面享受低國民待遇，如各種生產服務價格、產業投向及信貸限制等，抵消了租稅優惠所得到的利益，則迭有怨言。

　　大陸國家計委在「1997利用外資重點」的一份報告中明確提出，要在「適當時機統一內外資企業收費標準，逐步對外商投資企業實施國民待遇」。具體的做法主要有：

(一)內、外資企業的所得稅稅率趨向一致。1994年大陸稅制改革前，大陸國有大中型企業的所得稅稅率固定為55%，私營企業的所得稅稅率固定為35%，國有中小型企業和集體所有制企業的所得稅稅率適用八級超額累進稅率，為33%（含地方稅）。1994年大陸稅制改革後，企業所得稅稅率一律改為33%。

(二)統一內資和外資企業適用的稅種。廢除外資企業的「工商統一稅」，對內、外資企業一律課「增值稅」、「消費稅」及「營業稅」。

(三)終止優惠關稅。自1996年4月1日起，大陸海關已開始全面執行大陸國務院《關於終止三資企業、技術改造項目、經濟特區、進口設備和原材料等的減免稅通知》。這項措施是與大陸大規

政府對外商投資企業實行銀行結售匯且擴大於全大陸地區，即
企業的外匯環作更加方便。

對外資企業實施「國民待遇」的同時，對於具些特殊的投資項
目，給能投資方面仍享獲得政策優惠，並採取的相若別待措施，即：

(二)投資中西部的勞力密集型外資加工企業，不取消優惠政策。
(一)在取消部分外資企業優惠政策的同時，搭配推出開放內銷市場
政策，以減輕因取消優惠政策而對外資企業產生的衝擊。

1990年代末期，受到亞洲金融風暴的影響，外商到大陸的直接投
資出現停滯的現象，大陸政府引進外資的政策順勢做了一些調整。首
先，自1999年開始，大陸政府能更強鼓勵外商投資企業能夠技術開發和
創新，譬如，對外商投資設立的研發中心，自用設備及其配套的技
術、配件和備件可免徵進口稅和進口環節稅，外國企業向大陸境內轉
讓技術，可免徵營業稅和免徵企業所得稅等。

其次是積極鼓勵並引導外商到中西部地區投資。1997年12月，大
陸修訂了《外商投資產業指導目錄》，將能夠發揮中西部地區的人
力、資源優勢，並符合中央產業政策的項目列為鼓勵外商投資領域
對於被列為限制外商投資的項目，但卻能夠發揮中西部地區資源優勢
並符合產業政策的，則適當放寬政策。2000年6月，大陸政府進一步制
訂了《中西部地區外商投資優勢產業目錄》，對於向中西部地區投資
的外商，在進口關稅、設立條件、允許進入的行業和所得稅減免等方

面，給予更加優惠的政策。

　　第三是改善對外商企業的管理體制。2000年10月，九屆人大修改了《外資企業法》，取消對外商投資企業外匯平衡、優先使用國產配件，以及其他一些方面的要求。2001年3月，九屆人大四次會議另對《中外合資經營企業法》進行修改，取消了「合資企業生產經營計畫，應報主管部門的備案，並通過經濟合同方式執行。同時也取消合營企業所需要原材料、燃料和配套件等，應首先在中國購買」的規定。

● 四、全面發展階段（2002年～）

　　自2002年以來，大陸利用外商直接投資進入全面發展的新階段。2001年12月，大陸正式加入世界貿易組織（WTO），開啟了改革開放以來第二次外資戰略的重大調整。

　　大陸在1980年代展開一系列「區域傾斜」的沿海開放政策，吸引大量的外資投入。進入1990年代，大陸的外資政策調整為「產業傾斜」，同時，前階段強調的沿海經濟發展戰略也調整為「四沿」，即「沿海、沿江、沿邊、沿路」的發展戰略。2000年，中共「十五屆五中全會」通過「十五計畫」，確立了西部大開發的政策，與「科技興國」戰略併列，形成了「區域傾斜」與「產業傾斜」並重的外資政策。

　　面臨加入WTO的新形勢，大陸利用外資的政策呈現「第二次戰略轉變」，與1992年「第一次戰略轉變」政策不同的是，在「第二次戰略」，大陸政府顯然較過去更加重視吸引外資要配合全國產業發展政策，同時也較過去更加重視法制化，政策透明和有效規範。

　　第一，擴大可投資領域。根據加入WTO的協議，大陸將降低服務業領域的准入門檻，擴大服務貿易的對外開放。2002年4月，大陸開始

實施新的外商投資產業指導目錄，該新目錄減少過去屬於限制類和禁止類的服務行業，擴大服務業的市場准入。其中，鼓勵類由186項增加

新的目錄配合大陸加入WTO的承諾，按照承諾的先後、數量、地區範圍、股比要求和時間表，進一步開放銀行、保險、商業、外貿、旅

第二，投資地域多樣化。鼓勵外資投向中西部地區，參與正在推動的中西部大開發戰略。新的外商投資產業指導目錄放寬外商投資西

微關稅和進口環節增值稅等優惠政策。

要有：(1)要進一步擴大外商投資領域，鼓勵外資投資於西部地區的能源、礦產、水利、農業、生態、交通、市政、環保、旅遊等基礎設施與資源開發，以及建立技術研究開發中心。(2)擴大西部地區服務貿易領域對外開放，將外商對銀行、商業零售企業、外貿企業投資的試點擴大到直轄市、省會和自治區首府城市。(3)允許西部地區外資銀行逐步經營人民幣業務。(4)允許外商在西部地區依照有關規定投資電信、保險、旅遊業，興辦中外合資會計師事務所、律師事務所、工程設計公司、鐵路和公路貨運企業、市政公用企業和其他已承諾開放領域的

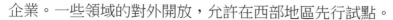

企業。一些領域的對外開放，允許在西部地區先行試點。

　　其次，提出要進一步拓寬利用外資渠道：在西部地區進行以BOT方式利用外資的試點，開展以TOT方式利用外資的試點。

　　第三，提出要大力發展對外經濟貿易，及積極推進地區協作與對口支援。為鼓勵外商投資進入西部地區，大陸國務院西部地區開發領導小組辦公室在2001年9月間指出，相關部門已陸續制訂了一系列優惠措施，其中內容包括：

1. 擴大鼓勵外商投資的領域。外商投資西部地區優勢產業的項目，可享受外商投資鼓勵類產業的優惠政策。

2. 對外商投資企業實行稅收優惠。對設在西部地區國家鼓勵產業的外商投資企業，按15%的稅率徵收企業所得稅；對設在民族自治地區的外商投資企業，經省級人民政府批准，可以免徵或減徵地方所得稅；對外商在西部地區興辦交通、電力、水利等企業的企業所得稅實行「兩免三減半」；對外商投資於能源企業、高新技術企業、產品出口型企業、軟體和積體電路企業，實行相應稅收優惠政策；對國家鼓勵類產業的外商投資項目進口自用先進設備，免徵關稅和進口環節增值稅。

3. 擴大服務貿易對外開放。將外商對銀行、商業零售企業、外貿企業投資的試點，擴大到西部直轄市、省會城市和自治區首府城市。允許西部地區的外資銀行逐步經營人民幣業務；允許外商在西部地區依照有關規定投資電信、保險、旅遊業、興辦中外合資會計師事務所、律師事務所、工程設計公司、鐵路和公路貨運企業、市政公用企業等；允許外商投資城市天然氣管網建設和經營。

4. 拓寬外商投資渠道。在西部地區進行以BOT方式利用外資的試點，開展以TOT方式利用外資的試點；對中央鼓勵和允許類產業的企業，可通過轉讓經營權、出讓股權、兼併重組、中外合資企

業基金、風險投資基金等方式吸收外商投資。

5.放寬利用外資條件。對外商投資於西部地區基礎設施和優勢產業項目，適當放寬外商投資的股比限制；外方可以控股西氣東輸管道工程；外商投資西部地區基礎設施和優勢產業項目，可適當放寬國內銀行提供固定資產投資人民幣貸款的比例；對國家鼓勵類產業的項目，國內銀行向其提供固定資產投資人民幣貸款不受比例限制；允許外商投資項目展開包括人民幣在內的項目融資。

6.鼓勵已在大陸外商投資企業再投資，外商到西部地區再投資，……沿海地區外商投資企業到西部承包經營管理外商投資企業和內資企業。

7.鼓勵外資投資非油氣礦產資源開發。對於外商到西部地區以獨資或與中方合資、合作的方式勘查開採非油氣礦產資源的，除享受……使用費一年、減半繳納採礦使用費兩年的政策；對於外商從事《外商投資產業指導目錄》中鼓勵非油氣礦產資源開採的，享受……免繳礦產資源補償費五年的政策。

……及生產建設兵團所在地選擇一個已建成的開發區，申辦國家級經濟技術開發區。

9.……在西部地區投資數額較大的外商投資企業，其所聘投資者和正常的外籍高級管理人員、技術人員可提供出入境便利。

10.改善投資軟體環境。放寬多種所有制企業市場准入，簡化國內投資項目審批程序，相應簡化外商投資項目審批程序。

……主要是「新建投資」。2003年3月，大陸政府頒布了《外國投資者……

併購境內企業暫行規定》，履行加入WTO之承諾，開放外商採用購併方式在大陸設立企業。該項規定對外資併購企業的範圍、外商投資比例、併購後的債務債權承擔、股東的地位和併購交易價格等方面做了詳細的規範，顯示大陸政府將允許外商以多種方式在大陸各地投資，包括國際上流行的購併方式設立企業，例如允許進行協議購併、允許進入企業產權交易市場購併、允許進入股票市場開展購併、允許合資企業外方通過股權轉讓及增資擴股方式購併等。

第四節 近年來外資政策之調整

改革開放政策吸引大量的外資進入中國大陸，對於其經濟發展的貢獻不小，譬如，促進了大陸的資本形成、創造了大量的就業機會等。不過，利用外資的政策也引起大陸各界若干負面的議論，其中，較常被提到的問題包括跨國企業引入的技術非最先進、造成環境污染、內外資企業稅負不公平等，因此，近兩、三年來，大陸逐漸調整外資政策。其調整策略思維及具體作為可歸納從下列幾個方面分析：

一、塑造公平競爭的投資環境

外商企業在大陸一直享有租稅等優惠待遇。大陸加入WTO後，這種超國民待遇所衍生的不公平競爭，不利於內資企業的現象愈趨凸出。為塑造內外資企業公平競爭的環境，自2006年以來，大陸政府先後實行新的《企業所得稅法》和修訂《城鎮土地使用稅暫行條例》，取消對外資企業的稅收優惠待遇。

《企業所得稅法》於2007年3月經人大通過，並於2008年1月1日開始實施。該法的基本精神在於統一內、外資企業所得稅制，過去外

尚投資企業享受二十多年的超國民待遇將逐步走向終結，新的稅制將

2013年起，外商企業原有的企業所得稅優惠將自動失效。

新稅法將納稅人區分為「居民企業」、「非居民企業」，前者承擔全面納稅義務，就其來源於大陸境內外的全部所得納稅。「居

實際管理機構在境內的企業都屬，有可能因為「實際管理機構在中國境內」而被認定為「居民企業」。

非居民企業一般其稅來源於中國境內的所得納稅，新稅法對非居民企業應繳納的所得稅，實行源泉扣繳，其居民企業的稅率稅，與不同的稅率標準，即「概念訂有相配稅...

關於城鎮土地使用稅，按昔日的規定，外商投資企業土運經營用地出讓金的外商投資企業，不須繳納城鎮土地使用稅。修訂後的《城鎮土地使用稅暫行條例》，除了將稅額標準提高兩倍之外，另將外商投資企業納入徵稅範圍，目的是為了消除內外資企業用地成本的差異。該項新措施儘管有助稅負公平，然而，對於台（外）商企業來說，土地使用成本將大幅增加。

城市0.4~8元，小城市0.2~4元。修改後的稅額分別為1.5~30元、1.2~24元、0.9~18元。參閱《中國經濟新聞》（香港），2007年3月12日，第12期，頁16-17。

● 二、更加重視引進外資的素質

　　大陸利用外資的政策態度，已逐漸從「招商引資」轉向「招商選資」，不再來者不拒。2006年11月，大陸國家發改委發佈《利用外資十一五規劃》宣示將持續推動利用外資從「量」到「質」的根本轉變，使利用外資的重點從彌補資金、外匯缺口等考量，轉到引進先進技術、管理經驗和高素質人才方面；同時，更加注重環境保護、資源能源節約與綜合利用效率。事實上，在此之前，針對利用外資中加工貿易業的素質不高、結構不合理的現象，已先後發佈一系列規範性政策文件，例如修訂《外商投資產業指導目錄》、頒佈實施《關於鼓勵技術引進和創新、促進轉變外貿增長方式的若干意見》（2006年9月）等。

　　大陸從2007年12月1日開始實行新版的《外商投資產業指導目錄》，除了強調引進外資促進產業的升級，鼓勵外商投資高新技術產業、裝備製造業、新材料製造業產業，以及鼓勵外資從事承接服務外包，現代物流等服務業之外，對一些大陸境內已經掌握成熟的技術，具備較強生產能力的傳統製造業，強調不再鼓勵外商投資。另外，更加強調節約資源，保護環境。對中國大陸稀缺或不可再生的重要礦產資源，不再鼓勵外商投資；一些不可再生的重要礦產資源，不再允許外商投資勘查開採；限制或禁止高物耗、高能耗、高污染外資項目准入；不再繼續實施單純鼓勵出口的導向政策；對部分涉及國家經濟安全的戰略性和敏感性行業，持謹慎開放的態度。

　　總之，新的《外商投資產業指導目錄》實施後，對於仍被列為「鼓勵類」投資項目的外商，基本上不受影響；然而，針對單純的加工貿易業者及被列為「禁止類」投資項目業者，受到的衝擊很大。從企業所得稅率來看，列為「高新技術產業」者可享15%優惠稅率，其餘皆為25%。

一、促進加工貿易轉型升級

為了扭轉加工出口貿易擴張造成外貿順差逐年攀升所帶來之困擾，大陸政府積極採取一系列政策，首先是實施退稅率的調整。長期以來，大陸為了鼓勵出口，實施出口退稅政策。2007年6月中旬，大陸發布《關於調低部分商品出口退稅率的通知》，自7月1日起實行新的出口退稅政策。此次調整涉及2,831項產品，佔海關稅則中全部商品數目的37%，其中，取消了553項「高耗能、高污染、資源型」產品的出口退稅，主要包括：

金屬加工產品等。

二是降低2,268項容易引起貿易摩擦的商品之出口退稅率，主要包括：服裝、鞋帽、皮發、羽毛製品、箱包、其他皮革毛皮製品、紙製品、塑膠、橡膠及其製品等。

三是將10項商品的出口退稅改為出口免稅政束，主要包括：花生果仁、油畫、雕飾版、郵票和印花稅票。

出口退稅被取消，將使大陸外商企業的生產成本大幅增加，因為按規定出口不予退稅之貨物，視同內銷貨物計提銷項稅金或徵收增值稅。其中，採用一般貿易方式出口的企業較採用進料加工後出口貿易方式的企業所受衝擊程度大。出口退稅率調低對於相關企業的影響，適用「不徵不退」的企業不受影響，適用「免、抵、退」的企業則勢必增加生產成本。[3]大致上，在大陸當地購買原物料的比例愈高，受衝

---

[3] 「進料加工」指帶料進口，製作成品再行輸出者；「來料加工」指由國外廠商提供原物料，再由大陸廠商依外商指定規格進行加工並收取加工費。適用「不徵不退」係指出口貨物免交增值稅，但採購時所發生的任何進項稅金，亦不得抵扣內銷貨物的應納稅額，也不予退稅。

擊愈大。

　　為了改善出口商品結構、提升出口商品附加值、改變粗放型外貿擴張模式，大陸政府還多次調整加工貿易政策。2007年7月下旬，大陸政府公布新一批《加工貿易限制類商品目錄》，主要涉及塑料原料及製品、紡織紗線、布匹、傢俱、金屬、粗加工產品等勞動密集型行業，共計1,853個十位商品稅號，佔全部海關商品編碼的15%，包括之前公布的394個十位商品稅號，加工貿易限制類商品目錄合計已達2,247個。對列入限制類的商品將實行銀行保證金台帳「實轉」管理。[4]與以前公布的目錄只為限制進口類商品的做法不同，這次是首次把1,800多項商品列為出口限制類。

　　此外，這一次加工貿易政策之調整，禁止類目錄新增了184個十位海關商品稅號，主要包括皮革、肥料、化工、冶煉、冶金等行業。自1999年起，大陸政府開始對加工貿易活動實行商品分類管理，將加工貿易商品分為禁止類、限制類和允許類。迄今，禁止類目錄已發佈過四次，1,140個十位稅號商品列入其中。對於列入禁止類目錄的商品，保稅資格被取消，只能用一般貿易方式進口商品。

　　這次加工貿易政策之調整，最讓企業吃不消的是保證金台帳制度緊縮管理。按原來的管理辦法，大部份依法經營，無走私、違規行為的企業並不用繳納保證金；但在新政策下，被列入限制類商品的加工貿易業務，無論是那一類型企業，都必須繳納台帳保證金。由於產品

　　「免、抵、退」的意義是，對生產企業出口的自產貨物，免徵本企業產銷環節的增值稅；其所耗用的原材料、零配件等所含的進項稅額，在扣除免抵退稅不得免徵和抵扣稅額後，可用於抵頂內銷貨物的銷項稅額；其在當月內應抵項的進項稅額大於應納稅額時，對未抵頂完的部分予以退稅。

4　所謂「實轉」管理，是指企業在合同備案時，須向中國銀行繳納台帳保證金，當企業在規定期限內加工成品出口，並辦理核銷結案手續後，保證金加計利息予以退還。

生產有週期，海關歸還保證金也需要行政作業時間，周期愈長，被抽
[...]

長期以來，大陸所關注經濟發展模式，對於環保約束幾乎掛零，
[...]

護，嚴格限制低水準、高消耗、高污染的外資項目；鼓勵利用外資節
[...]

大陸在《利用外資「十一五」規劃》中宣示，要制定完善外資相
關項目的能耗、水耗、佔用工地等准入標準，依法到已抵外商投資正
業存在的各類企業實行強制淘汰高耗能、高耗水、落後工藝、技術和
設備的制度，加強對各類企業環境保護監管，嚴格實行「清潔化生產
性工作方案》，明確提出2010年實現節能減排的工作目標。[5]

環保是大陸「十一五」規劃的重點工作，各地政府面對此宣示中
[...]
改善排污設備、減少污染排放總量和濃度，這些作為造成大陸各地外
高面臨大幅提高成本的困擾，廣東省推動環保工作更是雷厲風行，宣
示未來將走「高產出、低消耗、零污染」的綠色經濟發展模式，提高
對製造業的排污標準，令在當地投資設廠的部分外商受到極大衝擊，

---

5 首先，每萬元國內生產總值耗能將由2005年的1.222噸標準煤下降到1噸
 標準煤以下，降低20%左右；單位工業增加值用水量降低30%。其次，
 「十一五」期間，大陸主要污染物排放總量減少10%。到2010年，全大陸設
 市城市污水處理率不低於70%，工業固定廢物綜合利用率達到60%以上。

沒有能力及財力改善排污的工廠，可能將被迫歇業或遷移至他處。受影響較大的行業包括高污染的皮革廠、電鍍廠、化工廠及漂染廠等。

五、加強保障勞工權益

　　為加強維護勞工權益，2007年，大陸政府頒佈實施《勞動合同法》（2007年3月公布、2008年1月1日開始實施）、提高最低工資標準，同時也加強勞動檢查。這些措施將增加外商用工成本。其中，以《勞動合同法》之實施對台（外）商造成的衝擊最大。

　　歸納而言，《勞動合同法》實施之後，對大陸外商造成的不利影響，第一是不簽訂書面勞動合同，將面臨高昂的成本（#14-3、#82）；第二是降低無固定期限勞動合同訂立的門檻（#14-2、#14-3、#82-2）；第三是試用期限制更嚴格（#19、#20、#70、#83）；第四是違約金約定限制（#22-2、#23-2）；第五是勞動者解除合同的情境變多（#37、#38-2）；第六是裁員時規定強制留用人員，不利企業用人決策（#41-2）；第七是明訂勞動合同期滿終止應支付離職勞工經濟補償，將增加企業用工成本（#46）；第八是違法辭退員工，經濟補償成倍上升（#48、#87）；第九是企業規章制度不可片面制定，須與工會或職工代表平等協商（#4-2）。顯然，對於大陸外商而言，大陸實施《勞動合同法》後，原來具有的勞動力資源優勢將因此打了折扣，也就是說，未來將面臨升高的勞動成本，以及不可預期的勞工意識高漲可能帶來的困擾。

　　除了實施《勞動合同法》，為加強維護勞工權益，大陸政府近來還特別重視「勞動檢查」，取締非法加班超時工作、壓低加班費的企業；同時，調整最低工資標準，並明確規定最低工資必須是實得收入。這些新措施無疑使得外商用工成本大增，經營風險也隨之提高，將不利於外商企業生存與發展。據媒體報導，有許多座落在珠三角、長三角的外商，已因這些新措施帶來的威脅而掀起遷移潮。

王志樂，《跨國公司在華發展新趨勢》，北京：新華出版社，2003

九》，北京：中國經濟出版社，2001年。

孫玉琴，《中國對外貿易體制改革的效應》，北京：對外經濟貿易大

學出版社，2005年。

楊至明主編，《中國對外經貿理論前沿》，北京：社會科學文獻出版

社，1999年。

臧家國，《外商對華直接投資研究》，武昌：武漢大學出版社，2001

年。

樊勇明，《中國的工業化與外國直接投資》，上海：上海社會科學院

出版社，1992年。

「改革開放」與 大陸經濟發展成就 3

大陸自1979年實行「對內改革、對外開放」的政策迄今，已經歷將近三十年，「改革」從農村經濟體制推行「家庭聯產承包責任制」開始，到城市經濟體制「放權讓利」；「開放」從華南沿海地區開始，延伸到華北、華中和內陸地區。進入九十年代，大陸先後整合了「計畫」與「市場」，以及「姓社」與「姓資」的爭論，確立「社會主義市場經濟」的基本發展路線。1997年9月間，中共召開「十五大」，進一步克服了所有制意識型態上「姓公」和「姓私」的爭論，經濟體制改革逐漸深化。2001年12月，大陸完成加入WTO的必要程序，正式成為WTO締約成員，經濟全面對外開放，體制改革再向前邁進一大步。將近三十年的經濟體制改革及開放，大陸經濟發展的成就已受到世界各國矚目。

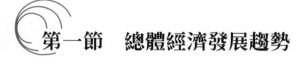

第一節　總體經濟發展趨勢

中共在1950年代初，曾對當時的經濟制度進行改革，在農村推行農業集體化，在城市推行工商業社會化，並確定集中主要力量進行以重工業為中心的工業建設。自1953年開始實行中央集權式經濟計畫，依循不平衡發展的策略思維積極推動工業化的發展政策，具有下列特徵，其一是維持高投資比率，全力追求高速度之發展；其二是集中投資於發展重工業，特別是鋼鐵及機械製造業，貶抑輕工業及農業之發展；其三是著重大型及資本密集工業之發展；其四是榨取農業剩餘以支持工業部門的擴張。在這樣高度不平衡的發展模式下，由於投資資金多集中於資本密集型之工業建設項目，因此造成大陸的產業及經濟結構呈現畸形發展的現象。

......中國大陸自1966~1976年的
文化大革命事件，對其經濟造成了嚴重破壞，其經濟發展成和工計畫
更加突出。

在1978年以前，大陸的經濟發展戰略基本上具有以下幾項特徵：
其一是以高速發展為主要目標。大陸在1950年代初曾經指出：經濟建
設速度要成倍地、幾倍地，以至幾十倍地超過過去中國和超過一切資
本主義國家，趕上先進國家......要......在......要......時......要......

要在一、二十年、甚至更短的時間內就要達到。這種把高速度發展作
為主要目標的經濟發展戰略，在「大躍進」時期表現得最為明顯和突
出。

其二是以重工業為最優先發展的重點。為了促使共產主義社會早
日來臨，實現「各盡所能，按需分配」的理想，大陸當局認為唯有實
現工業化，而工業化又是以發展重工業生產，即生產資料工業的生產
為基礎。大陸當局又指出：由於重工業水平各國民經濟的發展水準和
發展方向，決定著農業、輕工業和國民經濟各部門的技術水準和勞動
生產率提高的程度，工業的生產和建設也須首先保證重點，工業的中
心問題是鋼鐵和機械的生產。因此，從1950年開始，鋼鐵工業實際上
已成為重工業的重點

表3-1　改革開放前大陸經濟之發展

經濟指標	單位	1952	1978	1952～1978	
				年平均成長（%）	成長倍數
國民生產總值	億元人民幣	681	3,624	6.6	5.3
工業總產值	億元人民幣	349	4,237	11.4	12.1
農業總產值	億元人民幣	461	1,397	2.7	3.0
財政收入	億元人民幣	184	1,132	7.2	6.2
職工工資總額	億元人民幣	68.3	569	8.5	8.3
居民消費水準	元	76	175	3.3	2.3
全民所有制單位固定資產投資	億元人民幣	43.6	668.7	11.1	15.4
全社會商品零售總額	億元人民幣	175	1,559	9.0	9.1
進出口貿易總額	億美元	19.4	206.4	9.5	10.6
能源生產總量	標準煤萬噸	4,871	62,770	10.3	12.9
貨物周轉量	億噸公里	762	9,829	10.3	12.9

資料來源：參考國務院發展研究中性UNDP項目組，《經濟發展改革與政策》第一卷（上），頁20資料修訂而得。

　　其三是以粗放發展為主。在落後的工業基礎上，要想很快的發展經濟並優先發展重工業，必然需要大量地建設新的項目，這種發展模式係以粗放式發展作為經濟發展的主要途徑。1958年間鼓勵各地普遍而大量地發展小土群企業，以實現高速發展重工業、鋼鐵工業的目標，便是這種粗放式發展思想的充分表現。

　　其四是以實現經濟的自給自足為目標。受到西方國家對大陸採取「政治上孤立、經濟上封鎖」政策的影響，大陸政府不得不實行閉關自守、自給自足的經濟發展模式。在達到自給自足目標之前，儘管也有一段時間發展對外的經濟技術交流關係，但從本質上說，原有的經濟發展戰略是一種閉關自守的發展戰略，該項戰略要求把經濟的自給

32位。顯然，1953～1978年間，大陸出口貿易的發展速度低於世界出口貿易的平均發展速度。

由於改革之前，大陸政府不重視對外貿易，因此，對外貿易在宏觀經濟中只是補充性質，該階段大陸經濟發展與世界經濟的關聯可以說是不大，以對外貿易佔國內生產總值的比重，即對外貿易依存度偏低的情形（後文將有更詳細的討論），即可發現大陸經濟與世界經濟的隔離狀況。1952～1978年間，除「一五」時期接受原蘇聯的156個援助項目及東歐其他國家的一些援助項目之外，幾乎沒有接受其他的外援，這又從另一個側面反映了大陸經濟的孤立狀況。

　　另外，值得一提的是，自1950年代初期以來，大陸經濟發展呈現周期波動的趨勢。1953～1976年，大陸經濟成長趨勢大致可劃分為五個周期（表3-2），第一個周期持續五年（1953～1957）；第二個周期也持續五年（1958～1962）；第三個周期持續六年（1963～1968）；第四個周期持續四年（1969～1972）；第五個周期持續四年（1973～1976）。表3-2資料顯示，大陸經濟的波動是非常劇烈的，其中以第二個周期的波動為最，其波峰為21.3%，波谷為－27.3%，兩者合計之波幅高達48.6%。第一周期和第五周期的波動幅度較小，大約在10%左右。

表3-2　改革開放前大陸經濟成長率變動趨勢

年份	經濟成長率（%）	年份	經濟成長率（%）	年份	經濟成長率（%）
1953	15.6	1962	－5.6	1971	7.0
1954	4.2	1963	10.2	1972	3.8
1955	6.8	1964	18.3	1973	7.9
1956	15.0	1965	17.0	1974	2.3
1957	5.1	1966	10.7	1975	8.7
1958	21.3	1967	－5.7	1976	－1.6
1959	8.8	1968	－4.1	1977	7.6
1960	－0.3	1969	16.9	1978	11.7
1961	－27.3	1970	19.4		

資料來源：中國國家統計局國民經濟核算司編，《中國國內生產總值核算歷史資料（1951～1995）》，大連：東北財經大學出版社，1997年。

　　大陸經濟的周期波動與西方國家的情形大不相同，其特徵為：周期波動大都是產量、產值在原有技術水準和產業結構基礎上的擴張或收縮，沒有明顯地伴隨技術水準的升級和產業結構的高級化。另外，

周期性出現的景氣與低潮，□主要為資本存量擴張或收縮引起的產出...

...大陸的經濟波動與其發展階段有相關，改革開放以後...

...國家的發展重點...

...經濟資源，忽視了經濟發展的市場機制，不可避免地發生經濟結構...

...大陸經濟波動的大態與市場經濟國家不同，首先是波動的幅度較...

...間，經濟呈現明顯衰退趨勢；重視生產力發展的改革派抬頭時，經濟

...好幾倍，這種現象與大陸當局的宏觀調控政策多採用行政手段有關。

大陸學者曾形容大陸當局以行政手段調控經濟活動的後果為「一放就

亂...亂就收...收就死...死就放」，顯示宏觀經濟運行的週期過

程大幅震盪現象。

二、改革後發展概況

「改革開放」確實給大陸經濟發展注入生機與活力，並創造了舉

世矚目的經濟成就。就總體經濟層面來看，1978～2005年間，國內生

產總值（GDP）（按可比價格計算）成長將近11倍（表3-3），實質成

長率每年平均達到9.6%。同期間，人均GDP水準也大幅提高了7.8倍，

每年平均成長8.4%。

　　大陸經濟經過半個多世紀、特別是改革開放以後的發展，已經發生重大的變化，綜合國力顯著提升。首先，以GDP為指標來觀察，1952年，大陸GDP僅679億元人民幣，2000年時已增加到99,214億元，按固定價格計算，1952～2000年間成長33.81倍，每年平均成長7.68%。[1]若以實施改革開放政策的1979年為基準點，比較觀察後可以發現，1952～1978年間，大陸的GDP成長率每年平均約僅6.15%，而改革開放之後迄2005年，每年平均GDP之成長則將近10%。「十五」期間（即2001～2005年），大陸GDP繼續保持高速成長，平均每年成長9.6%。就人均GDP來看，改革開放後，每年平均成長8.4%，較改革開放前的6%高出三分之一；人均GDP成長的速度，1990年代之後比1980年代期間，平均而言也快了許多。

　　2007年間，大陸的GDP突破24萬億元人民幣（見表3-4），最近連續四年的經濟成長率都超過10%。GDP總量在世界各國之排名，自2001年起提升到第六名，僅次於美、日、德、法和英之後，在發展中國家則排名第一位。2005年間進一步竄升至第四名。經濟總量在全世界經濟中所佔的份額已從1989年的2.2%上升到2002年的3.8%，目前更超過4%。如果按照購買力平價（ppp）計算，大陸的經濟總量更大，在全球的排名也更提前，世界銀行評估指出，其排名為第二位，僅次於美國。[2]

1　參考大陸國家統計局出版的《中國統計年鑑2004》數據。
2　參閱世界銀行，《2001年世界發展指標》，北京：中國財政經濟出版社，2002年，頁12。

表3-3 1952~2005年大陸GDP和人均GDP成長情況

	GDP		人均GDP	
	成長倍數	(%)	成長倍數	(%)
1952~2000	33.81	7.68	14.01	5.98

經濟成長率不隨經濟景氣環境而上下震盪。影響經濟持續景氣成長……要得益於兩個方面……一是經濟體制改革……強大動力，市場經濟體制的建立之時……經濟活力和提高經濟效率發揮巨大的作用；二是日益全球化的國際環境為大陸的外向型經濟發展提供了更為廣闊的空間，尤其是大陸加入WTO之後，更多的外國投資進入大陸，外國投資者不僅帶來了資金，同時也帶來了先進技術、管理和經營理念，使得大陸充分運用國內、國際兩個市場、兩種資源發展經濟，取得持續的高成長。

外商直接投資（FDI）對大陸製造業及整體經濟高成長，扮演關鍵的角色。由於大陸擁有低廉的勞動和土地等生產要素，加上巨大的市場潛力，1990年代以來受到世界跨國公司的青睞。截至2007年底為止，流入大陸的外商直接投資累計達7,660億美元，最近連續十二年吸引FDI居發展中國家之首，2007年吸引FDI達到748億美元（見表3-4），成為世界上吸引外資最多的開發中國家。

表3-4　大陸重要經濟指標變動趨勢

	1978	1980	1990	2000	2002	2003	2004	2005	2006	2007
GDP	3,645	4,545	18,607	99,214 (7)	120,332 (6)	135,822 (6)	159,878 (6)	182,320 (4)	210,871 (4)	249,530 (4)
進出口總值	206 (32)	381	1,154 (16)	4,743 (7)	6,208 (6)	8,510 (4)	11,545 (3)	14,220 (3)	17,607 (3)	21,738 (3)
進口值	97.5	200.2 (22)	533.5 (17)	2,251 (7)	2,952 (6)	4,128 (3)	5,612 (3)	6,600 (3)	7,916 (3)	9,558 (3)
出口值	108.9	181.2 (26)	620.9 (15)	2,492 (7)	3,256 (6)	4,382 (4)	5,933 (3)	7,620 (3)	9,691 (3)	12,179 (3)
外匯存底	1.7	− 13.0	110.9	1,656 (2)	2,864 (2)	4,033 (2)	6,099 (2)	8,189 (1)	10,663 (1)	15,283 (1)
FDI實際金額	−	−	34.9	407.2	527.4	535.1	606.3	603.3	695	748

說明：括弧中數字代表世界排名序位；GDP以億元人民幣表示，其他變數均為億美
　　　元。

資料來源：依據《2006中國統計年鑑》整理而得。

　　外商直接投資促進了大陸的資本形成，同時也帶入了先進的技術
和管理知識。跨國公司以全球經營戰略著眼，把國際產業鏈中部分加
工組裝活動大規模移向大陸的結果，對於大陸製造能力之提升、產業
結構之改善具有明顯的貢獻。資料顯示，大陸製造業增加值佔全球製
造業總增加值的比重，在1980年間約為1.4%，2005年間已上升至7%
左右。以總量規模來看，大陸製造業產值在全世界排名已高居第四
名，僅次於美國、日本和德國。大陸製造能力提升，加上出口擴張導
致大陸製品在國際市場佔有率不斷增加，奠定了大陸的「世界工廠」
地位。資料顯示，大陸貨品出口總值佔全世界出口貿易總值的比重，
2005年間達7.3%，較2000年的3.9%高出3.4個百分點。主要工業部門如
家電、資訊、冶金、石化等都具有國際競爭力，尤其紡織、建材、有

次於美國（14.4%）、德國（8.4%）和日本（5.7%）。自2004年起，大陸對外貿易總值在全世界的排名已升至第三；2007年間，大陸對外貿易的……年的0.9%上升到2007年的7%左右。

　　大陸當局自1980年代以來一直採取鼓勵出口的政策，到1990年代逐漸收到成果，對外貿易由大超轉變為出超，同時出超的金額也逐年增加。資料顯示，1978～1989年間，除1982年之外，大陸對外貿易每年均出現入超，1985年間的入超規模達到最高峰，達150億美元，約佔當年出口值的54.4%；自1990年以來，除1993年外，對外貿易每年則都呈現出超，2005年出超規模突破1,000億美元，2007年更近一步創造2,621億美元的出超高峰。

3　　參閱高長，《展望大陸經濟變動趨勢與全球經貿版圖消長》，行政院經建會委託研究報告，2004年，頁6～7。

表3-5　大陸產量位居世界前列農工產品一覽表

工業製品				農產品	
產品名稱	產量	產品名稱	產量	產品名稱	產量
彩色電視機	8,283.22萬台 (1)	積體電路	269.97億塊	穀物	42,776萬噸 (1)
洗衣機	3,035.52萬台	微型電子計算機	8,084.89萬部	肉類	7,743萬噸 (1)
電冰箱	2,987.06萬台	傳真機	1,068.15萬部	棉花	571萬噸(1)
房間空調器	6,764.57萬台	移動電話機	30,354.21萬部	大豆	2,158萬噸 (4)
棉布	484.39億米(1)	水泥	106,884.79萬噸(1)	花生	1,434萬噸 (1)
棉紗	1,450.54萬噸 (1)	平板玻璃	40,210.24萬重量箱	油菜籽	1,305萬噸 (1)
糖	912.37萬噸	化學肥料	5,177.86萬噸 (1)	甘蔗	8,664萬噸 (3)
化學纖維	1,664.73萬噸	自行車	6,900.64萬輛	茶葉	94萬噸(1)
鋼	35,323.98萬噸 (1)	生鐵	34,375.19萬噸	水果	16,120萬噸 (1)
煤	22.05億噸(1)	硫酸	4,544.66萬噸		
原油	18,135.29萬噸 (6)	乙烯	755.54萬噸		
發電量	25,002.60億千瓦小時(2)	汽車	570.49萬輛		

說明：括弧中數字代表世界排名；表中所列數據工業製品為2004年統計數據，農產品為2005年統計數據。

資料來源：依據《2006中國統計年鑑》資料整理。

照以外匯仔恬在1979年僅僅有8.4億美元，1990年增加到110.9億美元，

表示（見表3-4）。

第二節　大陸經濟崛起的國際效應

國際上對於大陸日益增強的經濟實力，都表現了極大的關注。一方面，大陸強勁的經濟成長被認為是世界經濟成長的新動力；另一方面，「中國威脅論」的論調也在國際間引起討論。大陸作為一經濟大國，在促進世界經濟成長方面固然獲得了國際社會的肯定，不過，由於已在世界經濟中所佔的份額呈現上升的趨勢，日益增長的經濟潛力和已經累積的經濟能量，也確實給國際社會，尤其給亞太地區的新興市場國家感受到挑戰大的壓力。

世界銀行1997年出版的《2020年的中國》專書中曾指出：中國的經濟崛起，為世界發展帶來機會，成為世界經濟成長和貿易成長的驅動力之一。過去二十多年來，大陸經濟的高成長，增加了大量物美價廉產品到國際市場之供給，同時也擴大了資本財和中間產品的國際市場需求，對於世界經濟的繁榮可說有一定程度的貢獻。另外，大陸經濟

的持續穩定成長，加上充沛低廉的生產要素供應，為跨國投資提供了一個具有吸引力的投資據點。

在全球化背景下，跨國公司實施全球化經營，將生產分工深入到價值增值的各個環節，即所謂的價值鏈分工。大陸的勞動力資源豐富且成本低廉，是全球跨國公司向大陸投資的主要動機。事實上，在跨國公司的全球經營戰略中，大陸主要被定位為勞動密集型低階產品的生產基地，該等趨勢在大陸當局實施特定的外資政策和產業發展政策配套下，逐漸奠定了「世界工廠」的地位。

大陸是否已成為「世界工廠」，近年來在大陸國內曾引起熱烈討論。必須指出的是，大陸的國際分工地位主要決定於外資的導向和定位，大陸似乎被跨國公司同時界定為「世界工廠」和「世界市場」的雙重角色。逐利的跨國公司一方面充分挖掘和利用大陸勞力資源充沛的優勢，選擇了大陸在其全球佈局中承擔起全球加工廠的角色，另一方面則期待經濟成長帶給大陸老百姓更高的國民所得，成為全球最具潛力的市場。從短期來看，大陸作為全球較低階勞力密集產品的生產基地，極易在國際間轉移，也容易遭受國際市場景氣波動的衝擊，這種定位對大陸的產業結構升級和競爭力提升並非有利，不過，大陸當局試圖運用全球化潮流跨國公司積極建構全球價值鏈分工體系的契機，主動參與國際分工，從長期來看，引導大陸邁向更高一級的國際分工地位，並非不可能。由於大陸在國際分工中的「生產基地」地位逐漸確立，產業群聚效應進一步帶動跨國企業在大陸成立研發中心，該趨勢持續發展的結果，無疑地將對大陸製造能力之提升有益。

近十多年來，大陸對外貿易強勁成長的表現，與外商直接投資密切相關。資料顯示[5]，外商企業出口值佔大陸出口總值的比重，在1990年間僅為12.6%，嗣後，該項比例逐年快速增加，到2005年時已增加至

5　請參閱大陸國家統計局編，《2006中國統計年鑑》相關資料。

的。由於外商投資正來的經營模式偏向於不同型⋯⋯隨著FDI流入大陸快速

⋯⋯並⋯外商企業最後成⋯⋯大陸對外貿易快速擴張的

市場，提供一個穩定、有利的網絡；外商企業帶入的技術在大陸內部

⋯⋯由加上未需要自國外進口原物料、半成品和零組件，像此前，大陸每

⋯⋯逐步成

為東亞工陸基地的角色，並成為東亞國家出口商品的主要資料供應

⋯⋯表⋯和表⋯資料顯示大陸對外貿易呈擴張趨勢和貿易結構演變情

⋯⋯

的地區分布最大的變化，是從日本和歐、美的進口比重下降。資料顯

來⋯1980-2007年間，⋯大陸自日本及美國進口的比重分別由⋯和

19.6%下降至14.0%和7.2%，分別下降了12.4和12.4個百分點。此外，

2007年大陸從東亞新興發展中國家進口的份額為33.4%，比1980年上

升27個百分點，其中最大的變化來自於與台灣和韓國的貿易。1980年

表3-6 大陸進口商品的地區分布

單位：億美元 ： %

地區別	1980		1990		1995		2000		2005		2007	
	金額	比重	金額	比重	金額	比重	金額	比重	金額	比重	金額	比重
總計	195.5	100.0	330.5	100.0	1,320	100.0	2,250	100.0	6,600	100.0	9,558.2	100.0
亞洲	74.2	38.0	145.2	43.9	780	59.1	1,413	62.8	4,415	66.9	6,199.0	64.8
日本	51.7	26.4	80.5	24.3	290.0	22.0	415.1	18.4	1,004	15.2	1,339.5	14.0
南韓	—	—	—	—	102.9	7.8	232.1	10.3	768.2	11.6	1,037.5	10.8
台灣	—	—	—	—	147.8	11.2	254.9	11.3	746.8	11.3	1,010.2	10.5
香港	5.7	2.9	7.9	2.4	35.9	2.7	94.3	4.2	122.2	1.9	128.1	1.3
新加坡	1.9	1.0	4.6	1.4	33.9	2.6	50.6	2.2	165.1	2.5	175.1	1.8
東協四國	4.6	2.4	8.1	2.5	60.0	4.6	159.4	7.1	553.9	8.4	868.6	9.0
北美洲	46.5	23.8	63.1	19.1	26.8	2.0	261.2	11.6	561.6	8.5	803.9	8.4
美國	38.3	19.6	49.9	15.1	161.1	12.2	223.6	9.9	486.2	7.4	693.7	7.2
歐洲	50	25.6	86.6	26.2	278	21.1	407.8	18.1	964.3	14.6	1,396.8	14.6

資料來源：依《中國統計年鑑》相關資料計算。

大陸經改與兩岸經貿

日本									
韓國									
台灣									
香港									
美國									
歐洲									
資料來源									

間，大陸與韓國和台灣的直接貿易微不足道，不過，到了2007年間，大陸自韓國和台灣之進口佔其進口總額的比重已分別達到了10.8%和10.5%。

從出口面來看，1980年大陸的貿易伙伴主要為日本、香港和歐洲，其佔當年大陸出口總額的份額分別為22.0%、23.8%和22.1%。最近幾年，美國已成為大陸最主要的出口市場，2007年所佔份額高達19.1%，較1980年增加了14個百分點；對日本出口所佔比重，同期間呈現逐年下降趨勢，到2007年時僅佔8.4%；對歐洲各國的出口所佔比重同期間則大致不變。

大陸經濟崛起，提供東亞各國出口的機會，發揮了區域內貿易引擎的角色。資料顯示，東亞國家對大陸（含香港）出口依存度已由1991年的10.3%增加至2002年的18.9%，其中尤以台灣和南韓對大陸出口依存度增加的幅度最大，同期間，分別由1991年的16.3%和8%增加至31.2%和19.2%（表3-8）。相反的，東亞國家對歐、美國家出口比率則呈現減少的趨勢，在1991～2002年間分別由15.9%和26.6%降至14.1%及26.1%。[7]這種現象顯示，大陸積極參與國際分工，已導致國際分工格局發生重大變化，大陸憑藉充沛的要素資源和廣大的市場腹地等經濟優勢，在全球產業結構調整中，成為跨國企業最為依賴的生產基地。

大陸經濟崛起，打破了東亞經濟發展的「雁行模式」，過去扮演領頭雁的日本，儘管在亞洲經濟中仍具重要地位，但其風光已大不如前；當對地，由於大陸吸引數以萬計的跨國公司投資，製造能力大幅提升，尤其大陸吸引的FDI，有70%左右係來自東亞國家，因此，大陸與周邊國家橫向內在的聯繫不斷加強，東亞地區以大陸為軸心的區域經濟整合正在發展。

7　參閱鍾景婷、洪淑惠（2003），頁32。

| 走勢 | | 4.8 | 8.0 | 16.4 | 19.2 | 15.6 | 17.2 | 11.5 | 8.8 |

資料來源：錢晉棉，洪淑惠，「東北緩留教命機熱與台灣角色」，《台灣經濟論衡》（台北），2003年11月，頁3。

由此可以，在全球經濟舞台上，大陸已成為重要角色，使得重視的
國際公平地位，不只以發展中國家的領導者自居，積極參與國際組織
，並在國際社會中扮演重大的發言權和影響力。大陸領導人並
不諱言地公開表示，作為一個經濟和政治大國，參與國際經濟體制不
僅要以負責任的態度去接受和遵守規則，更要主持國際正義。各種跡
象顯示，隨著經貿實力增強，由於國際社會對於大陸的期望越高，大
陸在發展國際政、經關係上更顯得得心應手。

第二節　經濟環境之變化

二十多年的經濟體制改革及對外開放，對大陸經濟也造成重大的

的影響，一方面，如前節所述，經濟持續快速成長，已使得大陸的綜合國力大幅提升；另一方面，宏觀經濟的體質也產生巨大變化，特別是集權計畫經濟的主導作用減弱、市場化和國際化的程度則不斷提高，非公有制經濟所佔比重愈來愈大等方面。茲分別從下列幾方面進一步分析。

● 一、國際化程度提高

國際化是指大陸融入世界經濟體系，與世界各國經濟互動關係愈來愈密切的意思，通常可以由對外貿易總值佔國民生產總值（或GDP）的比重，也就是外貿依存度的變化得知梗概。表3-9資料顯示，改革開放以來，大陸的進出口貿易總額佔GDP的比重是不斷提高的，從1978年的9.7%提高到2007年的69.4%，平均每年約增加2個百分點。外貿依存度的增加，說明大陸經濟成長受到進出口貿易的影響愈來愈大，同時也顯示，大陸經濟和世界經濟更加深入的融合。

進一步的觀察（圖3-1），可以發現大陸對外貿易依存度的迅速提高，第一階段是在1980年代，由1980年的12.6%逐年增加到1990年的30.1%；其次，進入1990年代，大陸的外貿依存度雖然仍呈現增加之勢，但相對平穩；第三階段是進入二十一世紀以後，大陸的對外貿易擴張非常迅速，從而外貿依存度也由1999年的36.1%，迅速提升到2007年的69.4%，其中，尤其以出口貿易依存度提升的速度最快。

外商對大陸直接投資持續增加，是大陸經濟快速發展的主要貢獻因素。其具體的貢獻主要表現在資金流入，彌補大陸地區資本短缺；移轉技術促進大陸產業升級；創造就業機會、提升勞動力素質；增加國內生產值及財政收入；促進出口擴張，改善國際收支；加速大陸經濟體制改革及市場經濟的發展；協助大陸更廣泛地參與國際資本市場和國際的生產分工，促進大陸外向型經濟發展等方面。

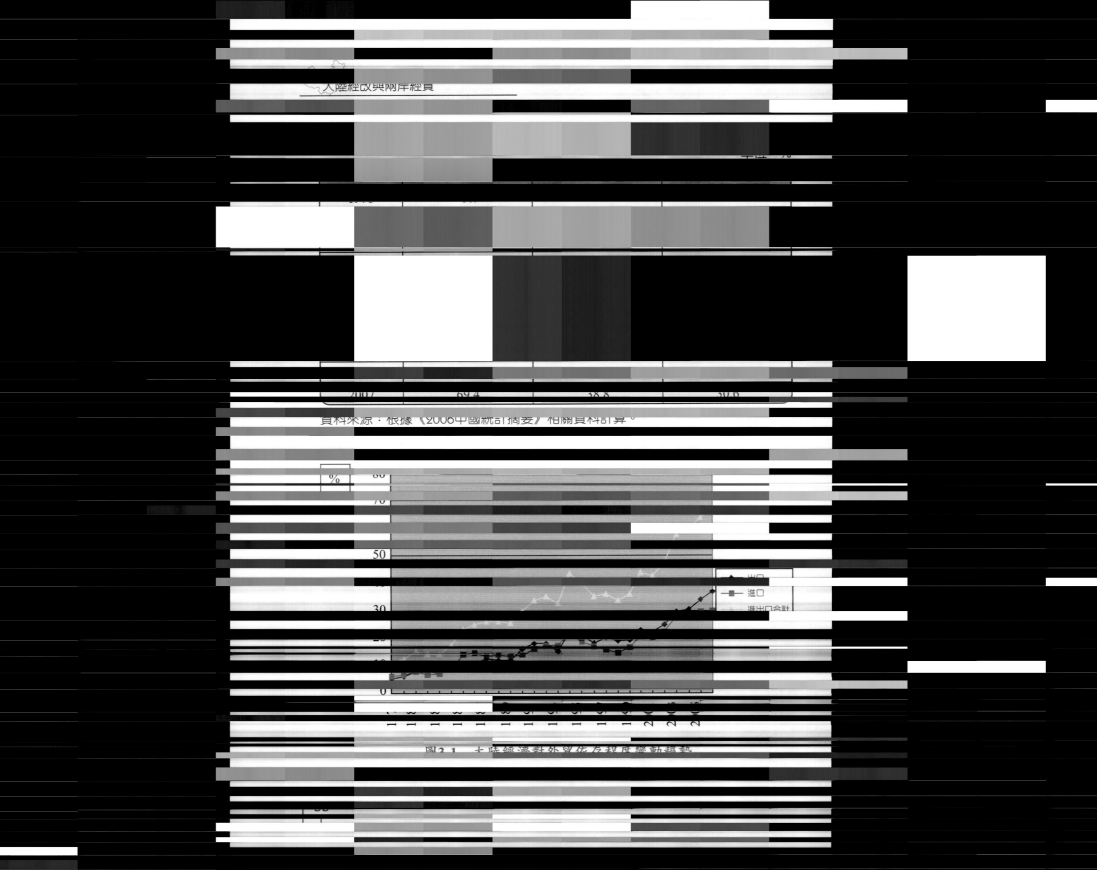

資料來源：根據《2008中國統計摘要》相關資料計算。

圖2-1　大陸經濟對外貿依存程度變動趨勢

　　國際化程度提高，一方面表示有利於大陸參與國際分工，結合國外經濟資源進一步推動其經濟發展；另一方面，當然也表示大陸的經濟發展更依賴世界經濟體系，更容易受到國際經濟景氣的影響。值得注意的是，隨著大陸經濟規模總量增大，同時，大陸製品在國際市場佔有率提高，大陸對於國際經濟景氣波動也漸具影響力。

● 二、非公有化的程度逐漸提高

　　大陸經濟體制改革的重要內容之一是所有制改革，旨在將計畫經濟體制下單一公有制的型態，改為多元化所有制，也就是允許非公有經濟擁有生存與發展空間。改革的結果已使得所有制結構發生很大的變化。以勞動力就業結構為例（（表3-10），在1978年間，國有企業和集體所有制企業僱用職工所佔比重分別為78.3%和21.5%，其他所有制企業職工只佔0.2%。到了2006年間，國有經濟職工所佔比重已逐年下降至22.7%，集體所有制企業職工所佔比重也下降至2.7%，而其他所有制企業職工所佔比重則大幅增加至69.6%。其他所有制經濟包括個體戶、私營經濟、鄉鎮企業、股份合作企業、聯營企業等多種形式的經濟，這些經濟活動在整體經濟中所佔的份額增加，顯示，大陸經濟體制基本上已從一個公有制為主體的中央集權計畫制度，轉變為一個非公有制為主體的制度。由於這些非公有企業之經營策略採市場導向，對於公有制企業之競爭威脅日增，因此，非公有化趨勢，一方面表示市場競爭愈趨劇烈，另一方面也顯示公有制企業受到競爭壓力，被迫加速改革。

　　進一步以工業為例，2005年全國經濟普查的資料顯示（表3-11），在全部工業企業中，國有企業數量的比重已經佔不到2%，產值的比重約在15%左右，所吸收的就業人數比重不及14%。非國有企業在大陸經濟成長中扮演的角色愈來愈重要，尤其大陸的私營經濟高速發展，工

大陸經改與兩岸經貿

單位：萬人，%

| 1978 | 7,451 | 78.3 | 2,048 | 21.5 | | | 15 | 0.2 | 9,514 | 100.0 |

1995	11,261	59.1	3,147	16.5	514	2.7	4,118	21.6	19,040	100.0
2001	7,640	31.9	1,291	5.4	671	2.8	14,338	60.0	23,940	100.0
2002	7,163	28.9	1,122	4.5	758	3.1	15,737	63.5	24,780	100.0
2003	6,876	26.8	1,000	3.9	863	3.4	16,900	65.9	25,639	100.0
2005	6,488	23.7	810	3.0	1,245	4.6	18,788	68.7	27,331	100.0
2006	6,430	22.7	764	2.7	1,407	5.0	19,709	69.6	28,310	100.0

資料來源：依國家統計局編，《2006中國統計摘要》資料計算，北京：中國統計
出版社，2006年

業具有較高技術和管理水準，從而表現出較高的經營效率。

110

表3-11 按登記註冊類型分之工業企業結構（2005年）

單位：%

企業類型	企業單位數	工業總產值	利潤總額	從業人數
國有及國有獨資	1.99	15.06	13.21	13.57
集體企業	10.31	4.42	3.85	7.40
私營企業	65.63	22.36	18.49	34.66
境外投資企業	7.72	30.20	29.13	21.41
其他類型企業	14.35	27.96	35.32	22.96
合計	100.00	100.00	100.00	100.00

資料來源：根據《中國統計年鑑，2006》相關資料計算。

　　個體戶、私營經濟等民營企業之所以能快速發展，主要是傳統的制度束縛鬆綁了，同時大陸政府透過立法保障民營企業產權，產生鼓勵的效果。例如，1988年修訂後的憲法明文規定，「國家保護個體經濟、私營經濟等非公有制經濟的合法權利和利益」，確定了私營經濟的合法地位。2003年1月，大陸開始實施《中小企業促進法》，以非國有企業為主的中小企業受到政策的支持。同年10月，中共「十六屆三中」全會通過《中共中央關於完善社會主義市場經濟體制若干問題的決定》，強調要「清理和修訂限制非公有制經濟發展的法律法規和政策」，要「依法保護各類產權、保障市場主體的平等法法律地位和發展權利」。2005年2月間，大陸國務院發佈《鼓勵支持和引導非公個體私營經濟發展的若干意見》，進一步放寬非公有制經濟市場准入，加大對非公有制經濟的財稅金融支持，維護非公有制企業和職工的合法權益等，這是大陸政府有史以來第一部以促進非公有制經濟發展為主旨的中央政府文件。

大陸經改與兩岸經貿

三、市場化

歷了一個計畫內國家定價、計畫外市場調節同時並存的「雙軌制」階段。1992年，大陸中央將政府定價的商品和服務項目確定為141種嗣後，由中央政府有關部門定價的商品和服務項目逐年減少，至2004年底時已減少至11種，96%以上的商品價格已放開由市場定價（表

單位：%

產品類別	政府定價	政府指導價	市場調節價
一般消費品	2.6	1.3	96.1
農副產品	2.6	2.9	94.5
工業原材料、中間製品	9.7	3.0	87.3

資料來源：《國家發改委辦公廳關於2002年三種價格形成比重測算情況的通報》，間接引自北京大學中國國民經濟核算與經濟增長研究中心，2006年，頁119。

　　相對於產品市場化的成就，大陸的要素市場化進展相對遲緩許多。以資本市場化為例，儘管大陸的利率改革始於1978年，但直到1996年，大陸政府開放了銀行間同業拆借市場利率，利率市場化改革才有了突破性進展，自1997年開始，利率市場化改革明顯加速，舉其要者，如1997年間，放開了銀行間債券市場債券回購和現券交易利率；1998年，改革再貼現利率和貼現利率制度，放開貼現和轉貼現利率；1999年，放開了金額在3,000萬元以上、期限在五年以上的保險公司協議存款利率；2000年，放開外幣貸款利率；2001年，放開了全大陸社保基金協議存款利率；2002年，中國人民銀行宣布浙江、福建、黑龍江、吉林和內蒙古等六個省（區）的若干信用社進行利率市場化改革試點，存款利率最大浮動範圍是30%，貸款利率的最大浮動範圍是100%。

　　2004年，大陸推動利率市場化改革有較明顯的進展。1月間，中國人民銀行進一步擴大金融機構貸款利率浮動區間；同時，貸款利率浮動區間不再根據企業所有制性質、規模大小分別制訂，擴大商業銀行自主定價權，企業貸款利率最高上浮幅度擴大到70%，下浮幅度10%。3月間，中國人民銀行決定實行再貸款浮息制度；4月間，推出差別存款準備金率制度；10月間，放開貸款利率上限和存款利率下限，商業銀行可與借款人協商確定貸款利率計結息方式和再定價方式。

　　從制度的建構來看，大陸在利率市場化已有相當的進展。不過，在實務面，資本價格（利率）的決定，基本上仍由政府行政管制，而不是市場定價；尤其在間接融資市場上，國有金融資本仍居絕對統治地位。就直接融資市場來看，其市場化程度更低。

　　在各類要素市場發展中，勞動力市場化速度可說是較快速的，從勞動力競爭機制上看，勞動力供需雙方都擁有自主選擇的權利，勞動力在產業間、區域間或城鄉間的流動已相當自由。從勞動力價格機制來看，資料顯示，無論是農村勞動力還是城鎮勞動力，絕大部分的工

員報酬（價格）已由市場決定，政府行政性決定工資水準的比例已經
很低。

然而，我們也必須注意到，「改革開放」固然對大陸經濟發展具
有多方面正面的效應，但由於「改革」採「漸進式」，經濟發展戰略
採「不平衡模式」，因而在體制變革過程中造成許多不協調的局面。
這些不協調局面而使經濟改革的代價日益增大，同時也使進一步的經濟
用。

舉例來說，經濟體制改革的目的是要減少指令性計畫，增加市場
機制對資源配置的作用，不過，由於計畫經濟走向市場經濟體制並非
一蹴可及，結果在演變過程中，形成了兩制併存的「雙軌制」局面，
典型的例證如：非國有經濟已大致融入市場經濟，而國有經濟尚未與
市場經濟有機地結合；沿海地區市場機制的作用在經濟活動中已佔優
勢，而在內陸原有的計畫體制的作用還很強大。「雙軌制」相對於原
來的單一計畫體制雖有所進步，但雙軌之間的摩擦和衝突所形成的消
極效應也不小，對於大陸經濟未來的發展相當不利。

雙軌制對當前市經濟發展的負面效應，主要可歸納從下
列幾方面觀察：一是「雙軌制」為「尋租」活動提供了充分的條件，

由此導致「以權謀私」、「權錢交易」行為；二是雙軌摩擦造成對國有資產價值的不當管理，譬如企業股份化改造、興辦中外合資企業時，對國有資產的低估，土地批租過程中的不當定價等，造成國有資產大量流失；三是收入分配出現了嚴重的不公平現象。原有的收入分配不公問題如「平均主義」式分配的現象仍然存在於國有部門，如腦體倒掛、城鄉收入差異、工農部門收入差異等現象有逐漸惡化跡象，而改革之後更產生新的分配不公問題，如沿海與內陸之間、工薪階層與非工薪階層之間、國有企業職工與非國有企業職工之間的收入差距擴大。

改革開放以來，大陸的市場化程度逐漸提高，雖然對市場競爭機制的建立與資源的有效配置具有正面影響，但由於大陸的市場體系不夠健全，許多市場規則也未完善建立起來，因而普遍造成不公平競爭的現象，以及市場失序問題。譬如針對人力資源的配置問題，在原來的計畫經濟體制下實行「統包統配」辦法，求職求才雙方只能透過勞動行政部門的安排，別無選擇；勞動就業體制改革使勞動市場逐漸建立，市場機制逐漸發揮作用，改善了人力資源配置與運用效率。又如在商品、物資方面，計畫經濟體制下採用「統購統銷」辦法，改革以來市場經濟體制逐漸建立，市場化程度逐漸提高，有利於各類物資流通，進而促進生產效率，提升消費者福利水準。

然而，必須指出的是，大陸經濟體制改革在市場化方面的進度，主要還是侷限在商品等有形的市場，在無形的市場環境方面如法律規章、文化、社會價值觀等，仍然相當不足，市場規範不健全及落後的市場觀念造成不正當競爭行為及嚴重的地下經濟活動，使得市場機制無法充分發揮，甚至更嚴重地造成失序或扭曲現象。

此外，在改革開放政策下，大陸採取「沿海地區先富起來」的不平衡經濟發展戰略，目的是希望藉具有比較優勢條件的東部地區優先發展起來，再輻射擴散到中西部地區，最終實現共同富裕。這項戰略

…這種經濟發展戰略部也使得原本地區間資源勞務與經濟優
勢的不平衡地區現象…

大陸東部沿海地區，相對於中西部地區具有較雄厚的經濟、技

和…操作。由中部地區…中故其礎訊故學垂落後，資金短缺，只科技…

● 參考文獻 ●

高長（1997），「大陸投資經營環境的評估」，發表於「兩岸企業經
貿與管理」研討會，中華民國管理科學學會和信義文化基金會共
同主辦，台北。

高長（2000），「改革三十年中國內地經濟環境的變遷：回顧與展
望」，收錄於《中國經濟改革與社會結構調整》，胡耀蘇、陸學
藝主編，北京：社會科學文獻出版社，頁104～124。

高長（1999），「由量變到質變：大陸經改二十年」，《貿易雜誌》
（台北），第22期，頁4～9。

北京大學中國國民經濟核算與經濟增長研究中心編（2007），《中國
經濟增長報告（2007）》，北京：中國經濟出版社。

北京大學中國國民經濟核算與經濟增長研究中心編（2006），《中國
經濟增長報告（2006）》，北京：中國經濟出版社。

世界銀行（2002），《2001年世界發展指標》，北京：中國財政經濟
出版社。

高長（2004），《展望大陸經濟變動趨勢與全球經貿版圖消長》，台
北：行政院經濟建設委員會。

張幼文、徐明棋（2004），《經濟強國：中國和平崛起的趨勢與目
標》，北京：人民出版社。

鍾景婷、洪淑惠（2003），「東亞經貿整合趨勢與台灣角色」，《台
灣經濟論衡》（台北），1（11），頁29～47。

大陸對台經貿政策　　4

1979年以前，兩岸基本上係處於軍事對抗的狀態，大陸強調要「以武力解放台灣」，而台灣則以「反共復國」的軍事或準軍事計畫相抗衡，因此，在該期間，兩岸關係可說是敵視對立且完全隔絕的。這種形勢到了1979年間，大陸決定實行經濟改革與對外開放政策，積極進行四個現代化建設之後，才開始出現轉折。

　　1978年10月，中共「十一屆三中全會」決議實行改革開放政策，其對台政策也相應做了調整。1979年1月1日，大陸全國人大常委會發表《告台灣同胞書》，提出「實現中國的統一，是人心所向，大勢所趨」，對台政策隨即由過去的「以武力解放台灣」調整為「和平方式實現祖國統一」。1981年9月，大陸人大委員長葉劍英進一步提出「實現祖國和平統一的九條方針」（一般稱之為「葉九條」），提出國、共兩黨談判與第三次合作的主張。次年元月，鄧小平提出「一國兩制」的對台政策思想，宣示「承認台灣地方政府在對內政策上可以搞自己的一套」，「台灣的黨政軍系統，都由台灣自己管」。從此，「和平統一」和「一國兩制」即成為大陸對台政策的基本方針。

第一節　大陸對台政策演變

　　「葉九條」的論點主要包括：(一)強調和平統一的大政方針；(二)國共兩黨對等談判，第三次合作，共同完成「祖國統一」大業；(三)建議雙方共同為通郵、通航、通商、探親、旅遊，以及開展學術、文化、體育交流提供方便，達成有關協議；(四)統一後，台灣可作為特別行政區，享有高度自治權，可保留軍隊；(五)歡迎台灣工商界人士到大陸投資，興辦各種經濟事業；(六)希望國民黨當局堅持「一個中國」，反對「兩個中國」之立場，以民族大業為重。一言以蔽之，「葉九條」的思維主軸在強調兩岸應共同追求「和平統一」。從此，對台政

大陸經改與兩岸經貿

行政原政府和各界人士上，可以出任國家行政機構的領導職務，參與國事務管理。

　　「一國兩制」的政策目的在於達成「和平解決台灣問題，導向統一的中國」，故其現實的意涵高於理論意涵，迄今為止，大陸的對台政策方針，基本上都沒有脫離過這一基調。值得一提的是，此一時期對台政策的決策機制，已逐漸由原來由上而下的「一言堂」，轉變為有參與、有討論的決策模式。按，在大陸對台決策機制中，中共中央對台工作領導小組的位階最高，主要透過黨小組的運作以統一領導事權，發揮最高決策與協調功能。隨著對台政策之調整，大陸陸續在廈門大學（1981年）和中國社會科學院（1984年）設立「台灣研究所」，加強對台灣相關問題之研究，並賦予智庫的角色。同時，在1988年間，大陸國務院設立「台灣事務辦公室」，爾後又在中央一級的各部、委、辦、局及各省、市、區，以及地方的縣、市、州級的政府成立「台辦」的單位。從此，大陸的對台工作已從原先的單打獨

報、對敵宣傳、統戰鬥爭等工作性質，調整為日常行政和公開操作的方式，人員參與更是大幅增加。

江澤民在天安門事件後接任總書記，並自1993年10月起取代楊尚昆成為中共對台工作領導小組組長。此一改組象徵中共第二代領導正式將包括統一在內的所有任務完全交付給第三代領導人。1993年8月31日，大陸國務院台灣事務辦公室發表《台灣問題與中國統一》白皮書指出[2]：「和平統一、一國兩制是建設有中國特色的社會主義理論和實踐的重要組成部分，是中國政府一項長期不變的基本國策。」其中還特別強調：「為結束敵對狀態，實現和平統一，兩岸應儘早接觸談判，在一個中國的前提下，什麼問題都可以談。」

江澤民掌權後，1991年12月16日正式成立「海峽兩岸關係協會」，隨後在1992年10月與台灣的「海峽交流基金會」在香港進行事務性協商，復於次年4月27日在新加坡進行第一次辜汪會談。在1995年1月30日農曆除夕茶話會上，江澤民發表「為促進祖國統一大業的完成而繼續奮鬥」講話，就當時發展兩岸關係及推進兩岸和平統一之進程，提出八項看法和主張（一般簡稱為「江八點」）。該項談話內容可視為大陸第三代領導集體接班後的對台政策綱領性文件，其要點為[3]：

(一)堅持一個中國原則，是實現和平統一的基礎和前提。中國的主權和領土絕不容許分割；任何製造「台灣獨立」的言論和行動，都應堅決反對；主張「分裂分治」、「階段性兩個中國」等等，也應堅決反對。

(二)對於台灣同外國發展民間性經濟文化關係，不持異議，但反對以搞「兩個中國」、「一中一台」為目的的所謂「擴大國際生

2　共黨問題研究叢書編輯委員會編（1994），頁106～125。

3　中共中央台灣工作辦公室編（1998），頁90～94。

存空間」活動。

續做協議。

國人的精神根紐，也是實現和平統一的一個重要基礎

同胞的聯繫，俾才能幫助他們解決困難

面邀請前往台灣。中國人的事不需要借助任何國際場合。

歸納「江八點」的內容，可以發現「江體制」對台政策的底線為堅持一中原則，反台獨、反分裂，並強調不承諾放棄使用武力。大陸為了掌握對台和平統戰的主動性和積極性，刻意不提「一國兩制」的終極安排，顯示第三代領導人的對台政策，較以往更具穩健和務實。

兩岸關係和諧之氛圍，隨後因大陸對李登輝總統訪問美國之行動不滿，展開一連串「文攻武嚇」動作而陷入谷底，原先海基會和海協會已進行多次的事務性協商宣告中斷。1998年10月，海基會董事長辜振甫先生率團訪問大陸，曾為兩岸關係之改善帶來一線曙光，然而，該道曙光隨即於次年因李登輝總統公開表示兩岸關係是「國家與國

家，至少是特殊國與國的關係」（一般簡稱為「兩國論」）而消失。[4]
面對「兩國論」之提出，大陸高層甚至做出決定，表示要充分準備，
一旦台灣將台灣獨立付諸行動，將別無選擇，以武力手段提前解決台
灣問題。為此，大陸特別成立了直屬於江澤民領導，包括各軍種、各
大軍區司令員在內的軍事委員會，研擬攻台和嚇台方案，包括「打、
封、登」及各種軍事演習，加大對台的軍事威嚇。此階段大陸對台政
策的強硬態度進一步具體的表現在2002年2月21日國務院台灣事務辦公
室所發表的《一個中國的原則與台灣問題》白皮書中。

　　2000年，民進黨贏得總統大選，兩岸關係出現新的局勢，大陸重
申這樣的結果「改變不了台灣是中國領土的一部分之事實」，「絕不
允許任何形式台獨，絕不在一個中國原則和主權問題上妥協讓步」，
「一個中國原則是和平解決台灣問題的基礎和前提」，「將與一切贊
成一個中國原則、反對台獨、主張發展兩岸關係的台灣各界、各黨派
加強接觸，為發展兩岸關係，推進統一進程奮鬥」。對台工作小組副
組長錢其琛更將對台工作任務簡化為「對台灣新領導人聽其言，觀其
行」。在具體的政策上，大陸把「三通」提到戰略高度，儘可能彈性
處理；並加強與台灣執政黨之外的政、商、學、媒體等各界人士的溝
通，採取較為寬鬆的統戰政策。不過，另一方面，大陸也在沿海地區
佈置導彈，並舉行大規模軍事演習，加強對台武備及提升軍人在對台
政策上的決策角色。

　　中共「十六大」之後，以胡錦濤為首的領導班子正式接任，世代
交替後的對台政策基本上仍承襲「和平統一，一國兩制」與「江八
點」的一貫政策，「軟硬兩手，內外有別」交替使用的策略也未有太
大變化，在軟的方面是以經濟力量促使兩岸整合，硬的方面是以政治

4　「兩國論」是李登輝總統於1999年7月9日接受德國一家電台「德國之聲」專
　　訪時提出的，詳情可參閱行政院大陸委員會編（1999），頁1～9。

主席巡防與兩岸綜醫

條」）最為具體，其內容為：一是要始終堅持『一個中國原則』，二是要

要用以上四點的對台政策精神，且強調「只是有利於台灣」居的利

動，維護台海和平穩定是兩岸同胞當前最緊迫的任務。」同時強調
「台獨沒有和」「分裂沒有出路」。2004年9月，胡錦濤在中共「十六
屆四中全會」接任軍委主席，在反獨重於促統的對台政策思維下，開
始積極推動制訂《反分裂國家法》，意圖以法理上的基礎防制台獨

展現「胡體制」對台政策強硬的一面，即堅決反對台獨；不過，胡錦
濤也有軟的一手，譬如開放台灣農產品銷大陸、推動春節包機等。
　　2005年3月初，胡錦濤發表新形勢下發展兩岸關係的「四點意見」
（一般稱為「胡四點」），指出「台灣任何人、任何政黨朝著承認
個中國原則，承認『九二共識』，不管是什麼人、什麼政黨，也不管
他們過去說過什麼、做過什麼，我們都願意同他們談發展兩岸關係、
促進和平統一的問題。」並表示「只要確立了一個中國的大前提，我
們對任何有利於維護台海和平、發展兩岸關係、促進和平統一的意見
和建議都願意做出正面回應，也願意在雙方共同努力的基礎上尋求接

5. 請參閱《中國時報》，2003年2月12日。

觸、交往的新途徑」。

「胡四點」可說是現階段以及今後一個時期大陸對台政軍的主旋律。胡錦濤對台決策模式可用「原則堅定、操作細膩、恩威並濟、靈活彈性、反應迅速」等二十個字來形容。[6]「原則堅定」是指針對一個中國的原則態度堅定。「操作細膩」是指針對一個中國原則，在提法上更具彈性，例如，胡錦濤曾提及「自1949年以來，儘管兩岸尚未統一，中國大陸和台灣同屬一個中國的事實從未改變，這就是兩岸關係的現狀」。首度在文字上含蓄承認兩岸分裂分治；另外，也強調只要承認「一個中國」、「九二共識」，什麼都可以談。「恩威並濟」是指懷柔與高壓手段交互使用，前者強調「寄望於台灣人民」，積極推出各種優惠政策以全力爭取台灣各界的好感，後者主要是制訂反分裂國家法。「靈活彈性」是指靈活運用武裝鬥爭和統一戰線兩大工具，在武裝鬥爭上「準備打」，在統一戰線上，一方面爭取談，另一方面則爭取主要國家不支持台獨的承諾。對台政策的最優先則從促統改為防獨，展現其不怕拖的自信。

大陸政府在2006年初提出2006～2010年的五年期經、社建設規劃，一般稱為「十一五規劃」，該項規劃亦提出對台政策的基本方針，共有五條：

(一)推進兩岸關係發展和祖國統一大業。貫徹「和平統一、一國兩制」的基本方針和現階段發展兩岸關係、推進祖國統一進程的八項主張（即「江八點」）。

(二)堅持一個中國原則絕不動搖、爭取和平統一的努力絕不放棄、貫徹寄希望於台灣人民的方針絕不改變、反對「台獨」分裂活動絕不妥協（即「胡四條」）。

6　參閱趙建民，「胡錦濤時期中共對台政策的變化」，中華歐亞基金會，政策報告NO.940003，2005年8月，頁7～8。

[1990/09/12]	兩岸[...]簽署《金門協議》	作為交方遣返違反有關規定，進入對方地區民眾、刑事犯及嫌犯之法源
	「海峽兩岸關係協會」在北京成立	
	海峽兩岸兩會事務性協商在香港舉行	
1993/04/27	第一次辜汪會議於新加坡舉行二天，會後雙方共同簽署四項協議書	兩岸簽署《兩岸公證書使用查證協議》、《兩岸掛號函件查詢、補償事宜協議》、《兩岸聯繫會議制度協議》、《辜汪會談共同協議》等
1993/08/31	政務院台辦發表《台灣問題與中國統一》白皮書	
1995/01/30	江澤民發表「為促進祖國統一大業的完成而繼續奮鬥」講話（俗稱「江八點」）	堅持在「一個中國」、「一國兩制」框架下發展兩岸關係
1995/07	大陸對台灣進行「文攻武嚇」，兩岸關係陷入谷底	

表4-1 大陸對台政策主要事件與官方文件彙整表（續）

公布時間	大事記或官方文件名稱	主要內容
1999/01/15	大陸副總理錢其琛公布1999年後處理澳門涉台問題的七項基本原則和政策（俗稱「台灣關係錢七條」）	
2000/02/21	大陸國務院台辦發表《一個中國的原則與台灣問題》白皮書	提出「三個如果」的主張，被各界解讀為大陸對台用武的三條件
2000/05	對民進黨執政事實，表達「聽其言，觀其行」看法	
2003/03/11	胡錦濤在全國人大發表對台工作四項意見（簡稱「胡四條」）	堅持「一個中國」原則，促進兩岸之經濟文化交流，重申寄希望於台灣人民，另外重申「江八條」對台政策之看法
2004/05/17	中共台辦和國務院台辦發表聲明）（俗稱「五一七聲明」）	表示堅決制止台獨活動，強調台獨沒有和平，分裂沒有穩定
2005/03/16	大陸全國人大通過《反分裂國家法》	透過立法，對抗台灣和「法理台獨」，宣示遏制台獨的決心
2005/03	胡錦濤發表「新形勢下發展兩岸關係的四點意見」（簡稱為「胡四點」）	只要承認「一個中國」，承認「九二共識」，對任何有利於發展兩岸關係、促進和平統一的意見和建議都可以談
2005/05/03	國務院台辦主任陳雲林宣布開放大陸居民赴台旅遊	
2005/09/05	大陸允許台灣民航客機飛越大陸飛行情報區	
2006/01/08	大陸商務部宣布恢復自2001年底全面暫停的對台漁工勞務合作	
2006/03	大陸全國人大通過「十一五規劃」，詳述對台政策方針	重申「江八點」、「胡四條」、「和平統一、一國兩制」基本方針，「反獨」、擴大兩岸交流、促兩岸經濟技術交流和合作

資料來源：作者根據相關材料自行整理而得。

第二節　大陸建構對台經貿政策的思維

大陸對台政策自1979年開始調整，由過去的「武力解放」改變為「和平統一」，在新的政策架構下，特別重視促進兩岸經貿交流。從大陸的立場看來，加強兩岸經貿交流，不只可利用台灣地區的資金、技術、現代化管理經驗，促進大陸地區經濟發展，增強經濟實力，更可以促使台灣經濟對大陸經濟的依賴程度不斷提高，最後造成台灣地區之經濟難以獨立於大陸之外自力成長，有利於兩岸「和平統一」早日實現。

大陸建構對台經貿政策的思維邏輯，基本上是在思考如何發揮有利條件及排除各項不利的條件，以早日完成「祖國統一」，顯然，大陸對台經貿政策本身所期望達到的目標，其實不只涉及經濟層面，其政治目的甚至還要高於經濟上的目的。1990年7、8月間的一份內部文件即曾明確指出：擴大兩岸經貿交流可以產生四大作用[7]，第一是將

7　參閱黎建，「中共發展兩岸經貿往來的目的與最新舉措」，《中國大陸》（台北），1991年元月，頁13。

「加深兩岸在經貿上的結合」，「突破台灣當局『三不』政策（指不談判、不接觸、不妥協）的限制」；第二是擴大雙邊的經貿往來「是遏制台灣分離傾向的重要途徑」；第三是「不僅是祖國和平統一的需要，也有利於我國的四化建設」；第四是大量利用台灣資金，「對打破西方國家對我的經濟制裁，也有積極意義」。該份文件還特別強調，「在經濟交往的過程中，未來台灣地區在政治上將出現一群和大陸有密切關係的利益集團」，「發展兩岸經濟關係，對促進祖國和平統一具有決定性的作用」。

就大陸的立場而言，台灣與世界各國發展更緊密的經貿關係，尤其是經貿外交的不斷擴展，是兩岸邁向統一的重要障礙。台灣是一個資源貧乏的海島型經濟體，對世界經濟的依賴程度一向偏高，大陸當局認為，如果在策略上能夠切斷台灣和他國的經濟關係，同時採取各種利誘措施發展兩岸經貿關係，則台灣的外向發展勢必向大陸傾斜。為了達到此一目的，大陸當局對於台灣政府積極參與國際經貿組織及推動的各項務實外交，不斷的加以阻擾，而對兩岸經貿交流活動則採取多種鼓勵措施。

大陸對台政策的基本策略之一，就是孤立中華民國在國際上的活動，迫使台灣在無法立足於國際社會的狀況下，向中國大陸靠攏。大陸始終將台灣視為其政權下的一個地方政府，因此主張台灣當局及台灣人民不需要外交空間，對於台灣爭取國際活動空間的行動則視為圖謀建立「兩個中國」、「一中一台」，遂行「台灣獨立」的目的。在此思維邏輯下，大陸當局堅持凡是與其建交的國家，都必須承認其是全中國唯一合法的政府，而台灣是中國的一部分；此外，大陸也要求凡是與其建交的國家都必須與台灣斷絕外交關係，否則大陸將不派外交人員前往設館。大陸打擊台灣與世界各國發展經貿關係，目的在圍剿台灣的向外發展空間，以達到全面孤立的效果。

大陸對台政策的另一重要部分，則是在積極建立大陸與台灣的經

頒佈多種留行法規，提供多種優惠條件，吸引台灣廠商赴大陸投資。這些作為的目的，均在正圖拉攏與大陸素無淵源的台灣廠商，以建立

大陸當局以優惠、禮遇及封鎖的方式拉攏台灣廠商及台灣品，具有深刻的政治意涵。江澤民曾公開表示，「多做台灣人士中企業家的工作，吸引台資尤其是大宗台資到大陸，使大陸和台灣的經濟，你中有我，我中有你，密不可分，在經濟上把台灣栓住，這也就是用經濟促統了」。顯然，大陸對台經貿政策採取務實的作為，既是一種

創造條件。吳新興（1995）的研究指出，大陸對台經貿政策之務實主義，乃是兩岸關係發展的短、中程目標，而政治上的統一才是大陸當局推動兩岸關係發展的遠程目的。9

8　參閱《聯合報》，1994年3月1日，第四版。
9　參閱吳新興，《整合理論與兩岸關係之研究》，台北：五南，1995年，頁194。

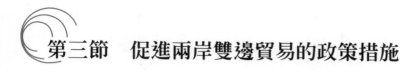

第三節　促進兩岸雙邊貿易的政策措施

　　大陸對台經貿政策大致可從促進兩岸雙邊貿易和吸引台商投資等兩方面來了解。就促進兩岸雙邊的作為來看，表4-2的資料顯示，大陸當局自1979年起即持續採取各種優惠措施，開放貿易口岸，成立小額貿易公司或設立「對台工作站」，鼓勵兩岸進行直接貿易。例如，1979年5月間，大陸對外貿易部公布《關於開展對台灣地區貿易的暫行規定》密件，指令其所屬各地外貿公司和外貿局，設法與台灣廠商、企業機構進行直接貿易或間接貿易，以「團結爭取台灣工商界人士，為祖國統一創造條件」，同年12月底，中共統戰部與外貿部共同決定，設在港、澳各公司均可陳設、銷售台灣產品。[10]

　　自1980年代初開始，大陸當局即陸續頒佈各種優惠措施，鼓勵廠商進行兩岸直接貿易。舉例來說，1980年3月，大陸商業部頒佈《購買台灣產品的補充規定》，明確指示凡須進口之日用品而台灣有能力製造者（如電風扇、黑白電視機、自行車、布料等），原則上要向台灣購買，且開放在大陸各市場擺設，同時給予台灣製品進口免除關稅之待遇。同年4月，大陸海關總署正式宣布，接受對台灣的進出口許可申請，對直接進口或原裝轉運進口的台灣貨品免徵進口關稅。此外，台灣廠商向大陸購買貨品時，不僅優先供應且在價格上可以享有八折以下的優待。[11]

　　1980年8月，大陸外貿部公布《關於對台貿易管理試行辦法》，規定凡持有台灣產地證明之貨品，經向外貿部申請許可，無論直接或間

10　參閱陳德昇，《中南海政策動向》，台北：永業出版社，1992年，頁242。

11　參閱侯家駒，《對中共經濟作戰戰略之研究》，台北：中華戰略協會，1983年，頁33。

時到鎖自使用台灣製的作品，同時，大陸外貿部以低價將商品大量

1981年10月，大陸外貿部又頒佈《關於促進大陸和台灣通商貿易

凡透過香港轉出台灣之貨物的限後，可免徵稅捐，台灣輸出對大陸上

除計台，仍為享受優惠關稅。

表4-3　大陸促進對台貿易之重要政策與措施

時間	政策與措施	主要內容
1979/05	外貿部頒佈《關於開展台灣地區貿易的暫行規定》	對台灣貿易是台灣回歸祖國過渡期間的一種特殊形式的貿易，為祖國統一創造條件。 …… 進行貿易。
1980/03	商務部頒佈《購買台灣產品的補充規定》	·規定凡持有台灣產地證明之貨品者，其進口貨向國內貿易，免徵關稅。 ·凡須進口的日用品而台灣有能力製造的，原則上要向台灣購買。 ·凡台灣商人購買大陸貨品，不但優先供應，並享有折扣十優惠價格。

12　參閱宏仁，「兩岸經貿關係發展情況之研究」，《大陸經濟研究》，台北，
1991，13(51)，頁32-33。

表4-2 大陸促進對台貿易主要政策與措施（續一）

時間	相關文件或宣示	主要內容
1980/08	外貿部頒佈《關於對台貿易管理試行辦法》	・凡持有台灣產地證明之貨品，經向外貿部申請許可，免徵關稅； ・在北京、天津、上海、廣州等地，公開陳列出售標明「台灣製」的產品。
1981/05	國務院宣布	・取消對台灣產品的優惠關稅。 ・取消大陸輸往台灣產品之優惠價格；規定一定要在台灣具有身分之人士親赴大陸，才能便宜20%。 ・廢除台貨免稅規定，改課「調節稅」。
1981/10	外貿部頒佈《關於促進大陸和台灣通商貿易進一步發展的四點建議》	・歡迎台灣工商界人士來大陸參觀考察，洽談生意。 ・本著互通有無、調劑餘缺的精神，進行物資交流。 ・對直接由台灣輸入大陸的商品在辦理手續上給予方便。 ・歡迎兩岸經貿官員進行會晤。
1982/08	國務院宣布	任何台灣進口的產品、設備、出版物，皆須經「對台工作小組辦公室」或其所屬各省市「對台辦公室」批准。
1983	中共中央台辦、福建省台辦宣布	・開放福建省福州、泉州、廈門為對台貿易口岸。 ・設立「永宇」、「高平」兩個對台工作站。 ・在福建成立「新興貿易公司」，負責福建地區對台貿易工作。
1985/06	國務院宣布	・禁止購買台灣之消費品。 ・台貨集中管理，指定由福建、海南兩地負責對台貿易，其他各省市不得進行。
1985/10	中共統戰部宣布	放寬進口台灣產品，以家電和紡織品為主，並規定進口台貨時，如能符合直接貿易形式之某些條件者，可完全免徵關稅、調節稅，並優先給匯。

1986/01	外經貿部公開說明	
1988/12	外經貿部表示	・宣布自1989年1月1日起減少自台灣輸入消費品，對台灣居民到大陸探親稅所攜帶物品之名稱規定，將原來的「三大五小」減為「一大五小」。
1989/08	外經貿部宣布	核准68家公司有權經營對台進口業務。
1991/07	外經貿部宣布	・促進兩岸經貿交流的五項原則：直接雙向、互利互惠、形式多樣、長期穩定、重義式約。 ・對台小額貿易僅能由指定之對台小額貿易
1993/10	發佈《對台灣地區小額貿易的管理辦法》	・限使用一百萬噸以下台灣船隻，每航次進出口限額各為10萬美元，應以易貨形式為主。
1995/01	江澤民發表《為促進祖國統一大業的完成而繼續奮鬥》（簡稱「江八點」）	兩岸直接通郵、通航、通商，是兩岸經濟發展的客觀需要，也是兩岸同胞利益之所在，應加速實現直接「三通」。

表4-2　大陸促進對台貿易主要政策與措施（續三）

時間	相關文件或宣示	主要內容
2000/12	對外經貿合作部頒佈《對台灣地區貿易管理辦法》	・宣示外經貿部是對台貿易的主管機關。 ・依法從事對外貿易經營活動的法人和其他組織，可以在其經營範圍內與台灣地區的法人和其他組織或者個人進行對台貿易。 ・對台貿易合同以及貨物上不得出現違反「一個中國」原則的字樣和標記。 ・對台貿易的貨物及其包裝上需要標明原產地的，台灣貨物應當標明，大陸貨物根據實際情況可採中性處理。 ・對台貿易中涉及國家統一、聯合經營或總量控制的商品，以及許可證、配額管理的商品，按照國家有關進出口的規定辦理。 ・對台貿易的貨物由海關依法徵收關稅及進口環節稅。
2006/4	陳雲林宣布「促進兩岸交流合作，惠及台灣同胞的十五項政策措施」	開放原產台灣的水果零關稅進口等十五項政策措施
2006/12	陳雲林宣布	擴大兩岸農業合作的二十項新政策措施

資料來源：作者依相關資料自行整理。

　　為加速推動兩岸雙邊貿易往來，並凸顯兩岸直接貿易的事實，大陸當局自1980年開始即在大陸東南沿海的福建、廣東、浙江、江蘇四省和上海市，成立許多小額貿易公司，積極拓展與台灣的漁民和商人進行「沿海小額貿易」或「海上直接貿易」，這類貿易公司在沿海各地的「台灣漁民接待站」設分公司，與台灣漁民及商人直接交易。資料顯示，1980年代期間，大陸當局陸續開放福建沿海20多個口岸作為對台小額貿易窗口，設立對台工作站、對台貿易小商品市場、對台貿易商場、台貨交易市場等。同時，實行若干配套措施，例如在當地海關核發落地簽證、自台灣進口金額在五萬美元以下者免徵進口稅、從

好期1980年代大陸對台貿易政策的內容，除了現由各種優惠措

則所採行得進一步討論……是相關的鼓勵政策及排除變化非常地，一是逐漸加強規範和管理。

當局宣布進口之日用品優先自台灣採購，並給予免除關稅之待遇。不

灣地區以購買軍備，不利於祖系統一為由，自1991年5月起，通令大陸各地海關，進出口公司、各省市外貿部門，取消對台灣的優惠

是等優惠，唯為表示此一貿易形式仍屬國內貿易，乃將所課之關稅改為「調節稅」。[13]

備、出版品等，不論自哪一口岸輸入大陸，均須事先經「國務院對台工作小組辦公室」或省市「對台辦公室」批准；且須詳細註明台灣廠商地址、負責人姓名、產品規格、品質檢驗、運輸方法、轉運中介及通訊處等資料，藉以管制台灣貨品之進口。這些決定，基本上可說是推翻了1980年3月間大陸商業部所頒《購買台灣產品的補充規定》所給予台灣的優惠待遇。

關於加強規範與管理方面，較重要的措施包括：自1985年6月開始，大陸當局對台灣貨品實施集中管理，指定由福建、海南兩地負責

13 參閱李非，《海峽兩岸經貿關係》，北京：對外貿易教育出版社，1994年，頁81。

對台貿易，其他各省市不得進行。嗣於1987年7月間，國務院公布實施《關於集中管理對台灣省貿易的暫行辦法》，開始對台灣地區進出口貨品實行許可證管理制度，且規定全面由國務院外經貿部負責審批，黨政軍機關、各群眾團體、個人（包括台屬），一律不得設立對台貿易機構。各類外貿公司不得通過外國、外國人及其公司居間進行對台貿易。[14]此一時期，大陸當局緊縮對台貿易且實施集中管理的做法，除了是因地方政府在對台貿易上各行其道，造成亂象，必須加以整頓之外，主要是北京中央企圖掌控兩岸經貿關係發展全局。

　　為加強管理台灣貨品進口，大陸對外經貿部曾先後於1989年7月和1991年7月間，分別核准了大陸68家及89家貿易公司有權經營對台進口業務。在出口業務方面則沒有特殊的規定。「小額貿易」一向受到大陸當局的重視與鼓勵，不過，大陸在1990年2月間頒佈《關於加強對台經貿工作的通知》之後，開始對東南沿海地區「小額貿易」據點進行整頓，把小額貿易納入省、直轄市指定的貿易點進行，由海關進行監管。1993年10月間，大陸外經貿部和海關總署共同發佈修訂之《對台灣地區小額貿易的管理辦法》，規定對台小額貿易只能由台灣地區居民同大陸的「對台小額貿公司」進行，而這類公司是由外經貿部授權的沿海省市對外經貿主管機關批准，且限定在指定的口岸（包括福建、廣東、浙江、江蘇、山東、上海）進行交易；從事小額貿易的台灣船隻限制在100噸以下，且每航次進出口限額各為10萬美元。[15]除另有規定外，對台小額貿易進出口貨物均按海關有關徵稅規定進行管理。

14　參閱張榮豐、林昱君，「兩岸經貿政策及其影響」，發表於二十一世紀基金會舉辦之「對大陸貿易與投資研討會」，1989年6月23日，頁5～6。

15　《人民日報》海外版，1993年10月13日，第五版；轉引自姜殿銘主編，《台灣一九九三》，北京：中國友誼出版社，1994年，頁425。

「三通」（即通郵、通航、通商）的現象的問題......

大陸及開放國對台工作......在《關於進......出......對台工作》的......

1991年7月，大陸外經貿部提出促進兩岸經濟交流的五項原則：直接雙向、互利互惠、形式多樣、長期穩定、重義守約。1994年，大陸國務......

2000年12月29日，大陸外經貿部頒佈實施《對台灣地區貿易管理辦法》......

基本原則，已有加大力度推向經貿、投資領域的趨向。具體而言，新的辦法第六條明文規定：「對台貿易合同及貨物上不得出現違反『一個中國』原則的字樣及標記，不得出現有礙『祖國統一』的內容。」

綜觀大陸對台貿易政策的改變，可以發現，除了提供各種優惠措施，鼓勵台商從事兩岸貿易活動，促進台灣與大陸雙邊貿易之發展......

外，較值得關注的是，歷年來大陸政府對兩岸貿易活動之規範與管理
有逐漸加強之勢。

第四節　吸引台商投資的政策措施

　　為爭取台商前往大陸投資，大陸採取許多措施加以鼓勵與引導
（如表4-3所示），主要可歸納從提供各項優惠措施、改善投資環境、
提供法律保障，以及各種行政上的協助等方面來觀察。

表4-3　大陸吸引台商投資主要政策與措施

時間	相關文件或宣示	主要內容
1981/09	「葉九條」	歡迎台灣工商界人士到大陸投資，興辦各種經濟事業，保證其合法權益和利潤。
1983/04	《關於台灣同胞到經濟特區投資的特別優惠辦法》	稅捐減免、提供30%產品內銷，以及台資企業在建設期間和投產一定期限內免徵土地使用費。
1988/07	《關於鼓勵台灣同胞投資的規定》	提供台商較一般外商更多優惠之條件，如經營期間不受限制、審批手續更加簡化、投資方式更加靈活、對台商投資者和其他資產不實行國有化等。
1989/03	國務院表示	發佈新措施，給予台商特別優惠待遇，如授予台資在沿海地區的土地開發經營權，以及公司股票、債券、不動產的購買權。
1989/05	國務院宣布	正式批覆福建省關於設置「台商投資區」的報告，設置地點在：廈門的杏林、海滄、閩江口琅岐島等。
1990/02	國務院《關於加強對台經貿工作的通知》	·認真做好吸引台資工作，按國家產業政策引導，爭取大型台資項目。 ·努力改善投資環境，並積極解決台商投資所面臨的難題。

大陸經改與兩岸經貿

表4-3 大陸發展台商投資主要政策與措施（續）

時間	文件/措施名稱	主要內容
1992/03	外經貿部查布	……保障台商的……依法保護……福建漳州新聞台灣農經技術開發區……及其他合法權益。
1994/03	全國人大常委會通過《台灣同胞投資保護法》	……台商企業的多台……資可以用投資……行再投資。……可依法或直接投資企業申會……在優惠，……其合法保護請。
1999/12	國務院頒布《台灣同胞投資保護法實施細則》	‧規範台商投資範圍。 ‧享平國民待遇…… ‧投資者投資的產權、工業產權、投資收益和其他合法權益，可以依法轉讓和繼承。 ‧合法收益可依法匯出境外或匯回台灣。

二、提供優惠待遇

大陸提供台灣投資者的優惠待遇，其優惠之程度甚至超過一般外商所能享受的。舉例而言，大陸規定，其他聯合國商其投資的設備需屬現代化的先進設備，而台商卻可以使用過的舊機械設備前往投資……在稅企業……規定主繳投……免期滿可先獲全地使用費，產品可以內銷30%，並可享受稅捐減免。

關於合資企業所得稅……一般外商合資企業只能享受「二免三減」（即前兩年免稅，後三年減半徵收）的優惠，台資企業卻可享受更多

122

的優惠，1983年間規定的待遇為「四免五減」，1985年間改為「三免四減後八折」。另外，先進技術企業減免企業所得稅期滿後，台商可以申請延長減免稅期到九年，較一般外商只能延長三年減半繳納的規定也寬鬆許多。[17]

　　1988年7月起，大陸雖規定台商企業所得稅優惠只能「享受相應的外商投資企業待遇」，但依據《鼓勵台灣同胞投資之規定》，大陸對台商仍有若干比外商更為優惠的待遇，例如：

1. 投資領域不限，對於企業的技術水準和設備是否屬先進不予限制。
2. 台資企業可以不規定投資期限。
3. 台胞可擔任合資及合作經營企業的董事長。
4. 在企業工作的台胞個人可免稅進口自用的生活用品和交通工具。
5. 台商投資的審批手續由各地對外經貿部門或地方政府指定的機關統一受理申請，審批時間最長不超過四十五天。
6. 台商可以購買大陸企業的股票、債券、固定資產和房地產，也可在某些特定地區從事土地開發經營。
7. 台灣投資者可委託大陸親友為其代理人。
8. 台灣投資者個人及其企業從境外聘請的技術和管理人員，可申請辦理多次入出境的證件。

　　不過，必須補充說明的是，大陸給予台灣投資者的這些優惠待遇，隨後也適用於海外華僑和港、澳同胞。同時，大陸對於其他外商投資的限制也逐步放寬，台商投資所能享受的優惠待遇，若干年後已逐漸被拉平。例如，1990年4月修訂的《中外合資經營企業法》中，大陸取消了原法不許外方人士擔任企業董事長的限制（新法第六條第一款）。又，新法也修改了合資企業期限的規定，允許某些行業不需約

17　參閱陳東壁（1992），頁5。

定合營期限（新法第十二條）。關於土地開發經營和購置房屋的土地

行條例》和《外商投資開發經營成片土地暫行管理辦法》之後，已曾
……關於所有境外的公司、企業、組織和個人

1. 對高污染工業及大陸已過剩之產業加以限制，吸引資本、技術密……產業為重點。

2. 大陸各地區對台商所提出的優惠條件予以統一。

3. 曾促台資企業確保分配權益及壁……

……鼓勵台商積極赴大陸土地投資設廠。

這些改變已充分顯示，大陸對台灣廠商赴大陸從事商務活動／管理，有逐漸嚴格的趨向。

大陸當局為吸引台灣工商界人士到大陸投資並利於控制管理，在……交通運輸條件投資較好……分別在福建、廣東、海南沿海特定地區相繼闢建多處「台商投資區」、「台灣工業區」、「台灣加工區」……提供各種特殊優惠措施……吸收台商前往投資

1990年代之後，隨著開放地區不斷擴大，台商到大陸投資有逐漸

18 參閱經濟部，「中共對台經貿策略與動向」，《中共對外經貿研究》，第390

向北移動的傾向。大陸為鼓勵及吸引台商赴內陸及北方地區投資，設置「台商投資區」，築巢引鳥的做法快速擴展至大陸各地。

另外，針對某些地方攤派及收費浮濫，影響台商企業正常經營的現象，大陸當局明令禁止；同時也加強對台資企業生活領域的服務，台胞在購買住房、住宿、醫療、辦理機動車牌證及台胞子女上學等方面，均可享有優惠。

● 三、提供法律保障

為消除台灣投資者的不安全感，大陸各地皆曾發佈鼓勵台商投資的法規，但以在1988年7月間國務院公布的《關於鼓勵台灣同胞投資之規定》較為具體。其中內容較重要者包括：

1. 對「台灣投資者的投資和其他資產不實行國有化」（第八條）。
2. 若為社會公益需要，徵收台胞投資企業時，將依法辦理並給予相應的補償（第九條）。
3. 「在大陸的投資、購置的資產、工業產權、投資所得到的利潤和其他合法權益受國家法律保護，並可依法轉讓和繼承」（第七條）。
4. 「投資獲得的合法利潤，其他合法收入和清算後的資金，可以依法匯往境外」（第十條）。
5. 投資爭議可提交大陸或香港的仲裁機構仲裁（第二十條）。
6. 在大陸投資企業，「除適用本規定外，參照執行有關涉外經濟法律、法規的規定，享受相應的外商投資企業之待遇」（第五條）。
7. 台資企業集中地區可申請成立台商協會（第十八條）。

上述《關於鼓勵台灣同胞投資的規定》係由國務院制訂發佈，在法律位階上屬行政法規。1994年3月間，大陸全國人大會議另通過公布《台灣同胞投資保護法》，提升對台商投資保障的法律位階，以彰顯其對台商投資權益保護的關切，其重要內容整理如表4-4。

表4-4　1994年版《台灣同胞投資保護法》主要內容

適用對象	台灣地區的公司、企業、其他經濟組織或個人
投資形式	可以採用法律、行政法規規定的其他投資形式。 興辦企業，應當符合國家的產業政策，有利於國民經濟的發展。
投資項目	適用其他法律、行政法規對台胞投資的規定。
出資形式	…… 機器設備或者其他實物 ……土地使用權 …… ・可用投資獲得利血再投資。
投資之保護	・投資必須遵守國家的法律、法規。 ・投資不會行國有化和徵收，在特殊情況下，根據社會公共的需要，可以依照法律程序實行徵收，並給予相應的補償。 ・投資的財產、工業產權、投資收益和其他合法權益，可以依法轉讓和繼承。 ・投資者依法獲得的投資收益、其他合法收入和清算後的資金，可依法匯回台灣或匯往境外。
自主權之保障	…… 依照法律、行政法規和經審批機關批准的合同、章程進行經營管理活動，其經營管理自主權不受干涉。
審批方面	・…… ・審批機關應當自接到全部申請文件之日起四十五日內決定批准或不批准。 ・…… 冊，領取營業執照。
稅收優惠	依照國務院關於鼓勵台灣同胞投資的有關規定享受優惠待遇。
非稅收優惠	・可以委託親友作為其投資的代理人。 ・投資者在的地區，可以依法成立台灣同胞投資企業協會，其合法權益受法律保護。

126

表4-4　1994年版《台灣同胞投資保護法》主要內容（續）

適用對象	台灣地區的公司、企業、其他經濟組織或個人
爭議之解決	・發生與投資有關的爭議時，當事人可以通過協商或調解解決。 ・當事人不願協商、調解的，或者經協商、調解不成的，可以依據合同中的仲裁條款或者事後達成的書面仲裁協議，提交仲裁機構仲裁；當事人未在合同中訂立仲裁條款，事後又未達成書面仲裁協議的，可以向人民法院訴訟。

資料來源：《國人赴大陸投資的契機與風險》，一版（台北：法務部調查局出版，1994年6月），頁74。

四、其他各種行政上的協助與方便

首先是縮短審批時間，例如大陸當局在《鼓勵台灣同胞投資的規定》第十九條中規定，各級政府對外經貿部門或指定機關在受理台灣投資者申請投資之案件時，應在收到全部申請文件之日起四十五天內完成審批手續。這項規定顯然較一般外商所適用的三個月限期之規定，[19]審批作業更具效率。其次，大陸為吸引台商投資，先後在北京、上海、天津、大連等大城市成立「台胞經貿服務中心」，提供各種投資諮詢服務，包括對台經貿政策和法律服務、承辦兩岸經貿項目洽談業務、提供各項經貿信息及諮詢服務、協助解決經營困難與糾紛仲裁等。又如，為擴大兩岸經貿交流，強化對漁民之服務與接待，除修建福建、江蘇和浙江等省分沿海漁港港埠設施外，更設立「台灣同胞接待站」，提供各種必要之服務。

大陸國務院嗣於1999年12月間公布實施《台灣同胞投資保護法實施細則》。細則的內容主要包括台商可投資領域、審批及管理制度、

19　參閱大陸國務院公布《關於鼓勵外商投資的規定》第十七條規定，1986年10月11日公布實施。

未規定的，「比照適用國家有關涉外經濟法律、行政法規」。由此可

其次是增列國民待遇條款（第十九、二十一條）。例如，第

益，得依法轉讓和繼承，其他合法收入得依法匯出。對台商人身自由

統。

　　第四是投資爭議之處理有明確規定（第二十三、二十七、

法》第十四條規定，並未限制或暗示仲裁機構的範圍，實施細則第
二十九條規定了仲裁機構為「中國的仲裁機構」，其地點模棱兩可，
無法確定。就字面上了解，似乎只能選擇「中國的」仲裁機構。台
灣同胞投資者究竟是否享有外國投資者的法律地位？若是，則台商在
大陸與大陸企業、其他經濟組織或者個人所簽訂的合同，屬於對外合
同，可以選擇世界各地任何仲裁機構，否則，只能選擇「中國的仲裁
機構」。

第五節　胡溫體制下對台經貿政策

中共「十六大」（2002年11月）之後，以胡錦濤為首的領導班子正式接任，世代交替後的對台政策，基本上仍承襲「和平統一、一國兩制」與「江八點」的一貫主張，[20]「軟硬兩手、內外有別」交替使用的策略也未有太大變化，在「軟」的方面，主要是藉經濟力量促進經濟整合，「硬」的方面則是以政治及軍事力量加大對台灣施壓，譬如在「五一七聲明」中強調「台獨沒有和平，分裂沒有穩定」，在福建沿海部署導彈瞄準台灣，舉行大規模軍事演習等。另外，在反獨重於促統的對台政策思維下，制定《反分裂國家法》，展現胡溫體制對台政策強硬的一面，堅決反對台獨。

一、民進黨執政時期（2000年5月～2008年5月）

北京當局對於主張台灣獨立的民進黨政府，從2000年的聽言觀行，到後來的定性定調、冷處理、區別對待，甚至嚴苛警告。2005年3月初，胡錦濤發表新形勢下發展兩岸關係的「四點意見」（一般稱之為「胡四點」），指出「台灣任何人、任何政黨朝著承認一個中國原則、承認『九二共識』，……我們都願意同他們談發展兩岸關係、促進和平統一問題」。

「胡四點」可以說是民進黨執政後期對台政策的綱領。「胡四

20　江澤民在1995年1月30日農曆除夕茶話會上發表「為促進祖國統一大業的完成而繼續奮鬥」講話，就當時發展兩岸關係及推進兩岸和平統一之進程提出八項看法和主張（一般稱之為「江八點」），主要內容為：堅持一個中國原則、反台獨、反分裂，強調不承諾放棄使用武力。

動絕不妥協。」大陸領導人還不斷地公開表示，只要是對台灣同胞有利的事情，只要是對促進兩岸交流有利的事情，只要是維護台海地區和平有利的事情，只要是對和平統一有利的事情，都會盡力做出去……明……溫……強調「一個中國原則」是發展兩岸關係、和平統一的……

端，對於政治以外的議題，特別是經貿方面，大陸政府則展現了友善、靈活的姿態，曾知開放原產台灣的水果關稅進口……台灣居民……

……問大陸，就推動兩岸經貿關係，促進兩岸關係改善和發展……格意見，並達成許多共識。大陸當局為展現誠意，陸續採取了多項經貿推動措施，包括實現台商春節包機；擴大台灣水果准入品種（由12種增加至18種），並對其中15種水果實行進口零關稅措施；批准福州、漳州「海峽兩岸農業合作實驗區」功能擴大到福建全省範圍；在福建、山東、黑龍江等地設立或籌設台灣農民創業園；舉行兩岸論壇共同研商制訂資訊產業技術標準；由國家開發銀行提供台商企業300億元人民幣額度的開發性專業貸款等。

2006年4月中旬，國共經貿論壇在北京召開，會後中共中央台辦主任陳雲林宣布「促進兩岸交流合作、惠及台灣同胞的十五項政策措施」，主要包括：

……對台灣水果檢驗檢疫准入品種……種擴大到……種，新增……檸檬、火龍果和哈密瓜等四種。

(二)開放甘藍、花椰菜、萵苣、芋頭、山葵等11種主要蔬菜檢驗檢
　　疫准入，並實行零關稅。

(三)擴大台灣捕撈和養殖的水產品在大陸銷售，對台灣部分鮮、
　　冷、凍水產品實行零關稅優惠措施和檢驗檢疫便利。

(四)新批准在廣東佛山和湛江、廣西玉林等地設立兩個海峽兩岸農
　　業合作試驗區；批准在福建漳浦、山東棲霞設立兩個台灣農民
　　創業園。

(五)將適時組團赴台灣採購，協助台灣農民解決水果、蔬菜豐產時
　　出現的銷售困難。

(六)在福建廈門建立台灣水果銷售集散中心，對入駐中心的進口台
　　灣水果經銷商，給予免交保鮮冷凍儲存使用費以及經銷場地免
　　一年租金的優惠。

(七)開放台灣農產品運輸「綠色通道」，台灣農產品在大陸運輸，
　　享受部分地區過路、過橋費減免的優惠政策。

(八)自即日起，正式認可台灣教育主管部門核准的台灣高等學校學
　　歷。

(九)公布《大陸居民赴台灣地區旅遊管理辦法》。

(十)在原有開放海口、三亞、廈門、福州、上海等五個口岸落地簽
　　證之外，增設瀋陽、大連、成都等三個口岸。

(十一)開放台灣同胞參加報關員考試。

(十二)在有條件的地方，挑選一些資質好的醫院，設立專門門診
　　　部，接待台灣同胞，實行「一條龍」服務。按規定經批准，
　　　取得在大陸行醫許可的台灣醫師，可在大陸接診。

(十三)將為台灣同胞在大陸就醫後回台灣報銷醫療費用提供便利。

(十四)繼續歡迎和鼓勵台灣醫療機構與大陸合資合作興辦醫院，台
　　　灣投資者最高股權可佔70%，合作期限暫訂20年，合作期滿
　　　可申請延長。

（十五）准許符合規定條件的台灣同胞在大陸申請職業註冊和短期行醫。台灣同胞可向在大陸申請參加醫師資格考試、註冊、執業

從事臨床研究等活動

公開宣布再次開放大陸漁工輪台，雙方民間行業組織並簽署《關於合作開展漁工勞務業務的協議》。

壇」，陳雲林再度在論壇閉幕式上宣布了二十項擴大兩岸農業合作的

可依規定申請設立個體工商戶、簡化投資審批手續、提供財政支持、協助用地取得等。

第二是關於鼓勵和支持兩岸農業合作與技術推廣、擴大合作領域方面，主要內容包括：提供特定資金支持、歡迎到大陸參加農產品的展覽及推銷活動、優先安排台灣製獸藥品在大陸銷售、台灣漁船自捕水產品開放靠泊在福建及廣東汕頭、鼓勵和支持兩岸農業界開展農漁牧產品加工合作及貿易等。

第三是關於優化服務、便利兩岸農產品貿易和大陸台資農業企業產品銷售方面，主要內容包括：縮短大陸台商自台灣引進種子種苗及其栽培介質檢疫許可的審批周期、自台灣進口自用的與農林業生產密切相關的種源品種，可以零關稅進口；對台灣農漁產品進口商提出的「網上支付」申請，海關部門將優先受理、審批；進一步完善台灣鮮活農產品公路運輸「綠色通道」等。

　　第四是關於保護台灣農產品智財權，維護台灣農民正當權益方面，主要內容有：加強市場監督管理、取締假冒台灣水果名義在大陸市場銷售；歡迎台灣農產品在大陸註冊商標，取得《商標法》的保護。

　　2006年，大陸對台灣政策上另有一項重要事件，值得提出討論。該項重要事件係指「十一五規劃」將「海峽西岸經濟區」（以下簡稱「海西區」）列入其中，並將之視為「推進兩岸關係發展和統一大業」的重要戰略舉措。按大陸官方說法，海西區的發展目標有很多，其中在兩岸關係方面，希望發展海西區「成為台灣產業轉移的密集地、成為促進國家完全統一、與台灣經濟區對接的橋頭堡」，「成為海峽兩岸經濟、政治、文化、社會的融合區；對台工作的重點區；以及對台新政策、新策略的試驗區」，「形成與台灣經濟關係密切的開放格局」。顯然，大陸希望運用福建對台特殊的地理、經濟與人文條件，突出其政經地位，使其成為「對台工作新平台」。在兩岸關係的發展上，希望達到落實省對省、兩岸交流地方化的政治目的，並以各種誘因，吸引台商投資。

　　「海西區」發展計畫已被列入「十一五規劃」中，嗣又因2006年初期，胡錦濤到福建視察並發表對台政策重要講話，一般預料，海西區之推展將成為今後大陸對台工作的重點。海西區正在規劃或推動的各種措施，例如發展兩岸金融全面、雙向、直接合作；強化對台經貿交流與合作；加速台商投資區和台資企業相對集中地區之發展；加大對台灣高素質人才之引進；拓展沿海地區與金門、馬祖之直接往來、構建兩岸一體的旅遊線路、全面拓展閩台農業合作等，對兩岸未來經貿發展與政治互動勢將產生很大的影響。

三、國民黨再度執政時期（2008年5月以後）

動頻繁。馬、蕭政府所揭示的兩岸政策，在經貿方面，強調「兩岸經

是受到北京當局歡迎的。

當選人蕭萬長見面時曾提出「四個繼續」，表示將「繼續推動兩岸經

遊的瓶頸，繼續關心台灣同胞福祉並切實維護台灣同胞的正當權益，

問題。

　　2008年12月31日，胡錦濤在紀念「告台灣同胞書」三十周年座談
會發表重要演說，全面歸納了近五年多來對台工作經驗，提出確保兩
岸關係和平發展六點論述（俗稱之為「胡六點」），成為今後指導對
台工作的綱領性文件。「胡六點」承襲鄧小平、江澤民對台政策，包
括重申「和平統一、一國兩制」、一個中國原則、結束敵對狀態以及
達成和平協議等，有其政策一貫性。與過去略有不同的，主要表現在
於表達「兩岸可以簽訂綜合性經濟合作協議，建立具有兩岸特色的經
濟合作機制」，正面回應了馬總統的兩岸政策。其次，對於兩岸和平
協議、建立軍事安全互信機制、台灣參與國際空間等議題，「胡六
點」也做出了積極的論述。

　　有關大陸政府對台經貿政策，除了「胡六點」之外，中共中央台
辦主任王毅在2008年12月間第四屆兩岸經貿文化論壇閉幕式上宣布的
十項政策措施最為具體。玆摘述如下：

(一)支持大陸的台資企業發展。大陸扶持中小企業的財稅、信貸政策，同樣適用於台資中小企業。支持台資企業參與大陸擴大內需的建設工程和項目。

(二)加強台資企業融資服務。中國工商銀行、中國銀行等先後宣布，在今後二到三年內為大陸台資企業包括中小企業提供特殊融資，額度分別為500億元人民幣。國家開發銀行也宣布，將在原有專項融資支持台資企業300億元人民幣的基礎上，三年內再追加300億元人民幣額度。

(三)支持和幫助大陸台資企業轉型升級。邀請兩岸專業人士共同組成服務團隊，提供台資企業有關法規政策、產業資訊、技術創新、專利轉讓、人才培育等方面的輔導服務，促進台資企業在大陸可持續發展。

(四)鼓勵和扶持台資企業自主創新。鼓勵台資企業參與各級政府科技計劃；支持台資企業參與創新體系建設，並享受有關加強、鼓勵和扶持企業自主創新能力的政策。

(五)推動兩岸雙向投資。頒布實施《關於大陸企業赴台灣地區投資項目管理有關規定的通知》，支持大陸企業參與台灣經濟建設項目。

(六)加強兩岸產業合作。特別針對開發利用新能源、促進傳統中藥現代化、電子信息產業，以及其他具優勢互補的產業，加強合作，共同提高兩岸產業在國際市場上的競爭力。

(七)攜手促進平板顯示產業發展。大陸電子視像行業協會為此邀集兩岸相關企業成立工作組；大陸企業決定擴大採購台灣企業的面板，先期達成20億美元的採購意向。

(八)拓展兩岸農業合作平台。新增設立江蘇南京江寧、廣東汕頭潮南、雲南昆明石林等三個「台灣農民創業園」。中國進出口銀行將台灣農民創業園基礎設施建設，納入國家出口基地建設貸

款支持範圍。

(九)擴大台灣鮮活農產品在大陸銷售。兩岸儘早就台灣鮮活農產品在大陸銷售的通關和檢驗檢疫合作進行協商；加快建立兩岸檢驗檢疫聯繫和通報機制，促進兩岸農產品貿易健康發展。

(十)允許符合條件的台灣居民在大陸從事律師職業。制訂管理辦法加以規範。

溫家寶在2009年5月初曾到廈門考察台資企業，並公開表示，今後對台仍採取「同等優先、適度放寬」的政策，「海峽西岸經濟區」（以下簡稱「海西區」）可做為先行先試地區，一般認為，溫家寶的態度是想藉由「海西區」的發展加速推動兩岸經貿的往來及整合。5月中旬，大陸首度在廈門舉辦「海峽論壇」，論壇舉行期間及前後，中共中央及地方陸續提出多項對台新措施。王毅在「海峽論壇」大會上指出，大陸願意以積極和開放態度，與台灣商談簽署符合兩岸經濟發展需要，具有兩岸特色的「經濟合作框架協議」，另宣布促進大陸居民赴台旅遊等8項惠台措施：

(一)推動大陸企業赴台投資，電子、通訊、生物醫藥、海洋運輸、公共建設、商貿流通、紡織、機械、汽車製造業等列為優先項目。

(二)擴大對台產品採購。

(三)鼓勵和支援有條件的台資企業擴展大陸市場，並參與大陸擴大內需的基礎設施和重大工程建設。

(四)增加大陸居民入台旅遊，2009年內努力推至60萬人次。

(五)推動協商建立兩岸經濟合作機制。

(六)進一步向台灣居民開放專業技術人員資格考試項目，包括統計、審計、價格鑑定證照等。

(七)加強兩岸農業合作。

(八)許可台灣地區律師事務所在福州、廈門兩地試點設立分支機

構。

　為了吸引台商赴海西區投資，福建近年來在福州、廈門及漳州、泉州等地，設立了各種形式的台商投資區、高新科技園區、經濟技術開發區、保稅區、沿海經濟開發區、兩岸農業合作試驗區等政策；另透過舉辦各種投資貿易洽談會及展覽活動等平台，持續對我相關產業招商，並在稅收上給予台商投資優惠。大陸各級政府不斷釋出對台新措施，對台商均具有一定程度的吸引力。

◉ 參考文獻 ◉

中共中央台灣工作辦公室編（1998），《中國台灣問題》，北京：九洲圖書出版社。

王泰銓（2000），「大陸《台灣同胞投資保護法實施細則》評析」，《兩岸經貿》（台北），第97期，頁41～43。

行政院大陸委員會編（1999），《李總統登輝特殊國與國關係中華民國政策說明文件》，台北：行政院大陸委員會。

共黨問題研究叢書編輯委員會編（1994），《中共對台工作研析與文件彙編》，台北：法務部調查局，一版。

宏仁（1991），「兩岸貿易關係發展情況之研究」，《中國大陸研究》（台北），13（3），頁32～33。

李非（1994），《海峽兩岸經貿關係》，北京：對外貿易教育出版社。

吳新興（1995），《整合理論與兩岸關係之研究》，台北：五南圖書出版社。

侯家駒（1983），《對中共經濟作戰戰略之研究》，台北：中華戰略協會。

高長（1993），「中共對台經貿政策的構想與做法」，發表於中共對台策略與兩岸關係研討會，政大東亞所主辦，台北。

高長（1999），「台灣同胞投資保護法實施細則綜合評析」，《台商張老師月刊》（台北），第20期，頁4～5。

姜殿銘主編（1994），《台灣一九九三》，北京：中國友誼出版社。

陳東壁（1992），《大陸涉台經貿法律問題之研究》，台北：海峽交流基金會。

陳德昇（1992），《中南海政策動向》，台北：永業出版社。

張榮豐、林昱君（1989），「兩岸經貿政策及其影響」，發表於
　　二十一世紀基金會舉辦之「對大陸貿易與投資研討會」。

趙建民（2005），「胡錦濤時期中共對台政策的變化」，中華歐亞基
　　金會政策報告，NO.940003。

黎建（1991），「中共發展兩岸經貿往來的目的與最新舉措」，《中
　　國大陸》（台北），1991年1月，頁13。

劉相平（2005），《經濟全球化與兩岸經貿關係》，北京：社會科學
　　文獻出版社。

台灣對大陸經貿政策

5

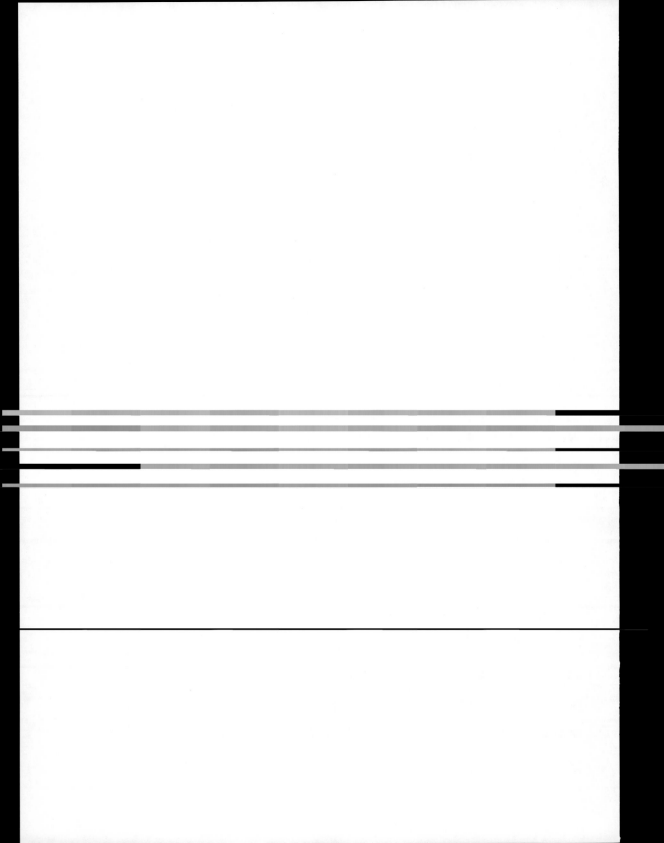

海峽兩岸長期以來一直處於政治對峙狀態，而受到兩岸政治對峙氛圍的影響，雙邊經貿往來迄未正常化發展。例如，大陸政府為了遂行兩岸「和平統一」的政治目標，一方面積極採取各種手段促進兩岸經貿關係，提高台灣對大陸經濟的依賴程度；另一方面，則經常利用其國際政治的影響力，孤立台灣在國際間之活動，阻礙台灣與世界各國發展外貿及經濟聯繫。對於大陸對台政策的「兩手」操作，台灣政府認為是不友善的，兩岸經貿交流若無限制的擴張，將會傷害到台灣的經濟安全，不符合國家利益，因而主張採取限制的政策。

不過，值得注意的是，從整個發展歷程觀察，由於台灣與大陸在經濟上具互補特性，合則兩利，因此，兩岸執政者各自採取了「非對抗性的經貿政策」。對台灣而言，其大陸經貿政策具有較濃厚的防衛色彩，以維持台灣經濟競爭優勢為前提，採取選擇性、循序漸進式的開放原則，大致上歷經1980年代初期的「禁重於導」，到嗣後的「禁導並用」，再到1990年代的「導多於禁」的思維邏輯，過去二十多年來，台灣對大陸經貿政策呈現只放不收的趨勢。

第一節　戒嚴時期（1987年以前）

1979年以前，兩岸處於軍事對抗狀態，國民政府力圖「反攻大陸」，而大陸政府則積極備戰意圖「解放台灣」，雙方高度的軍事對立，兩岸經濟往來全面中斷。

1979年元旦，大陸發表《告台灣同胞書》，對台政策的主軸隨即由過去的「解放台灣」改為「和平統一」，並強調鼓勵兩岸經貿交流。面對中國大陸積極的統戰作為，台灣政府以「不妥協、不接觸、不談判」的「三不」政策回應。時任總統的蔣經國先生公開聲明指出：中華民國不論在任何情況下絕對不與中共政權交涉，並且絕對不

放棄光復大陸解救同胞的神聖任務,這個立場絕不會變更。同時,政府也發佈各種命令禁止兩岸交流,包括禁止外籍商船直接往返於大陸及台灣各港口、台商不得與大陸直接貿易、禁止廠商直接或間接將產品銷往大陸或進口大陸產品,以及禁止旅客私自攜帶大陸藥品返台等。違反規定者,可能揹上「資匪通敵」罪嫌。

嗣後,隨著國內外環境變化,政府的大陸經貿政策曾做微調。1984年7月間,政府宣布「對港澳地區轉口貿易三項基本原則」,重申禁止與大陸直接通商,廠商不得與大陸設在海外的機構或人員接觸,不過,對轉口貿易不予干涉。同時,政府又宣布,台灣人民在接觸國際學術、科技、體育及文化等方面的交流,可以和大陸人員接觸,並同意以「中華台北」名稱重返國際奧會。1987年,政府宣布解除戒嚴,同年11月,開放公職人員及現役軍人之外,在大陸有三親等內親屬的一般民眾,可經由第三地赴大陸探親。解嚴有助於兩岸良性及正常化的交流與互動,政府的大陸政策漸由過去的消極且被動的態度,轉趨務實且逐漸放寬限制。

此一時期,台灣的大陸經貿政策已逐漸放寬,「對港澳地區轉口貿易三項基本原則」公布後,等於是默許了兩岸之間的轉口貿易。1987年7月,經濟部首度公開宣布,開放農業用種子、馬毛、非食用牛油、鰻苗等27項大陸農工原料的間接進口。政府以行政命令及政策宣示方式開放台灣地區未生產之中藥材及部分農工原料轉口輸入;另對轉口輸出採不干預態度,使台灣廠商經由第三地之轉口輸出合法化,可說是對大陸經貿政策務實考量之濫觴。

表5-1　台灣對大陸重要經貿政策措施

時間	重要措施	說明
1979/04	「三不」政策	不妥協、不接觸、不談判。
1984/	放寬自港澳轉口輸入大陸產品之限制	允許民間經由第三地以轉口方式與大陸地區進行貿易。
1985/07	公布「對港澳地區轉口貿易三項基本原則」	重申禁止與大陸直接通商，廠商不得與大陸機構或人員接觸，對轉口貿易不予干涉。
1987/08	開放27項大陸農工原料間接進口	
1987/11	開放一般民眾赴大陸地區探親	除現役軍人及現任公職人員外，凡在大陸地區有三親等內之親屬者，均可赴大陸地區探親，每年一次為限，每次停留不得逾三個月。
1988/08	訂定《大陸產品間接輸入處理原則》	大陸地區產製之農工原料符合以下三項原則得間接輸入，一是不危害國家安全，二是對國內相關產業無不良影響，三是有助於我產品外銷競爭力之提升。
1989/06	頒佈《大陸地區物品管理辦法》	正式開放大陸地區物品間接輸入，公告准許輸入之大陸地區物品項目，並可標明在大陸地區生產製造。
1990/05	訂定《台灣地區廠商派員赴大陸地區考察及參展作業要點》，開放金融機構對大陸地區間接匯款票匯業務	
1990/08	發佈《對大陸地區間接輸出貨品管理辦法》	開放得以間接方式對大陸地區輸出物品，除部分高科技產品應依有關出口規定辦理外，其餘不加以限制。
1990/10	發佈《對大陸地區從事間接投資或技術合作管理辦法》	開放廠商得經主管機關許可後，經由第三地區對大陸地區間接投資，採正面表列。

表5-1　台灣對大陸重要經貿政策措施（續一）

時間	重要措施	說明
1990/12	開放廠商在大陸委託加工或生產的半成品，可以間接方式回銷台灣	
1991/01	行政院通過《國家統一綱領》	
1991/08	訂定《現階段金融機構辦理對大陸地區間接匯款作業要點》	開放台灣地區外匯指定銀行及郵政儲金匯業局經由第三地區銀行辦理對大陸地區間接電匯、信匯及票匯業務。
1991/12	訂定《指定銀行對台灣地區廠商辦理大陸出口台灣押匯作業要點》	正式實施「大陸出口、台灣押匯」政策，適用於台灣地區各銀行與外商銀行在台分行。
1992/09	頒佈實施《台灣地區與大陸地區人民關係條例》	其中第三十五條規定，經主管機關許可，可在大陸地區從事投資或技術合作；或與大陸地區人民、法人、團體或其他機構從事貿易或其他商業行為。
1993/03	頒佈實施《在大陸地區從事投資或技術合作許可辦法》	依據「兩岸人民關係條例」訂定。
1993/04	・頒佈實施《台灣地區與大陸地區貿易許可辦法》 ・頒佈實施《台灣地區與大陸地區金融業務往來許可辦法》	依據「兩岸人民關係條例」訂定。
1993/05	頒佈實施《大陸地區產業技術引進許可辦法》	依據「兩岸人民關係條例」訂定。
1994/01	頒佈實施《在大陸地區從事商業行為許可辦法》	
1994/07	陸委會發佈《台海兩岸關係說明書》	宣示在和平統一前，中華民國主張以理性、和平、對等、互惠四項原則處理兩岸關係；中華民國政府將繼續以互補互利為原則，擴展兩岸經貿關係，促使兩岸互動良性發展。
1995/04	李登輝總統提出「六點主張」	

表5-1　台灣對大陸重要經貿政策措施（續二）

時間	重要措施	說明
1995/05	頒佈《境外航運中心設置作業辦法》	定位境外航運中心與大陸地區港口間之航線為特別航線，並限定以外國船舶或權宜輪行駛兩岸之間。
1996/09	李登輝總統提出「戒急用忍、行穩致遠」政策	限制台商對大陸投資規模之上限；大陸投資項目依產業別區分為禁止、准許、專案審查三類。
1999/07	李登輝總統公開表示	兩岸關係為「國家與國家，至少是特殊國與國關係」。
2000/05	陳水扁總統就職演說	提出「四不一沒有」主張，即「不宣布獨立、不更改國號、不推動兩國論入憲、不推動改變現狀的統獨公投，以及沒有廢除國統綱領及國統會」的問題。
2001/01	宣布實行「小三通」政策	開放金門、馬祖與對岸的廈門、福州馬尾定點直航。
2001/01	陸委會、財政部、中央銀行共同擬訂「規範大陸台商資金流向機制」。	主要在建立台商資金流向的管理機制。
2001/08	全國經濟發展會議決議	對大陸經貿政策由「戒急用忍」調整為「積極開放、有效管理」，相關法規隨之配合做修正。
2002/03	開放8吋晶圓廠登陸投資	開放項目以8吋以下晶圓廠舊設備作價投資為優先，並採總量管制，2005年以前核准投資三座為上限。
2002/04	立法院通過兩岸關係條例修正案	開放陸資到台灣投資土地及不動產。
2002/08	陳水扁總統提出「台灣跟對岸中國一邊一國」主張	
2003/01	財政部准許近十家銀行國際金融業務分行（OBU）開辦對大陸台商放款；兩岸春節包機首航	

表5-1 台灣對大陸重要經貿政策措施（續三）

時間	重要措施	說明
2003/06	行政院批准兩岸保險業務往來許可辦法修正案，開放兩岸在保險業務直接往來，以及保險經紀人、代理人赴大陸設辦事處	
2004/04	開放台灣地區銀行OBU辦理無本金交割的美元對人民幣遠期外匯與匯率選擇權業務	
2005/03	開放證券商赴大陸地區進行業務投資、設立子公司或分公司	
2005/10	開放金門、馬祖金融機構試辦人民幣兌換業務	符合金、馬「小三通」往來大陸地區與金、馬之國人及大陸地區人民，憑出入境有效文件，在金、馬地區金融機構買賣人民幣，以20,000元為上限。
2006/01	陳水扁總統元旦文告	調整對大陸經貿政策，由「積極開放、有效管理」，改為「積極管理、有效開放」。
2006/04	開放4吋或以下的面板業與低階封測赴大陸投資	
2006/06	放寬跨國企業邀請中國大陸員工來台召開會議及從事相關活動之人數及資格限制；放寬大陸商務人士來台的人數限制；開放0.18微米製程的晶圓技術赴大陸投資	
2007/03	陳總統提出「四要一沒有」	「四要一沒有」是指台灣要獨立、台灣要正名、台灣要新憲、台灣要發展、台灣沒有左右的問題。

資料來源：作者根據相關資料整理。

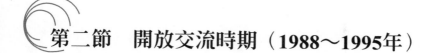

第二節　開放交流時期（1988~1995年）

隨著開放探親政策之實施，兩岸經貿交流逐漸加溫。面對這種情勢，政府的大陸經貿政策也開始務實地逐步調整。1988年4月，政府宣示，兩岸間接貿易只要符合「三不原則」，即「不直接由大陸通商口岸出航、不直接與大陸進行通匯、不直接由台灣公司進行接觸」，即屬不違法。1988年8月，經濟部公告《大陸物品間接輸入處理原則》，指出大陸產製之農工原料符合以下三項原則者得間接輸入，一是不危害國家安全，二是對國內相關產業無不良影響，三是有助台灣產品外銷競爭力之提升。同時公告開放50項大陸農工產品間接進口。嗣後，政府以正面表列方式，逐年分批選擇性擴大開放大陸農工產品間接進口項目；同時也開放台商在大陸生產的半成品以間接方式回銷台灣，從而使自大陸輸入貨品從農工原料擴大到包括了半成品。截至1994年底止，共開放29批，2,127項產品。至於台灣貨品輸往大陸地區，基本上與輸往一般地區或國家並無差別，皆採負面表列方式。依當時政策，除少數稀有動物、高科技產品及影響國家安全與經濟發展者外，幾乎沒有限制。截至1995年底，管制出口貨品項目僅有101項，約佔出口貨品項目總數的1%。[1]

至於台灣對大陸出口貿易，1990年8月間，台灣政府制訂了《對大陸地區間接輸出貨品管理辦法》，規定廠商對大陸輸出「准許出口類貨品」，應向國貿局申請許可；對於輸出「管制出口類貨品」或高科技產品，則依有關規定嚴加限制。同時設立出口預警系統，防止台灣產品外銷過分依賴大陸市場。

1988年7月，國民黨第十三次全國代表大會通過《現階段大陸政

1　參閱經濟部，《兩岸經貿白皮書》，1996年，頁15。

策》案，決議成立「大陸工作指導小組」和「大陸工作會報」等相關黨政機構，至此，「三不政策」已名存實亡。1990年5月，李登輝總統在就職演說中宣示，「如中共當局能推行民主政治及自由經濟、放棄在台灣海峽使用武力，不阻撓我們在一個中國前提下開展對外關係，則我們願以對等地位建立雙方溝通管道、全面開放學術、文化、經貿與科技交流。」政府在同年6月間召開國是會議，與會人士也主張「功能性的交流從寬、政治談判從嚴」，並以專責的政府機關和授權的民間中介機構處理兩岸關係。

此階段，政府的大陸經貿政策已由過去的「三不政策」修正為「不鼓勵、不禁止」的「兩不政策」，同時，政府也積極對兩岸之間的交流活動進行法治化建設。例如，1990年10月，李登輝總統邀集朝野各界人士，於總統府成立「國家統一委員會」，並研商制訂《國家統一綱領》；1991年元旦正式成立「行政院大陸委員會」，統籌處理大陸事務；1991年3月，行政院院會通過《國家統一綱領》，成為大陸政策最高指導原則；同時，成立「財團法人海峽交流基金會」，接受政府委託處理有關兩岸談判、對話、文書查驗證、民眾探親、商務旅行往來糾紛調處等涉及公權力的相關業務，大致完成台灣對大陸工作體系的建置。1992年9月，頒佈實施《台灣地區與大陸地區人民關係條例》，為兩岸人民之往來及衍生問題的處理立下法源，開啟了兩岸經貿往來法治化的歷程。隨後，政府相關單位依據該項條例訂定相關規範，逐步建立兩岸經貿交流制度。例如，《在大陸地區從事投資或技術合作許可辦法》（1993年3月）、《台灣地區與大陸地區貿易許可辦法》（1993年4月）、《台灣地區與大陸地區金融業務往來許可辦法》（1993年4月）、《在大陸地區從事商業行為許可辦法》等。

作為大陸政策最高指導原則的《國家統一綱領》，宣示兩岸關係之發展將依循近程、中程和遠程等三個階段，並將各階段規劃推動的

工作敘述如下。[2]

一、近程——交流互惠階段

(一)以交流促進了解，以互惠化解敵意；在交流中不危及對方的安全與安定，在互惠中不否定對方為政治實體，以建立良性互動關係。

(二)建立兩岸交流秩序，制訂交流規範，設立中介機構，以維護兩岸人民權益；逐步放寬各項限制，擴大兩岸民間交流，以促進雙方社會繁榮。

(三)在國家統一的目標下，為增進兩岸人民福祉：大陸地區應積極推動經濟改革，逐步開放輿論，實行民主法治；台灣地區則應加速憲政改革，推動國家建設，建立均富社會。

(四)兩岸應摒除敵對狀態，並在一個中國的原則下，以和平方式解決一切爭端，在國際間相互尊重，互不排斥，以利進入互信合作階段。

二、中程——互信合作階段

(一)兩岸應建立對等的官方溝通管道。

(二)開放兩岸直接通郵、通航、通商，共同開發大陸東南沿海地區，並逐步向其他地區推展，以縮短兩岸人民生活差距。

(三)兩岸應協力互助，參加國際組織與活動。

(四)推動兩岸高層人士互訪，以創造協商統一的有利條件。

2　參考行政院大陸委員會網站：http://www.mac.gov.tw/big5/rpir/2nda_3.htm

三、遠程——協商統一階段

成立兩岸統一協商機構，依據兩岸人民意願，秉持政治民主、經濟自由、社會公平及軍隊國家化的原則，共商統一大業，研訂憲政體制，以建立民主、自由、均富的中國。

關於兩岸雙邊貿易活動之規範，主要是依據《台灣地區與大陸地區貿易許可辦法》，其中除明確規定兩岸貿易應以間接方式為主，即買方或賣方應為大陸地區以外直接貿易的第三地區業者，其貨品運輸應經由第三地區進行的原則外，該法還對大陸地區物品允許輸入台灣種類、許可通關等問題作了規定。

1990年5月，台灣政府正式開放台灣廠商赴大陸進行工商考察，為間接投資合法化邁出重要的一步。同年10月，公布實施《對大陸地區從事間接投資或技術合作管理辦法》，規定凡在台灣已無法發展、不涉及國防、不是由政府財政預算資助開發的技術，以及不影響台灣經濟發展的非高科技產業，以正面表列方式核准可赴大陸間接投資，開放的項目範圍含蓋化工、紡織、機械、電機、資訊等五大類，第一批開放的產品共計2,875項；同時也列出包括超合金、積體電路、光電半導體等14項禁止赴大陸投資或技術合作的產業項目。[3]嗣後，隨著國內外經濟環境之變化，對大陸投資項目的限制逐步調整放寬。

除了貿易和投資，此段期間，台灣政府還通過包括農業技術援助、智慧財產保護、大陸資源開發等12項對大陸經貿政策；同時，進

3　14項禁止赴大陸投資或技術合作的產業項目包括：超合金，電腦數據控制積及高級自動化產業機械，航空器及其零組件，超級微電腦及精密電腦周邊設備，光纜及光纖通訊設備，積體電路，多層印刷電路版，光電半導體，重型電機設備，工程塑膠，遺傳工程、細胞融合、固定化酵素及組織培養等相關生物工程技術，碳纖維、電子級玻璃纖維及航空級複合材料，電子導電塗料等特用化學品，精密陶瓷用粉體等。

一步放寬經貿人員往來，大陸經貿人士，包括企業界人士和經貿官員，可申請赴台進行工商考察、經貿訪問或出席會議，大陸台資企業的管理幹部和主要技術人員也可申請到台灣參觀和接受技術培訓。在開放兩岸金融往來方面，此一階段有若干突破性的作為，例如，開放台灣銀行業辦理對大陸間接匯款業務（1991年8月）、開辦「大陸出口、台灣押匯」的商業模式（1991年11月）、開放在台灣的外商銀行和本土銀行國際金融業務分行，與大陸金融機構海外分行或外國銀行大陸分行往來（1993年4月）、放寬台灣銀行業者第三地子銀行可赴大陸設立辦事處等。

第三節　戒急用忍時期（1996～2001年）

　　大陸擁有充沛的勞動力、成本低廉的土地，又有廣大的市場腹地，吸引台商前往投資的熱潮不斷。台灣各界對於兩岸經貿交流如此熱絡，是否會造成產業空洞化、資金外流不止、對大陸經濟依存度過高等問題？疑慮愈來愈深。1995年，李登輝總統訪問其母校美國康乃爾大學並做公開演講，大陸當局對於台灣多年來積極推展務實外交的不滿，藉此機會宣洩，造成了1995～1996年間台海飛彈危機[4]，原本和

4　台海飛彈危機發生在1995年到1996年間。由於中國不滿李登輝總統積極推展務實外交，故在1995年6月訪問美國後以武力演習威嚇，先是在7月21日至28日對彭佳嶼附近公海試射飛彈，接著又在8月15日至25日在東海進行第二次飛彈及火砲射擊練習。10月中旬，中國又在黃海舉行軍事演習。此種軍事威嚇造成台灣人心惶惶、股市暴跌、台幣大幅貶值。次年，台灣舉行第一次總統直選，中國又在投票前後的3月8日至25日，在東海沿岸和台灣海峽舉行導彈發射訓練、海軍實彈實兵演習和三軍聯合作戰演習，直接向台灣南北兩端的基隆與高雄外海試射M族飛彈，造成1996年的台海危機，意圖影響選情未

平、熱絡的兩岸關係急轉直下，兩岸關係的緊張局面似有隨時引爆戰爭的可能。

為因應兩岸關係新的局勢，1996年9月，李登輝總統在「全國經營者大會」致詞時，正式提出「戒急用忍、行穩致遠」之新政策。同年12月，政府整合朝野各界代表，召開體制外的「國家發展會議」（簡稱為「國發會」），針對國家發展的重要議題廣泛探討，藉以凝聚共識，形成政策。其中，「兩岸經貿關係之建構」被列為「兩岸關係」六大議題之一。最後，兩岸經貿發展原則、方向（目標）及策略三個層次達成共識。茲分述如下[5]：

一、原則

(一)由於大陸政權對我仍有敵意，兩岸經貿發展應格外考量政治風險。因此，必須在維持我國家安全及兩岸和平的前提下，循序漸進地推動相關政策。

(二)兩岸經貿關係應該順應亞太經濟整合趨勢及國際產業分工潮流，本著互利互惠之雙贏原則穩定發展。

(三)我國經濟發展應有多元化的全球策略，兩岸經貿關係也是台灣整體對外經貿關係的一環。

二、方向

(一)積極改善國內投資環境，加速自由化、國際化腳步，以提升國

送。美國調遣兩艘航空母艦戰鬥群到台灣附近海域，美國國會也通過「美國應幫助保衛台灣」的決議案。中國則抗議美國干涉中國內政，加劇台海緊張局勢。

5　引自國家發展會議，「兩岸關係議題總結報告」。

際整體競爭力。

(二)兩岸三通問題，應依安全與互惠的原則，在時機成熟時，經由協商解決。在此之前，應繼續推動「境外航運中心」，以改善兩岸航運關係，並為未來進一步關係之發展奠定基礎。

(三)面對兩岸即將加入世界貿易組織的新形勢，政府應早日規劃因應策略。

三、策略

(一)在投資方面：第一，政府應對國內企業赴大陸投資作政策性規劃，循序漸進；對於大型企業赴大陸投資，需審慎評估，合理規範。第二，政府應運用有效的投資保障管道，提供相關資訊及諮詢服務，以加強對台商之聯繫與協助。第三，配合多元化的全球策略，政府應積極開展包括南向政策在內的各種對外經貿關係。

(二)在貿易方面，應兼顧持續追求兩岸貿易之穩健成長與風險分散。

(三)現階段推動兩岸經濟交流與合作，原則上可由民間機構共同出資在第三地成立基金會進行。

在國發會之後，「戒急用忍」政策成為大陸經貿政策的階段性指導方針。經濟部依據國發會朝野共識，針對廠商前往大陸投資行為設定新的規範，並自1997年7月起開始實施，其具體的政策措施主要包括以下幾項：

(一)規定廠商對大陸投資規模之上限。對廠商赴大陸投資累計金額佔其淨值的比重，規定不得超過40%。廠商之資本額規模超過50億元以上者，則超過50億元的部分，赴大陸投資的額度，規定不得超過淨值的30%；超過100億元部分，該項比例則不得

超過20%（見表5-2）。個人及中小企業投資累計金額以新台幣6,000萬元為上限。

(二)申請赴大陸投資個案投資金額不得超過5,000萬美元的上限。

(三)經濟部將對大陸投資項目依產業別區分為禁止、准許及專案審查三類。公布禁止赴大陸投資的重大基礎建設項目清單，主要包括機場、水利、港口、工業區開發、鐵公路、超過二萬瓦的電廠、大型焚化爐等基礎設施項目，乙烯、丙烯等上游石化產品、電子科技產品，以及房地產、銀行、保險等合計超過300項，並納入修訂後的《大陸地區從事投資或技術合作審查原則》中。

(四)專案審查類係依產業及個案特性評分，再依評分的高低決定放行與否。放行的門檻標準將視兩岸關係而定，經濟部另設指標，作為審訂兩岸關係的標準（見表5-3）。

表5-3　對大陸投資累計金額上限之規定

企業類別	資本額或淨值	對大陸投資累計金額或比例之上限
個人及中小企業		6,000萬元新台幣
非上市、上櫃公司		6,000萬或淨值的40%
上市、上櫃公司	50億	淨值的40%
	50億至100億	50億×40% ＋（淨值－50億）×30%
	100億以上	50億×40%＋50億×30% ＋（淨值－100億）×20%

資料來源：經濟部投審會。

表5-3　大陸投資專案審查指標

類別	考量因素	評比分數	備註說明
產業特性	該產業在台灣及大陸國際競爭力比較	25	台灣愈不具國際競爭力，分數愈高。
	對上、下游產業關聯效果	7.5	產業關聯效果愈低，分數愈高。
	產業資本密集度	7.5	資本密集度愈低的產業，分數愈高。
	產業技術密集度	10	技術密集度愈低的產業，分數愈高。
	產品特性	± 10	依據單一產品與產業之技術、競爭力與關聯性等之差異調整。
個案特性	國內相對投資情形	10	國內與國外投資比例1：1者給5分，國內相對投資愈高者，分數愈高。
	對大陸投資佔海外投資比例	10	大陸投資佔海外投資之比例為1：3者給5分，對大陸投資佔海外投資之比例愈高者，分數愈低。
	財務結構	10	負債對淨值比例1：1者給5分，負債比率愈高者，分數愈低。
	資金來源	10	國內與國外資金來源比例1：1者給5分，國外資金來源比例愈高者，分數愈高
	汰舊換新	10	利用汰舊設備投資比例愈高，分數愈高。
	企業規模	+ 10	個人與中小企業視其差異性酌予加分。

資料來源：同表5-2。

　　(五)要求投資人應檢附大陸投資計畫對國內經濟效益評估及預估投資損益；其已赴大陸投資者，應提出以往投資損益紀錄。

　　戒急用忍政策對台灣廠商赴大陸投資作出嚴屬的規範，特別是針對一些涉及高科技和基礎建設的大型投資案（超過5,000萬美金），實施之後受到社會各界的批評乃是預料中的事。問題是該項政策提出的時空背景是在大陸當局對台灣極不友善，甚至是敵意驟升之時，在國家安全的大框架下，產業界也只能選擇配合執行。

　　相對於對大陸投資實行緊縮性政策，此期間對於大陸貨品之進口卻採取較過去寬鬆的政策，例如，簡化大陸製造貨樣進口手續，完稅價格在新台幣1.2萬元以下者可免辦輸入許可證；擴大大陸貨品進口免簽範圍，凡經經貿主管相關登記的貿易商及其他進口者，自大陸進口貨值在1萬美元以下的大陸農產品，均可逕向海關報關進口；增加開放大陸貨品進口項目；大陸貨物進口改採進口貨品原產地認定標準。同時，台灣政府也在此期間擴大加工出口區進口大陸物品加工功能，加工出口區進口大陸原物料、零組件，除可加工外銷外，還可以原型或加工後轉售給保稅工廠；此外，加工出口區內其他事業、科學工業園區事業同時還可以委託區外廠商代為加工，唯加工後的產品必須全部外銷。

　　值得一提的是，儘管此期間兩岸關係氛圍不佳，但台灣政府仍務實地推進兩岸通航政策，於1995年5月頒佈《境外航運中心設置作業辦法》，將設置在高雄的境外航運中心與大陸地區港口間之航線定位為「特別航線」，開放外國船舶或權宜輪行駛於兩岸之間，大陸與歐美間的貨櫃貨物能夠以「不通關、不入境」的方式在高雄轉運。該項政策於翌年得到大陸政府正面回應。1997年4月，兩岸之權宜輪航行於高雄和廈門、福州之間，正式開啟了兩岸直航卻未直運的新紀元。

第四節　「積極開放、有效管理」時期（2001～2005年）

　　進入二十一世紀，台灣面臨的國內外環境已發生很大變化，例如，長期在野的民進黨贏得總統大選，取得執政大權；另一方面，台灣與大陸在2001年底先後完成必要的行政程序，正式加入WTO成為締約成員。為了因應此一新形勢的需要，實施多年的「戒急用忍」政策

在社會各界的期待下進行檢討，並思考替代政策方案。2001年8月，民進黨政府召開經濟發展諮詢會議（以下簡稱「經發會」），最後決議以「積極開放、有效管理」取代「戒急用忍」，作為兩岸經貿政策的基本方針。

　　為落實「經發會」決議關於大陸投資「積極開放、有效管理」的共識，以及因應加入WTO的新形勢，政府相關部門全面檢討對廠商赴大陸投資之各種限制性的規範，其內涵與特色大致可歸納為下列幾項[6]：

一、簡化大陸投資產業分類

　　將現行「禁止類」、「許可類」及「專案審查類」簡化為「禁止類」及「一般類」。基於國際公約、國防或國家安全需要之重大基礎建設及產業發展考量（如核心技術或關鍵零組件）的產業或產品，禁止赴大陸投資；非屬禁止類者，只要通過個案審查，皆可赴大陸投資。

二、建立專業、客觀的產業開放檢討機制

　　成立由產、官、學組成之專案小組，定期檢討大陸投資產業及產品項目。

　　檢討之基準主要包括：

(一)凡有助於提高國內產業競爭力、提升企業全球運籌管理能力
　　者，應積極開放。

6　以下內容主要參考自陸委會「落實大陸投資『積極開放、有效管理』政策說
　　明」，http://www.mac.gov.tw。

(二)國內已無發展空間，須赴大陸投資方能維繫生存發展者，不予限制。

(三)赴大陸投資可能導致少數核心技術移轉或流失者，應審慎評估。

三、建立兼顧效率與便民及標準明確的專案審查機制

(一)調整大陸投資累計金額及比例上限。為使企業能夠根留台灣，現行對個人及企業赴大陸投資累計金額或比例上限之規定仍予以保留，但放寬個人及中小企業赴大陸投資累計金額上限，由新台幣6,000萬元調整為8,000萬元。至於計算基準原定不得逾其資本額或淨值（兩者取其高）之一定比例，改採僅以淨值計算。同時，為鼓勵資金回流，大陸投資事業之股本及盈餘匯回得扣減累計金額。

(二)取消大陸投資個案金額上限規定。取消大陸投資個案累計金額5,000萬美元的上限規定。投資人申請「一般類」之大陸投資案件，只需符合對個人及企業赴大陸投資累計金額或比例上限規定，不再受其他金額限制。

(三)建立簡易審查制度。凡個案累計投資金額在2,000萬美元以下者（含2,000萬美元），將採簡易審查方式，即針對投資人進行大陸投資之基本條件，包括財務狀況、技術移轉之影響、勞工法律義務履行情況等進行審查。主管機關並得以書面方式會商各相關機關意見後，逕予准駁；惟如遇有將投資化整為零或其他規避專案審查等特殊情況，可以將案件提送經濟部投審會審議。

(四)建立專案審查的明確標準。凡個案累計投資金額逾2,000萬美元者，由投審會進行專業審查，審查項目包括事業經營考量因

素、財務狀況、技術移轉情況、資金取得及運用情形、勞工事項、安全及策略事項等。對於少數影響重大的案件，經參與審查機關認定需作政策決定者，則提報行政院召開跨部會首長會議審查。

四、建立動態調節機制

(一)為兼顧企業發展需要及整體經濟的安全，由主管機關每年定期或視需要邀集相關機關審酌各項因素，以決定是否調整個別企業累計投資金額或比例上限，以及簡易審查之個案累計投資金額標準，或是否需採取其他必要的措施，以降低大陸投資對整體經濟之風險。

(二)動態調節機制的審酌因素，主要側重於與投資相關的總體經濟指標，包括國內超額儲蓄率、赴大陸投資佔GDP之比重、赴大陸投資佔國內投資之比重、赴大陸投資佔整體對外投資之比重、赴大陸投資廠商資金回流情形、外匯存底變動情形、國內就業情形、兩岸關係之狀況，以及其他影響總體經濟之因素等。

五、加強事後管理

針對累計大陸投資金額達2,000萬美元以上的企業或投資個案，將加強對其進行大陸投資後之管理，促使其財務透明化。管理方式包括：

(一)投資人應定期函報其經會計師簽證之財務報表及投資計畫執行情形。

(二)加強追蹤資金流動，由證期會要求股票公開發行公司定期函報

其在海外投資之資訊，並加以彙整公告；要求投資人應確實依規定申請審查投資情形及由相關單位將所掌握個別企業在海外投資之有關資料，相互勾稽。

六、其他相關配套做法

(一)放寬上市、上櫃公司資金運用限制。具體措施包括：將上市、上櫃公司發行及募集有價證券不得逾越赴大陸投資累計投資金額20%之上限規定，放寬經濟部投審會之大陸投資限額標準；以及自海外資本市場籌募資金用於轉投資大陸之發行限額由現行20%提高為40%。

(二)准許未經核准赴大陸投資廠商補辦登記。

(三)開放直接投資，在投資審查新機制下，准許企業直接赴大陸投資，毋須在第三地成立子公司。

(四)強化大陸台商輔導體系，主要包括：規劃建立大陸台商產業輔導體系，整合大陸台商與政府聯繫管道，以及協助相關技術及管理服務機構赴大陸服務台商；此外，政府亦同步檢討排除大陸台商資金匯回的各種障礙，以促使兩岸資金靈活、平衡的流動。

此外，在促進兩岸資金靈活流動方面也有下列新的做法：

一、加強發展OBU成為海外及大陸台商資金調度中心

(一)准許國際金融業務分行（OBU）在有完備可行之糾紛處理、債權確保及風險管控計畫下，得與大陸地區金融機構及海外分支機構、大陸地區法人、團體、其他機構等進行直接金融業務往

來，其範圍包括：收受存款、辦理匯兌、簽發信用狀及信用狀通知、進出口押匯相關事宜、代理收付款項等。至於台商以子公司名義存放在OBU資金，中央銀行亦將開放准許其挹注母公司資金，並得循環使用。

(二)研議進一步擴大OBU之功能，如辦理貸款、籌資等業務，以鼓勵台商將海外之財務調度據點移回國內OBU。

二、建立企業投資大陸資金匯回可循環運用機制

除投資人將大陸投資事業之股本或盈餘匯回可扣減投資累計金額外，在外匯管理上，根據中央銀行之規劃，在大陸或第三地區之子公司以「關係企業往來」名義，將多餘資金匯入供在台母公司使用，及母公司於未來還本付息時，均得不計入每年5,000萬美元結匯額度。

三、消除資金匯回之稅負問題

修正兩岸人民關係條例第二十四條，允許經第三地赴大陸投資之廠商，於申報所得稅時，列報第三地投資收益者，其源自轉投資大陸之收益部分，得扣抵其在大陸地區及第三地區已繳納之所得稅。同時，政府也強調台商資金在OBU匯進匯出不涉課稅及查稅問題，並將進一步研究如何消除稅制上可能造成台商大陸資金匯回之障礙。

四、改進企業財務報表制度

為使企業與個人股東間的財務關係能夠透明化，將研擬具體措施，鼓勵企業編製合併財務報表，增加財務透明度。

第五節 「積極管理、有效開放」時期（2006 年～2008年4月）

2006年元旦，陳水扁總統公開談話提到兩岸經貿政策的「新思維、新做法」，以「積極管理、有效開放」取代了2001年8月「經發會」所形成的「積極開放、有效管理」之共識。按陸委會負責人的說法，「積極管理、有效開放」政策的主要目標，是為了推動有秩序的兩岸經貿開放政策，改善經貿開放所衍生的負面影響，確保台灣經濟的主體性，並落實經濟「深耕台灣、佈局全球」的總體發展策略，降低對大陸經濟的依賴。

為了落實「深耕台灣」的政策，行政院推動了多項優惠措施或方案，積極吸引台商返台投資，其中包括將工業區土地租金優惠措施（即○○方案）適用期限延長為三至五年的中長期計畫，建立資金回流機制，鼓勵台商匯回投資盈餘，提供租稅優惠；提供研發補助；低利融資貸款；訂定《台商回台投資專案融資貸款要點》，落實台商企業回台灣投資專案融資計畫。此外，政府亦宣示未來將從協助台商因應大陸市場經營環境變遷，與競爭壓力的角度，從旁協助及輔導：推動「台商回台投資輔導機制」、研究規劃台商利用「自由貿易港區」與在台設立「營運總部」的商業模式。對於晶圓製造、晶圓封裝測試、TFT-LCD前、中段製程、輕油裂解等重要禁止類項目，要建立明確管理機制，避免造成企業全球佈局與兩岸經貿活動的不確定性，以維持台灣產業在兩岸分工格局中之優勢。

2006年夏天，台灣政府召開「台灣經濟永續發展會議」，其中有關全球佈局與兩岸經貿議題達成「兩岸經貿政策調整」的結論。首先要強化兩岸經貿風險管理機制，強調政府應每年進行兩岸貿易與投資影響評估報告，並對外公布，評估內容應涵蓋各項兩岸及總體經濟指

標；相關機關應就兩岸人員、投資、金融與技術往來等領域，建構有效的風險管理機制；政府應積極推動攸關兩岸經貿秩序之協商議題，包括台商投資權益及人身安全保障、兩岸經貿糾紛調處及共同打擊犯罪、智財權與商標保護及開放中國大陸人民來台觀光、兩岸金融監理機制、兩岸客貨運包機等。

其次，在開放大陸人士來台方面，優先放寬從事正常商務活動之人員往來，譬如，放寬跨國企業邀請中國大陸員工來台召開會議及從事相關活動之人數及資格限制，適度放寬台灣企業邀請中國大陸商務人士來台限制；並在加強吸引外國觀光客之前提下，推動開放中國大陸旅客直接來台觀光（第一類）。

第三，在兩岸投資及貿易方面，對大陸投資政策將在有效管控風險下持續進行，譬如，重大投資案件之審查，必須充分考量在台相對投資、全球佈局、技術移轉、僱用員工變動、財務計畫及對母公司回饋，以及對相關產業與總體經濟之影響等重要因素，並應落實事後監督及考核，中國大陸物品進口之開放將審慎推動等。

第四，兩岸金融往來需在建立金融監理機制並做好防火牆下循序推動。在確保國家主權及安全前提下，與大陸政府進行對等協商並簽署協議，建立兩岸金融監理制度，並就開放銀行在中國大陸辦事處升格分行相關政策事宜，綜合各方意見，研提風險評估報告；另持續推動兩岸協商簽署證監備忘錄。

第五，關於兩岸直航問題，兩岸直航之實施，須在確保國家主權及安全前提下，與大陸政府進行對等談判簽署協議後付諸實施，以穩健有序的步驟，持續推動。

總之，現階段台灣政府的兩岸經貿政策，政策之目標為「深耕台灣、佈局全球」，以及建立兩岸經濟關係正常化與交流秩序；政策的指導原則為「積極管理、有效開放」；「台灣主體性、政策主動性」；「立場堅定、務實推進」。在政策方向上，強調要以國家安全

及總體利益為優先，在有效管控風險前提下，持續調整相關政策；在加強落實推動「台灣優先」、「全球佈局」前提下，達成增加投資台灣、創造就業機會、拉近城鄉距離、縮短貧富差距等目標，以確保台灣總體經濟利益。

2006年，兩岸經貿政策在「積極管理」方面的作為，主要有：強化台灣的兩岸經貿風險管理機制（例如，對大陸投資案件之政策審查、技術審查）、積極透過兩岸協商與協調建立兩岸經濟交流秩序（例如，開放大陸人士來台觀光和兩岸客貨運包機之協商；智財權與商標保護、兩岸共同打擊犯罪、保障大陸台商投資權益及人身安全等協調工作等）。在「有效開放」方面的作為，主要有：春節包機、開放4吋或以下的小面版與低階封測赴大陸投資、四項專案包機（專案貨

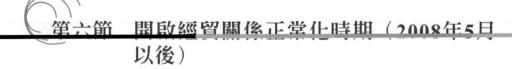

運包機、假日包機常態化、緊急醫療包機、專案人道包機）、放寬跨國企業邀請中國大陸員工來台召開會議及從事相關活動之人數及資格限制、放寬大陸商務人士來台的人數限制、開放0.18微米製程的晶圓技術赴大陸投資、持續進行觀光議題談判、規劃推動人民幣定點及定量試點兌換等。

第六節　開啟經貿關係正常化時期（2008年5月以後）

2008年，國民黨先後在立法委員選舉和總統大選中獲勝，重新取得全面執政的權力，兩岸關係逐漸改善，互動愈趨頻繁。該年4月中旬，副總統當選人蕭萬長先生應邀參加博鰲亞洲論壇，並與胡錦濤會晤，吸引了兩岸及國際社會的關注。胡在會晤蕭時提出，在新的形勢下將繼續推動兩岸經濟文化等各領域交流合作，繼續推動兩岸周末包機和中國大陸居民赴台旅遊的磋商，繼續關心臺灣同胞福祉並切實維

護台灣同胞的正當權益，繼續恢復兩岸協商等「四個繼續」。蕭針對兩岸關係未來發展，則向胡提出「正視現實、開創未來、擱置爭議、追求雙贏」等十六字箴言，同時也提出：希望兩岸直航可以儘快落實、希望大陸儘快開放觀光客入台旅遊、希望促進兩岸經貿關係正常化、希望儘快恢復兩岸協商機制等「四項要求」。「蕭胡會」是兩岸分裂分治以來最高層級的在位領導者之會晤，從雙方發言的內容來看，可以說有相當程度的交集。

「蕭胡會」的良好氛圍為兩岸關係之發展注入活力。二個星期後，胡錦濤在北京會見到訪的國民黨榮譽主席連戰時，進一步提出「建立互信、擱置爭議、求同存異、共創雙贏」等十六字箴言，作為兩岸共同努力開創和平發展新局的目標。比較「蕭胡會」、「連胡會」上雙方的發言內容，可以發現在「擱置爭議」、「追求雙贏」、「共創雙贏」等方面已有相當的共識；「直航」、「開放中國大陸觀光客入台灣」、「恢復兩岸協商機制」、「促進兩岸經貿關係正常化」等議題，則都是雙方感到迫切要推動的工作。

馬總統在就職演說中勾勒出兩岸關係政策框架，就總體目標來看，主要在強調「維持現狀、謀求雙贏」，其中，「不統、不獨、不武」的「三不」表述，旨在重申維持兩岸和平、分治、交流現狀，最終是要謀求兩岸和平發展和繁榮，創造最大的共同利益。就策略面觀察，馬總統呼應蕭副總統在博鰲亞洲論壇中的十六字箴言，強調「兩岸走向雙贏的起點，是建構在『九二共識、一中各表』的基礎上」，他認為「台灣要安全、要繁榮才能夠向前發展」，因此，他強調優先處理兩岸經貿關係正常化問題，再討論「台灣國際空間」和「台海安全」等兩大政治議題。他「呼籲兩岸不論在台灣海峽或國際社會，都應該和解休兵，並在國際組織活動中相互協助，彼此尊重」，兩岸應

儘早「就台灣國際空間與兩岸和平協議進行協商」。[7]

　　馬總統推動兩岸關係的藍圖，強調優先處理兩岸經貿關係正常化問題，再討論「台灣國際空間」和「台海安全」等政治議題。客觀而言，兩岸經貿關係正常化所涉利益是共同的，雙方較容易達成共識，但台灣國際空間及台海安全等政治性問題較為複雜，需要花更多的時間協商處理。「先經濟後政治」的互動策略，是希望經由兩岸經貿關係正常化過程累積互信基礎，創造更有利的協商氛圍。

　　兩岸經貿關係正常化措施在馬、蕭政府正式上任後已陸續推出（表5-4）。首先，2008年6月中旬，中斷十多年的海基、海協兩會制度化協商機制重新啟動，並在北京完成兩項協議之簽署工作，其涉及的兩岸周末包機直航及中國大陸觀光客入台等兩項協議也都在次月4日付諸執行。2008年11月，海基、海協第二次協商（在台北舉行）簽署了四項協議，包含：(一)空運協議（主要為客運包機常態化安排，也就是開放平日包機；空中航路規劃，也就是航路截彎取直；貨運包機等）；(二)海運協議；(三)食品安全協議；(四)郵政協議。2009年4月，海基、海協第三次協商在南京舉行，會議簽署了三項協議及達成一項共識，包含共同打擊犯罪和司法互助協議、空運補充協議(即包機定期化，也就是固定航班之安排；航班數量增加，由原本每周108班擴增為每周270班)；金融合作協議(包含銀行、證券期貨、保險等金融業的架構性合作協議)。另外一項共識是指，針對陸資來台議題交換意見後發表的共同聲明，沒有簽協議。

7　　參閱中華民國總統府機要室，〈中華民國第12任總統馬英九先生就職演說內容全文〉，《中華民國總統府網站》，2008年5月20日。（http://www.president.gov.tw/php-bin/prez/showspeak.php4?_section=12&_recNo=3）

表5-4　海基、海協兩會制度化協商主要成果（2008年～）

時間	簽署協議主題
2008年6月11～14日， 第一次協商（北京）	1.海峽兩岸包機會談記要（即周末包機） 2.海峽兩岸關於大陸居民赴台灣旅遊協議
2008年11月3～7日， 第二次協商（台北）	1.海峽兩岸空運協議 2.海峽兩岸海運協議 3.海峽兩岸郵政協議 4.海峽兩岸食品安全協議
2009年4月25～29日， 第三次協商（南京）	1.海峽兩岸空運補充協議 2.海峽兩岸金融合作協議 3.海峽兩岸共同打擊犯罪及司法互助協議 4.發表「陸資赴台投資」共同聲明

資料來源：陸委會網站

　　除了前述三次正式協商簽署九項協議和一項共同聲明外，馬、蕭政府的兩岸政策還陸續提出了多項具體的鬆綁措施（表5-5），例如，自2008年6月30日起，開放台灣地區辦理人民幣兌換業務，台灣民眾可以向已經核准的金融機構，進行2萬元人民幣以內的人民幣買賣。在經貿領域方面，還包括放寬兩岸證券投資、放寬大陸投資金額上限及審查便捷化、鬆綁海外企業入台上市、適度開放陸資投資國內股市、開放大陸合格境內機構投資人（QDⅡ）入台投資證券期貨市場；在交通運輸領域方面，主要有擴大放寬「小三通」、「小三通正常化」；文教類方面，主要包括恢復新華社及人民日報入台駐點採訪、開放大陸五家地方媒體入台駐點、陸生入台研修期限由4個月延長為1年、放寬大學赴大陸及金馬地區辦理推廣教育等。其他的鬆綁措施還包括：放寬縣（市）長赴大陸地區交流、大陸專業人士入台便捷化、核准香港貿發局入台設立台灣分公司、通過兩岸條例修正保障大陸配偶在台權益等。

表5-5 近一年來政府大陸政策重要措施

類別	政策措施之內容	簽署／開始實施時間
經貿類	1.開放台灣地區辦理人民幣兌換業務	97.6.30
	2.放寬兩岸證券投資	
	(1)調整兩岸證券投資方案—短期計畫	97.6.26
	(2)重新檢討放寬基金投資涉陸股之海外投資比率	97.7.3
	3.放寬大陸投資金額上限及審查便捷化	97.8.1
	4.鬆綁海外企業來台上市、適度開放陸資投資國內股市	
	(1)鬆綁海外企業來台上市	97.7.31
	(2)開放大陸合格境內機構投資人（QD II）來台投資證券期貨市場	97.12.4
交通運輸類	1.擴大放寬「小三通」	97.6.13
	2.「小三通」正常化，包括實施澎湖「小三通」常態化等	97.9.30
文教類	1.恢復新華社及人民日報來台駐點採訪、開放大陸五家地方媒體來台駐點	97.6.30
	2.延長陸生來台研修期限為1年	97.10.24
	3.放寬大學赴大陸及金、馬地區辦理推廣教育	97.11.3
	4.同意大陸東南衛視及福建日報社二家地方媒體來台駐點採訪	97.11.13
其他	1.放寬（縣）市長赴大陸地區交流	97.7.3
	2.大陸專業人士來台便捷化	97.7.31
	3.核准香港貿發局來台設立台灣分公司	97.10.16
	4.通過兩岸條例修正，保障大陸配偶在台權益	98.6.9

資料來源：陸委會

　　馬、蕭政府的兩岸政策迥異於阿扁政府，選擇「要鬆綁、要開放」，其背後的邏輯，主要是因為過去實行管制政策所期待的效果並未落實，反而是付出昂貴的代價，有必要檢討改進。民進黨執政期

間，兩岸政治關係陷入低潮，政府的大陸經貿政策較為保守，主要是希望避免對大陸經濟依賴太高，喪失經濟自主性。然而，保守的兩岸政策實際上並沒有達成預期的目的。譬如，政府管制台商赴大陸投資，希望台商多多留在台灣投資，使台灣有更大的發展動力，壯大台灣經濟實力，然而，這些管制並沒有有效阻止台商赴大陸投資的行動。反而是兩岸政治對立升高，挫傷了台商及外商在台灣投資的意願，也讓中國大陸採取更激進的政策或手段對付台灣，讓台灣在國際空間處處碰壁，寸步難行。結果造成台灣經濟成長減緩、成長動能減弱。經建會公布的資料顯示，1993～1999年平均每年經濟成長率達6.3%，同一期間和東亞其他國家做比較，台灣僅次於新加坡，排名第二，表現不差；2001～2007年間平均每年經濟成長率跌落至3.8%，在東亞各國當中排名倒數第二，僅超過日本的1.6%。[8]

　　過去選擇的發展道路，走了那麼多年，走不出理想大道，確有必要重新檢討，以探尋走出較有益之路，這是兩岸政策鬆綁的主要論證基礎。另外，在全球化潮流下，我們也有必要重新理解中國大陸在國際分工中已佔有重要地位的現象。如果我們的兩岸政策選擇跟大陸劃清界線，只顧慮意識型態，則受傷的會是我們自己。也就是說，目前大陸在整個國際分工中已佔有重要地位，若我們刻意阻撓跟大陸經濟往來，就等於是自縛手腳，與國際分工體系隔離，自我排斥在外。因此，我們跟大陸的經濟聯繫，如果可以做得更多、更深入，就可以落實「深耕台灣、連結全球」的目標；同時也可以降低兩岸對立氛圍，累積互信，謀求區域和平發展。

　　區域和平對於台灣經營環境是很重要的決定因素，換句話說，兩岸關係的改善對於台灣經濟環境自由化、國際化非常重要。馬總統常常提到台灣的區位優勢，北邊是全球第二大經濟體的日本，太平洋那

8　參閱經建會出版之*Taiwan Statistical Data Book* 2008.

邊是全球第一大經濟體的美國，中國大陸在我們的西邊，是全球第三大經濟體，同時，東南亞的東協也是全球很重要的一個經濟體，台灣的地理位置在全球三大經濟體之間，這個區位優勢我們並沒有充分應用，十分可惜。新加坡總理李光耀先生曾公開提出：非常羨慕台灣有這麼好的地理位置。過去這麼多年來，我們並沒有好好應用這種區位的優勢，創造更大的經濟奇蹟，新加坡為我們覺得可惜。

長期以來，我們一直認為大陸是台灣發展上最大的威脅，事實上，大陸市場對我們而言，也是一個機會。過去把大陸視為威脅，兩岸關係選擇「保持距離」的政策。過去幾乎不思考，威脅之外也有機會，若能透過採取一些政策措施，讓這威脅降低，事實上背後所隱含的機會將更凸顯。我們所謂的威脅，基本上是從政治的觀點出發，政治這個議題如果能讓它更淡化，比如擱置爭議、減少政治衝突，當政治衝突或政治對立減少，互信的基礎就會慢慢地累積，很多的機會就出來了。威脅會減少，機會會變大，這也是兩岸政策為什麼要鬆綁的重要理由。馬政府兩岸政策的目標是和平與繁榮，強調「以台灣為主，對人民有利」的理念。在國際分工如此精細的環境中，我們應秉持開放的思維，審慎利用大陸的資源來壯大台灣的經濟實力。對台灣而言，最大的國家安全保障來自於經濟實力，發展經濟、拼經濟才是最重要的途徑。面對全球經濟區塊化潮流，進一步加強兩岸經濟合作，甚至協商簽署兩岸經濟合作協議，是促進台灣經濟穩定發展難以迴避的選擇。

參考文獻

中共中央台灣工作辦公室、國務院台灣事務辦公室（1998），《中國台灣問題》，北京：九州圖書出版社。

行政院大陸委員會編（1994），《台海兩岸關係說明書》，行政院大陸委員會印行。

李非（2000），《海峽兩岸經濟合作問題研究》，北京：九州出版社。

高長（2001），「入會後大陸投資政策之調整對台灣企業之影響及因應策略」，發表於「整合兩岸分工體系，再創科技產業新契機」研討會，中華經濟研究院主辦。

經濟部（1996），《兩岸經貿白皮書》，台北：經濟部。

傅豐誠（2001），「當前大陸經貿政策的共識與紛歧」，收錄於《兩岸經濟論壇報告（第三年）》，台北：中華經濟研究院。

行政院大陸委員會，「政府大陸政策重要措施」，http://www.mac.gov.tw//big5/impolicy/index.htm

兩岸雙邊貿易之發展

6

*海*峽兩岸長期以來一直處於政治對峙狀態，經貿往來幾乎完全中止。自1980年代初期起，一方面由於大陸實行「改革開放」政策，積極引進外資及拓展對外貿易，創造很多商機；另一方面也由於台灣經濟環境及國際政經形勢改變，使許多傳統的勞力密集加工型產業在台灣逐漸喪失競爭優勢，不得不到海外投資，尋找新的生產基地，開拓新市場，因此，兩岸之間的經貿交流逐漸發展，尤其自1980年代後期以來，發展速度更快。

第一節　整體發展趨勢

台灣與大陸之間的貿易，有直接貿易和間接貿易之分。「間接貿易」是指經過第三地區或國家的轉口貿易而言，作為兩岸的中介第三地區主要是指香港，尤其在早期。除了香港之外，還有經過日本的石垣島、新加坡、韓國的釜山、莫普以及關島等地的轉口。台灣與大陸地區的直接貿易，台灣政府的政策雖然迄未開放，但是大陸政府為了宣傳與凸顯海峽兩岸直接貿易與直接通航的現象，自1980年開始陸續開放了福建、浙江、江蘇和上海等四省一市的沿海地區口岸，積極鼓勵對台灣漁民和商人進行「小額貿易」。該類「小額貿易」在台灣的政策框架下，基本上是不合法的，因此，被台灣官方歸為海上走私行為。

由於台灣與大陸一直存在政治對立氛圍，雙邊經貿交流無法正常化，因此，儘管兩岸雙邊貿易活動自1980年代初開始逐漸發展，但是兩岸官方一直都未有完整的統計數據可供參考。一般分析研究兩岸雙邊貿易問題時，大都依據香港海關的轉口貿易統計。海峽兩岸經香港轉口的貿易發展趨勢，可由表6-1的資料得知梗概。

表6-1 兩岸經香港轉口雙邊貿易發展趨勢

	台灣輸往大陸		大陸輸往台灣		合計		輸出入貿易差額
	金額（百萬美元）	成長率（%）	金額（百萬美元）	成長率（%）	金額（百萬美元）	成長率（%）	金額（百萬美元）
1978	0.05	66.70	47	52.50	47	−52.50	−4
1980	235	949.40	76	35.40	311	300.20	159
1985	987	132.03	116	−9.30	1,103	99.30	871
1990	3,278	13.20	765	30.41	4,044	16.11	2,513
1995	9,883	16.00	1,574	21.80	11,457	16.80	8,309
2000	9,593	17.34	1,981	21.62	11,574	18.0	7,613
2005	17,056	15.53	2,635	6.02	19,690	14.16	14,421
2006	18,707	9.68	2,910	10.43	21,617	9.79	15,797
2007	21,207	13.36	2,921	0.38	24,128	11.62	18,286

資料來源：依據香港政府統計處資料整理而得。

　　首先，就台灣貨品經香港轉口輸往大陸的貿易來看，我們發現儘管早期台灣政府尚不允許一般台商從事兩岸之間的貿易活動，但台灣貨品經由香港轉出口往大陸的金額，已由1978年的5萬美元左右大幅增加至1980年的2.35億美元。嗣後，除個別年度外，台灣經香港轉出口至大陸的貿易額繼續保持成長，1990年間已增加至32.78億美元，2000年及2007年則進一步分別增加至95.93億和212.07億美元。平均而言，1980～1990年和1990～2007年，每年成長率分別為30.1%和12.1%。

　　其次，大陸貨品經香港轉口進入台灣地區之金額，相對而言較小，但成長趨勢卻較為穩定。表6-1資料顯示，1978年的貿易金額約有0.47億美元，至1990年時增加為7.65億美元。1985年7月間，台灣政府曾經宣布兩岸間轉口貿易三不原則，即「不與中共人員、機構接觸，不與中共直接通商，轉口貿易不予干預」，曾使台灣商人擔心與大陸

貿易會遭到取締而陷入觀望，導致當年度台灣自大陸經香港轉進口貨品值呈現9.3%的負成長。不過，台灣政府自1987年5月起，陸續宣布開放重要農工原料自大陸（經香港）進口，使得大陸貨經香港轉口輸入台灣的金額，在1987～1991年間呈現了較大幅度的成長，其趨勢甚至未受到大陸發生天安門事件的衝擊。在經過1992～1993年短暫的盤整後，自1994年開始，台灣自大陸（經香港）轉進口值恢復快速成長之勢，至2007年已增加至29.21億美元。平均而言，1978～1990年和1990～2007年，每年成長率分別為26.1%和8.6%。

　　歸納而言，自1978年以來，兩岸經香港轉口雙邊貿易之發展趨勢具有以下幾項特徵：

　　第一，兩岸的間接貿易，在過去二十多年以來，曾出現幾次大幅波動的現象，譬如圖6-1所示，1982～1983年、1985～1986年、1996～1999年等四個期間都曾出現負成長。造成波動的重要原因之一是大陸政府多變的經濟政策，包括總體經濟政策和對台經貿政策。例如，1982～1983年以及1986年間，台灣對大陸間接出口值兩度出現負成長，主要是由於當時大陸政府實行緊縮性經濟政策，對進口貿易加強控制的結果。1986年的成長率為負數，基本上也是受到大陸政府實行緊縮性經濟政策的影響。另一方面，大陸對台灣貨品的規定，是否為「國內產品」及能不能享受免關稅優惠待遇，也是造成1979～1983年間台灣對大陸間接出口成長呈現大幅波動的主要原因。1996～1999年間所出現的負成長，則與當時發生的亞洲金融危機有關。

　　第二，兩岸雙邊貿易成長，主要來自台灣對大陸間接出口，台灣自大陸間接輸入的成長速度相對較為緩慢，因此，過去二十多年來，除1979年外，台灣對大陸的雙邊貿易每年都享有順差，而且順差幅度不斷擴大。表6-1資料顯示，順差餘額由1980年的1.59億美元逐年增加至2007年時已達182.86億美元。

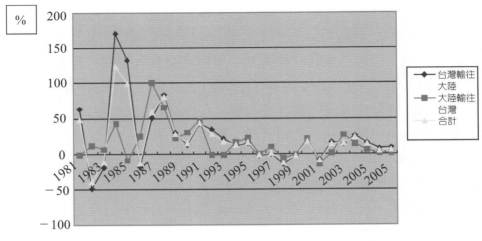

圖6-1 歷年兩岸經香港轉口雙邊貿易變動率趨勢線

第三，兩岸雙邊貿易的相互依存度呈現不對稱變化。台灣對大陸間接出口（或進口）值佔台灣對全世界總出口（或進口）值的比重，表示台灣貨品外銷（或進口）對大陸市場的依賴。圖6-2資料顯示，1979年間，台灣貨品出口對大陸市場之依賴程度僅0.13%，至1990年時已提高為4.9%，2005年更突破至8.6%；台灣進口依賴大陸供應之程度，1979～1990年間亦由0.38%增加至1.4%，2007年間進一步增加至1.7%，不過，2005年間下降至1.4%；就雙邊貿易合計來看，台灣對大陸之貿易依賴度，由1979年的0.25%，在1990年間突破3%，到2007年時進一步增加至5.2%（見表6-2）。

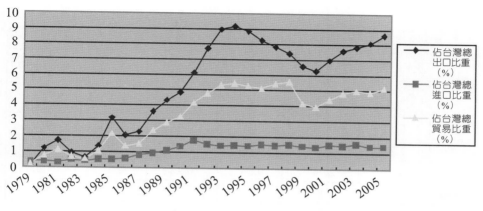

圖6-2 台灣對大陸進出口貿易依賴度變動趨勢

　　台灣對大陸之貿易依賴，無論進口或出口貿易，根據香港海關轉口貿易統計資料計算結果均顯示，1979～2007年呈現逐年增加之趨勢。不過，就大陸對台灣之貿易依賴變動趨勢觀察，同期間卻呈現先升後降的現象（如圖6-3）。譬如，大陸對台灣進口貿易依賴程度由1979年的0.14%逐年增加至1995年的8.06%，達到最高峰，嗣後則逆向呈現逐年遞減的趨勢，到2007年時已降至2.22%；同樣的，大陸對台灣出口貿易依賴度也是由1979年的0.4%，逐年增加至1995年的2.2%，嗣後呈現逐年遞減趨勢，到2007年時已降至0.24%（見表6-2）。比較而言，兩岸雙邊貿易相互依賴呈現不對稱變化關係，就目前情勢觀察，台灣對大陸貿易依賴程度遠大於大陸對台灣貿易依賴。

表6-2　兩岸轉口貿易相互依存度之變化

	台灣輸往大陸		大陸輸往台灣		合計	
	佔台灣總出口比重（％）	佔大陸總進口比重（％）	佔台灣總進口比重（％）	佔大陸總出口比重（％）	佔台灣總貿易比重（％）	佔大陸總貿易比重（％）
1979	0.13	0.14	0.38	0.41	0.25	0.27
1980	1.22	1.24	0.40	0.43	0.81	0.85
1985	3.21	2.34	0.58	0.42	2.17	1.58
1990	4.88	6.14	1.40	1.23	3.32	3.50
1995	8.85	8.06	1.48	2.20	5.28	4.08
2000	6.31	4.26	1.41	0.79	3.95	2.44
2005	8.60	2.58	1.44	0.35	5.17	1.38
2006	8.35	2.36	1.44	0.30	5.07	1.23
2007	8.60	2.22	1.33	0.24	5.18	1.11

資料來源：根據香港海關統計，《中華民國進出口統計月報》、《中國統計年鑑》等資料計算而得。

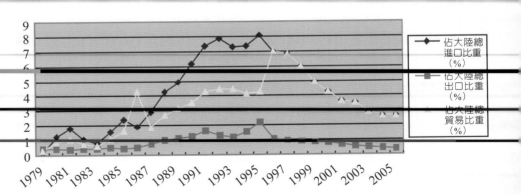

圖6-3　大陸對台灣進出口貿易依賴度變動趨勢

第二節　兩岸雙邊貿易統計平議

前一節的分析係依據香港海關的轉口貿易統計數據。必須指出的是，該套數據並不能完全反映兩岸貿易之發展實況，存在低估的現象。究其原因，首先，兩岸雙邊貿易絕大多數都是透過第三地進行，作為中介的第三地區主要是指香港，唯除了香港之外，還有經過日本的石垣島、新加坡、韓國的釜山、群山、莫普，以及關島等地，其中，尤以石垣島的中介地位已愈來愈重要。

其次，台海兩岸的貿易渠道，除了轉口方式之外，尚有轉運（trans-shipment）、過境貨物（transit-shipment）和直接航運（即直接進行交易，主要是指大陸當局鼓吹的「小額貿易」而言）等方式，而轉口以外的這些貿易渠道進入1990年代以後，重要性有逐漸提高的趨勢。這種現象與香港特有的海關統計制度有關。

按香港海關統計實務，經香港的貨物有清關與不清關之分，前者是指貨物的買家在香港，該貨主在提貨時應辦理清關手續，此類交易係屬香港貿易統計的一部分。如果貨物的買家不在香港本地，係採用聯運提單（through bill）方式，貨物的運輸雖途經香港，但不需要在香港清關，基本上，香港海關的貿易統計即無記錄。

經過香港但不清關的貨物有兩類，一類是轉運，另一類是過境貨物。「轉運」是指貨物運經香港時會轉換運輸工具，例如，貨櫃輪把貨物運往香港後，轉換以火車、卡車或內河航運運往第三地。對於轉運貨物，香港政府採用抽樣調查方式統計海運（指遠洋輪運載的貨物，不包括空運、內河航運或陸上運輸）的重量及體積，但沒有記錄其價值。而「過境貨物」則純粹是過境性質，貨物運往香港時並未轉換運輸工具，因此，香港海關沒有任何的紀錄。

海峽兩岸透過香港的貿易，採轉口貿易方式的貨品在香港經過清

關，香港海關有精確的統計；而採取轉運與過境貨物的貿易方式，貨品經香港時不需要清關，香港海關沒有完整的紀錄可供參考，因而造成香港海關的轉口貿易統計無法反映兩岸雙邊貿易發展的真實情況。高長、宋恩榮（1998）的研究指出，以出口為例，1991年間台灣經香港輸往大陸，透過轉口以外方式貿易的金額約佔轉口貿易金額的三分之一左右，換句話說，以香港海關轉口貿易統計觀察台灣對大陸出口貿易，大約只能掌握真實情況的三分之二。值得一提的是，由於轉運方式的運輸和相關的操作成本較轉口方式低，自1990年代中期開始愈來愈受到業者的歡迎，因此，香港海關轉口貿易統計偏離真實情況的落差逐漸擴大。據前引高長、宋恩榮的研究估計，以1997年資料來看，香港海關公布的台灣貨品轉出口至大陸金額扣除差價後為90億美元，而經香港採用轉口以外方式出口大陸的台灣貨品估計約129億美元，顯示香港海關轉出口貿易統計，只能反映台灣對大陸出口真實狀況為四成左右。

台灣海關統計

進入1990年代，台灣海關與大陸海關相繼將兩岸雙邊貿易納入統計，並正式公開發表。自1991年7月1日開始，台灣海關接受「轉換提單」為合法的對大陸貿易方式，同時正式將對大陸貿易的量與值納入統計。依規定，台灣廠商與大陸進行貿易時必須透過第三地採間接方式，在出口報關的文件上，應打印運往「中國大陸產製」字樣。不過，在實務上，台灣廠商出口報關時，未必完全遵照辦理，往往不據實填報最終目的地（大陸），而只填報香港為目的地。就進口來看，由於台灣政府對於大陸物品之進口是採有限度開放方式，許多尚未在開放名單中的貨品常利用偽造的產地證明矇混進口，這些現象造成了台灣海關統計也低估了台灣與大陸雙邊貿易的規模。近年來，台灣政

府不斷放寬大陸製品進口，能合法進口的產品項目大幅增加，這對於統計誤差的改善應有正面的作用。

二、大陸海關統計

　　大陸海關的貿易統計，在名義上，進口是按貨品原產國，即按來自哪一個國家或地區製造的產品，出口是按產品最終消費國或地區來統計的，但在實務上，尤其在1993年以前，大陸海關並未嚴格執行按原產國及最終消費國家加以統計，而多以運自國及運往國作為統計標準。由於大陸對外貿易有相當部分是經香港轉口的，因而大陸海關統計往往是高估了對香港貿易的金額，而低估了對第三國貿易的金額，尤其大陸貨品出口香港後，香港再把這些大陸貨品轉出口到第三國，大陸海關不會也不可能查證清楚的。

三、國際貿易局之推估

　　由於台灣、大陸與香港等三地的海關統計，都無法精確掌握兩岸雙邊貿易規模，經濟部國際貿易局曾採用特定的方法進行推估。就台灣自大陸進口而言，在1992年以前係採用香港海關轉口統計，自1993年起改採台灣海關統計資料。就台灣對大陸出口而言，國際貿易局將香港海關轉口統計視為「間接出口」，利用「貿易伙伴法」，以台灣對香港出口「失蹤」的部分（即台灣對香港出口值與香港海關統計自台灣進口值的差額），來估計台灣對大陸「直接出口」金額，最後將「間接出口」與「直接出口」併計，即構成推估的台灣對大陸出口總額。

　　貿易局推估台灣對大陸「直接出口」之數據，在2001年以前，是以台灣海關統計對香港出口值（B_1）與香港海關統計自台灣進口值

（B₂）差額之八成，加上台灣海關統計之台灣對大陸出口值（A）和香港海關統計之台灣經香港轉出口大陸金額（C），三項合計表示計算公式如下：

$$台灣對大陸出口值 = A + (B_1 - B_2) \cdot 80\% + C$$

嗣經考量2002年2月13日台灣政府開放兩岸貿易商直接交易後，A項部分呈大幅變化，同時由於大陸廣東沿海各港埠自台灣進口之貨物，多係經由香港上岸通關後再以陸運方式運達，香港海關將之列入轉口統計，結果可能造成上列估計式中A項與C項重複計算。因此，上列推估公式修正為：

$$台灣對大陸出口值 = A + (B_1 - B_2) \cdot 80\% + (C - r \cdot A)$$

其中，r係代表A項和C項重複計算的部分，指已列計於A項，但實際係經香港轉出口大陸而重複列計於C項之比例。r值是根據大陸海關統計之廣東省沿海港埠自台灣進口值佔大陸自台灣進口總值比例之四年平均值（統計當年之前四年）推算之（2001～2004年平均值為33%）。

貿易局的這套估計方法仍有值得商榷之處。首先，香港海關統計是以港元計價的，換算成美金時貿易局採用官方匯率，嚴格而言不如採用市場匯率適宜。

其次，台灣海關出口統計採離岸價格（F.O.B）計算，香港海關採用到岸價格（C.I.F）統計，貿易局的推估是否曾加以適當處理，並未明確交待。

第三，台灣海關統計對香港出口與香港海關統計自台灣進口之差額，儘管不一定都是輸往大陸，但貿易局假設其中輸往大陸以外的其

他地區佔二成，有可能偏高，因為台灣經香港轉運輸出的貨品中，資料顯示自1995年以來，轉運大陸以外其他地區的數量均未超過一成（高長、宋恩榮，1998）。在1999年台灣產品經香港轉運的數量，96%是到大陸，只有4%是到其他地區（宋恩榮，2007）。事實上，台灣經香港轉運到大陸以外地區之產品，未必包括在台港統計差異（以下簡稱「失蹤出口」）之內，這是因為台灣商人經香港轉運到其他地區，如東協國家，可以使用聯運提單，出口時即對台灣的海關申報最終目的地，無須以轉換提單隱瞞最終目的地。因此，可以推論台灣經香港轉運的產品，到大陸的部分佔絕大多數。當然，轉運的重量比例不太可能與價值比例相等，不過，該項重量比例所提供的訊息亦可間接證明貿易局的推估存在高度誤差。

四、宋恩榮（2007）的推估

　　鑑於國際貿易局的推估方法不盡完善，高長、宋恩榮（1998）、宋恩榮（2007）等採用不同的方法另行推估兩岸雙邊貿易金額。針對台灣對大陸出口之估計方法如下：

台灣對大陸出口＝直接出口＋間接出口
　　　　　　　＝（報關出口＋未報關出口）＋間接出口
　　報關出口＝台灣海關統計台灣對大陸出口
　　未報關出口＝台灣對香港出口「失蹤金額」
　　　　　　　＝台灣對香港出口（台灣離岸價）－香港進口台灣產品（香港到岸價）÷1.0163
　　間接出口＝香港轉口台灣貨物至大陸（香港離岸價）÷1.077

　　「未報關出口」主要是指轉運和過境貨物，約相當於台灣對香港出口的「失蹤金額」，也就是台灣海關統計對香港出口值（離岸價）減去香港海關統計自台灣進口值（到岸價）。依香港統計處的調查資料顯示，香港進口台灣產品，香港到岸價比台灣離岸價高1.63%，主要是因保險和運輸成本。台灣經香港對大陸的間接出口主要指經香港轉口輸出大陸的貨品，將香港到岸價與台灣離岸價之差（1.63%）和香港的轉口差距（香港統計處調查得知為6%）去除後，即可估得以台灣離岸價表示的對大陸出口值。

　　至於台灣自大陸進口之估計，宋恩榮（2007）是利用大陸對台灣之出口及香港轉口到台灣的大陸貨兩種數據加以推估。1993年以前，中國海關分地區的出口係按運往地（而非最終目的地）分類，估計方法如下：

台灣自大陸進口＝直接進口＋間接進口

直接進口＝大陸海關對台灣的出口統計 × 1.01（香港到岸價）

× 1.0163（台灣到岸價）

間接進口＝經香港轉口到台灣的大陸產品 × 1.01（香港到岸價）

　　從1993年起，大陸海關改按最終目的地統計其分地區的出口。不過，受到資料的限制，未能貫徹此原則（譬如香港中介商大可自由出售購自大陸的產品，毋須向大陸申報），結果在新的海關統計制度下，大陸海關只是把部分（海關知道的最終目的地部分）經香港之轉口歸類為對台灣的出口，另有部分（海關不知道的最終目的地部分）經香港轉口之大陸產品，則繼續被視為對香港的出口。因此，前述的估計方法不能採用。

　　宋恩榮（2007）試圖從轉運的重量來估計。由於轉運佔「直接」

貿易的大部分，因此，只要能大概估計轉運貨品一噸重量的平均價值，則可以估計總轉運量之價值，從而推估「直接」貿易之金額。根據1992年的數據，轉運貨物的每噸價值為3,392美元，自此以後，每噸價值按通脹指數（香港進口大陸產品的單位價值指數）加以調整。

● 五、台灣對大陸的雙邊貿易

　　將前述四種統計資料並列，我們發現（表6-3）台灣海關統計數據一直都是最低的，大陸海關統計數據在2000年以前偏低，嗣後則竄起居各項統計之首。進一步之比較發現，與宋恩榮（2007）的推估結果比較，國際貿易局估計台灣對大陸出口值，在1991～1994年間偏高，其後則顯示偏低。究其原因，主要是貿易局把未報關直接出口佔「失蹤出口」的份額固定為八成，忽略了此份額在早年遠低於八成，而在1990年代中期之後卻高於八成。

　　宋恩榮（2007）的推估結果應較接近事實，不過，必須指出的是，他只根據香港海關統計數據進行推估，忽略了台灣經其他地區對大陸之出口，因此，仍然低估了台灣對大陸的出口。自2001年起，大陸海關統計中來自台灣之進口（轉成台灣離岸價）高於宋恩榮（2007）推估值的差距不斷擴大，顯示宋的估計值偏低之現象，因此，宋恩榮修正2001年後台灣對大陸出口數值，以大陸海關統計自台灣進口值，經調整為台灣離岸價後的數據表示。換言之，依宋的觀點，自2001年以後，大陸海關統計局自台灣進口值已相當準確。

　　至於台灣自大陸之進口，表6-4資料顯示，直到1995年，台灣海關統計從大陸之進口，比大陸海關統計對台灣的出口還少，該兩項統計無疑都嚴重偏低（原因已如前述）。隨著台灣放寬自大陸之進口，貿易商利用假產地證明進口大陸產品的情形愈來愈少，台灣海關統計自大陸進口值已日趨接近事實。自2000年起，宋的研究直接以台灣海關統計數值來表示台灣自大陸進口值。

表6-3 台灣對大陸出口值各項數據比較

單位：百萬美元；%

年度	貿易局估算	大陸海關統計	台灣海關統計	宋恩榮估計
1989	–	1,856	–	2,807
1990	–	2,255	–	3,371
1991	6,928	3,639	0.1	5,885
1992	9,697	5,881	1	9,370
1993	12,728	12,933	16	12,368
1994	14,653	14,085	132	14,469
1995	17,898	14,784	377	18,379
1996	19,148	16,182	623	19,900
1997	20,518	16,442	627	21,667
1998	18,380	16,630	915	19,605
1999	21,221	19,538	2,602	23,044
2000	26,144	25,497	4,312	28,286
2001	25,607	27,339	4,895	26,143
2002	31,529	38,063	10,527	36,300
2003	38,293	49,362	22,891	47,432
2004	48,930	64,779	36,349	62,284
2005	56,272	74,684	43,644	71,804
2006	63,333	87,109	51,809	83,815
2007	74,279	101,022	62,466	–

資料來源：根據陸委會《兩岸經濟統計月報》及貿易局相關資料整理；宋恩榮（2007），表五。

表6-4　台灣自大陸進口值各項數據比較

單位：百萬美元；%

年度	貿易局估算	大陸海關統計	台灣海關統計	宋恩榮的估計
1989	－	94	－	692
1990	－	320	－	1,106
1991	598	595	598	1,760
1992	747	698	747	1,862
1993	1,016	1,462	1,016	2,212
1994	1,859	2,242	1,859	2,823
1995	3,091	3,098	3,091	3,590
1996	3,060	2,803	3,060	3,904
1997	3,915	3,397	3,915	4,563
1998	4,114	3,870	4,114	4,810
1999	4,529	3,952	4,529	4,997
2000	6,229	4,995	6,229	6,229
2001	5,903	5,002	5,903	5,903
2002	7,969	6,586	7,969	7,969
2003	11,018	9,005	11,018	11,018
2004	16,792	13,545	16,792	16,792
2005	20,094	16,550	20,094	20,094
2006	24,785	20,735	24,785	24,785
2007	28,019	23,458	28,019	－

註：貿易局的數據直接採用台灣海關統計。

資料來源：同表6-3。

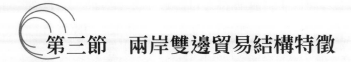

第三節　兩岸雙邊貿易結構特徵

依據經濟部國貿局推估的數據顯示（表6-5），1991～2007間，兩岸雙邊貿易總額由75.3億美元增加至1023億美元，平均每年約成長18%。其中，台灣對大陸出口值由69.3億美元增加至742.8億美元，台灣自大陸進口值由6億美元增加至280.2億美元，每年平均成長率約分別為16%和28.4%。

台灣與大陸的雙邊貿易高速成長，與大陸經濟崛起密切相關。大陸積極吸引外商直接投資、參與國際分工，憑藉著充沛的要素資源和廣大的市場腹地等經濟優勢，在過去二十多年來全球產業結構調整中，已成為跨國企業最為依賴的生產基地。跨國企業到大陸投資，促進大陸對外貿易擴張，提供了台灣等東亞國家對大陸出口的機會，從而也導致國際分工格局發生了重大變化。大陸經濟崛起不只發揮了區域內貿易引擎的角色，事實上已逐漸奠定了「世界工廠」的地位。

兩岸雙邊貿易快速發展的結果，已造成貿易相互依賴程度加深。以貿易總額計算，台灣對大陸貿易依賴程度自1991年的5.4%，逐年增加至2007年的22.0%，而大陸對台灣的貿易依賴度在1991～2001年間大致維持在6.3%～6.5%之間，2002年間驟提高至7.2%，嗣後呈現逐年遞減趨勢，至2007年已降至5.7%。兩岸雙邊貿易相互依賴程度歷年來的變化，顯示大陸作為台灣的貿易伙伴地位愈來愈重要，而台灣作為大陸的貿易伙伴地位則反之。

進一步針對出口和進口貿易分別觀察，台灣對大陸之出口貿易依賴度已由1991年的9.1%逐年增加為2007年的30.1%（表6-5），台灣對大陸進口貿易依賴度，同期間則由1.0%逐年增加至12.8%。反觀大陸對

1　有關大陸經濟崛起議題的討論，請參閱高長、吳瑟致（2004）。

表6-5　台灣與大陸雙邊貿易發展趨勢

年別	貿易總類			台灣對大陸出口			台灣自大陸進口			貿易差額	
	億美元	比重A	比重B	億美元	比重A	比重B	億美元	比重A	比重B	億美元	比率
1991	75.3	5.4	5.5	69.3	9.1	10.9	6.0	1.0	0.8	63.3	0.5
1995	209.9	9.8	6.4	179.0	16.0	11.2	30.9	3.0	2.1	148.1	1.8
2000	323.7	11.2	6.4	261.4	17.6	11.3	62.2	4.4	2.0	199.2	2.4
2001	315.1	13.4	6.3	256.7	20.3	11.2	59.0	5.5	1.9	197.0	1.1
2002	394.9	15.9	7.2	315.3	23.3	12.9	79.7	7.0	2.0	235.6	1.1
2003	493.1	17.7	6.9	382.9	25.4	12.0	110.2	8.6	2.1	272.7	1.2
2004	657.2	18.7	6.8	489.3	26.8	11.5	167.9	10.0	2.3	321.4	2.4
2005	763.7	20.0	6.4	562.7	28.4	11.3	200.9	11.0	2.2	361.8	2.3
2006	881.2	20.7	6.1	633.3	28.3	11.0	247.9	12.2	2.1	385.5	1.8
2007	1023.0	22.0	5.7	742.8	30.1	10.6	280.2	12.8	1.9	462.6	1.7

資料來源：依經濟部國貿局資料計算而得；比重B的數據是依大陸商務部官方統計估計的。1981、1985、1990三年的

　　　　　資料引自香港海關轉口貿易統計。

說明：1.比重A係指台灣對大陸貿易額佔台灣同期對全球貿易總額之百分比，其餘類推。

　　　2.比重B係指大陸對台灣貿易額佔大陸同期對全球貿易總額之百分比，其餘類推。

　　　3.貿易差額係指台灣對大陸出口減去自大陸進口之差額；比率係指該差額佔台灣同期對外貿易差額總數的比

　　　　率。

台灣出口之依賴，1990年代初約在1%左右，自1995年以來則似乎沒有太大變化，大致保持在1.9%～2.3%之間，而同期間大陸對台灣之進口依賴程度略有起伏，先由1991年的10.9%逐年上升為1998年的11.9%，再逐年降為2001年的11.2%，2002年間，大陸對台灣進口依賴曾一度攀升至12.9%，不過嗣後各年再度呈現逐年遞減的趨勢，2007年的資料顯示已降至10.6%。大陸對台灣的進口依賴也表示台灣貨品在大陸的市場佔有率，目前，該比率已較競爭對手韓國低。

台灣與大陸的雙邊貿易，台灣一直享有出超，且出超的金額不斷增加，表6-5的資料顯示，台灣對大陸貿易出超在1991年間為63.3億美元，2007年時已增加至462.6億美元。台灣對大陸貿易出超佔同年度台灣對外貿易出超總額的比重，歷年來均超過一倍，最近兩年甚至超過二位，顯示，大陸市場是台灣創造對外貿易出超最主要的貢獻來源，不考慮大陸市場，台灣的對外貿易即將陷於入超。

兩岸雙邊貿易不只是規模成長快速，其貿易商品結構亦呈現顯著變化。表6-6資料顯示，以2006年HS二位碼資料為例，台灣對大陸出口貨品主要為電機設備及其零件（HS85）、光學照相等儀器及其零附件（HS90）、機械用具及其零件（HS84）、塑膠及其製品（HS39）等，不過，其中HS90、有機化學產品（HS29）、銅及其製品（HS74）、雜項化學產品（HS38）等四大類貨品，並非是1995年台灣對大陸出口主要貨品；另一方面，根據國際貿易局的統計，1995年台灣對大陸出口主要貨品中，人造纖維棉（HS55）、其他車輛及其零附件（HS87）、針織品（HS60）、生皮革（HS41）等四大類貨品到2005年時已被擠出「主要」的榜單之外。

台灣對大陸出口貨品主要為工業原材料、半成品和機器設備及其零配件等，貨品結構特徵與台商在大陸投資息息相關。具體而言，台商赴大陸投資初期一般曾繼續利用既有的產業網路，自台灣採購原材料、半成品和零組件，因而投資活動促進了台灣相關產品對大陸的

表6-6　台灣對大陸出口主要貨品（HS二位碼）

貨品名稱	HS	2006			2005			2000			1995		
		億美元	比重A	比重B	億美元	比重A	比重B	億美元	比重A	比重B	億美元	比重A	比重B
電機設備及其零件	85	242.5	29.4	38.3	201.1	29.2	35.7	64.1	14.9	24.5	24.4	–	13.6
光學照相等儀器及其零附件	90	93.0	51.6	14.7	73.1	52.3	13.0	7.2	19.8	2.8	–	–	–
機械用具及其零件	84	62.9	21.6	9.9	64.4	21.9	11.4	40.8	10.3	15.6	25.3	–	14.2
塑膠及其製品	39	55.8	40.1	8.8	52.3	40.6	9.3	33.5	42.1	12.8	21.4	–	11.9
鋼鐵	72	25.1	44.1	4.0	31.5	38.8	5.6	15.7	37.0	6.0	5.3	–	3.0
有機化學產品	29	26.1	27.3	4.1	24.8	44.1	4.4	5.2	43.8	2.0	–	–	–
銅及其製品	74	22.0	54.6	3.5	13.7	54.1	2.4	6.1	41.8	2.3	–	–	–
人造纖維絲	54	12.8	35.8	2.0	12.5	35.9	2.2	13.2	34.6	5.0	15.4	–	8.6
工業用紡織物	59	–	–	–	6.6	83.7	1.3	9.9	51.2	3.8	12.7	–	7.1
雜項化學產品	38	5.9	28.6	0.9	5.4	34.4	1.0	–	–	–	–	–	–
小計		546.0	–	86.2	485.4	–	86.3	195.6	–	74.8	104.5	–	58.4

說明：1. 比重A係指台灣對大陸出口該項產品金額佔對全球出口該項產品金額之百分比。

　　　2. 比重B係指台灣對大陸出口該項產品金額佔台灣對大陸出口總額之百分比。

　　　3. 以2005年貿易金額最大的前十類產品排序。

資料來源：經濟部國際貿易局，「兩岸經貿情勢分析」，各年。

出口擴張，例如 HS85、HS90、HS84、HS39、HS72等。不過，隨著

HS60、HS41、HS59等貨品，近年來對大陸出口比重逐年減少的現

金額不大，並非是當年的主要進口貨品

當年的主要進口貨品。值得一提的是，台灣自大陸進口貨品，製造業
半成品所佔比重逐漸增加，這種現象顯然與台灣逐漸開放大陸製造的
半成品進口限制有關。

綜觀兩岸雙向貿易的貨品結構變化，可以發現大致上並不違背
一方面反映兩岸資源稟賦的差異，另一方面也
反映兩岸經濟發展階段之不同。值得注意的是，以2006年資料為例[2]，
HS85、HS84、HS39等六貨品就是台灣自大
陸進口主要貨品，也是台灣對大陸出口的主要貨品，甚至HS四位碼貨
品如積體電路及微組件（HS8542）、二極體、電晶體及類似半導體
裝置等（HS8541）、電音響或視覺信號器具（HS8531）、印刷電路
（HS8534）、自動資料處理機及其附屬單元之零附件（HS8473）、
液晶裝置（HS9013）等，都在台灣自大陸進口和台灣對大陸出口的主
要貨品清單上。根據國際貿易理論，國際貿易之進行係基於比較利益
原則，受到資源稟賦與技術發展條件的限制，各國通常無法同時在有

2　參閱經濟部國際貿易局每各月發佈的「兩岸經貿情勢分析」資料。

表6-7　台灣自大陸進口主要貨品（HS二位碼）

貨品名稱	HS	2006			2005			2000			1995		
		億美元	比重A	比重B	億美元	比重A	比重B	億美元	比重A	比重B	億美元	比重A	比重B
電機設備及其零件	85	86.2	17.6	34.8	65.7	14.5	32.7	20.0	5.2	32.1	4.7	2.1	15.2
機械用具及其零件	84	36.0	15.3	14.5	34.7	14.8	17.3	7.3	2.6	11.7	1.1	0.8	3.6
鋼鐵	72	19.5	21.4	7.9	15.9	17.2	7.9	6.1	12.6	9.9	7.4	11.5	24.0
礦物燃料、礦油及其蒸餾產品	27	12.1	3.3	4.9	12.1	4.3	6.0	3.1	2.3	4.9	1.9	2.6	6.1
光學照相等儀器及其零附件	90	14.2	11.9	5.7	11.1	10.1	5.5	0.8	0.9	1.3	–	–	–
有機化學品	29	6.1	6.3	2.5	4.7	5.4	2.3	1.3	2.4	2.2	1.1	1.7	3.6
塑膠及其製品	39	5.3	9.5	2.2	4.4	8.5	2.2	0.9	2.6	1.5	0.2	0.8	0.7
石料石灰及水泥	25	4.6	50.9	1.9	3.6	47.6	1.8	1.3	22.5	2.0	1.6	19.8	5.1
車輛及其零件與附件	87	–	–	–	3.2	8.2	1.6	1.3	4.5	2.1	0.2	0.4	0.6
鋁及其製品	76	3.7	14.8	1.5	3.2	16.3	1.6	0.4	2.4	0.6	0.4	2.2	1.3
小計		188.0	–	75.8	157.2	–	78.3	42.5	–	68.3	18.6	–	60.2

說明：1.比重A係指台灣自大陸進口該項產品金額佔自全球進口總額之百分比。

　　　2.比重B係指台灣自大陸進口該項產品金額佔台灣自大陸進口總額之百分比。

　　　3.以2005年貿易金額最大的前十類產品排序。

資料來源：經濟部國際貿易局，「兩岸經貿情勢分析」，各年。

效率的情況下，意所在之間整每系所得的......

當會發生在同一產業上同時存在地......等......

在緊密的產業內貿易角色。

......值增長......的方式深案，鄭新到東名......加，台灣對

大陸的貿易依賴度隨比升......年等......，截至2005年，......

HS39、HS74、HS90等貨品，台灣到大陸出口的貿易依賴程度已突破

50%以上；HS29、HS38、HS39等貨品，台灣到大陸出口依賴度也超過

第四節　兩岸貿易關係新形勢

2008年，國民黨再度執政後，兩岸政策大幅鬆綁，兩岸政治對立
關係逐漸和緩，各界對於兩岸經貿交流之正常發展寄予高度期待。然
而，從美國國內引爆的次貸風暴卻持續蔓延，演變成為全球金融海
嘯，對世界各國經濟造成衝擊。自2008年第三季開始逐漸擴大，特
別是以美國為主要外銷市場的外向型經濟體，如中國大陸、台灣、韓
國、日本等對外貿易受到的打擊最為明顯，兩岸雙邊貿易受到波及，
也呈現衰退的趨勢。

一、兩岸雙邊貿易發展新趨勢

自2002年以來，兩岸雙邊貿易一直維持兩位數成長，特別是在
2002～2004年間，漲幅更大。進入2008年以來，兩岸雙邊貿易仍然保
持成長的趨勢。依經濟部國際貿易局公布的資料顯示，全年兩岸進出
口貿易合計達1,054億美元，平均成長3.1%，漲幅與上年同期比較，減

少13個百分點。

　　若將出口與進口貿易分別觀察，2008年全年，台灣對大陸出口額為739.8億美元，台灣自大陸進口額為314.2億美元，分別較上年同期衰退0.4%和成長12.1%，變動幅度與上年同期比較，出口減少近17.6個百分點，進口增加了0.2個百分點。進口與出口相抵，台灣享有貿易出超，2008年1～12月累計出超金額達425.7億美元，較上年同期衰退7.9%。

　　值得注意的是，受到國際大環境的影響，兩岸雙邊貿易自2008年6、7月間發生逆轉現象（表6-8）。以台灣對大陸出口為例，6月間還維持23.4%的成長率，7月間的成長率大幅萎縮至4.4%，自9月份開始，甚至呈現兩位數的負成長。另外，台灣自大陸進口在2008年上半年的表現，在兩岸產業分工所衍生的需求，以及國際原物料價格持續高漲，礦物燃料、化學產品及鋼鐵等自大陸進口額大幅成長的帶動下，呈現穩定成長的趨勢。然而，自9月份開始，受到台灣對大陸及全球出口表現不佳的影響，台灣自大陸進口之需求成長也減緩下來，自10月份起甚至呈現負成長，是近年來罕見的現象。

　　大陸海關公布的數據顯示，2008年前九個月，大陸自台灣進口額每個月都保持在90億美元以上，10月降至80.7億美元，11月更萎縮到只剩56.4億美元，降幅從9月的7.5%、10月的13.4%，擴大為42.3%。台灣對大陸的外銷訂單，自8月以來持續減少。11月當月，兩岸雙邊貿易額為2008年首次低於百億美元，大幅下降37%。

　　兩岸雙邊貿易成長減緩的原因，主要是國際金融危機衝擊兩岸經濟，2008年11月，大陸對外貿易出現七年來首度下降，波及兩岸雙邊貿易。其次是大陸宏觀調控政策緊縮，影響台商投資，從而影響兩岸雙邊貿易發展。第三是台灣產品出口競爭力減弱。自2000年以來，台灣出口每年平均成長9%，較同期間全球出口平均每年成長12%偏低，因而台灣出口額佔全球出口總額比重也從2000年的2.2%降至2007年的

表6-8

年　月	金額	成長率	金額	成長率	比重	金額	成長率
2003年	1,27_	38.3	1,017_		5.4	38,29_	24.8
2007年	2,23_	13.0	2,015_		0.1	7,24_	16.1
2008年1月	_,97_	17.3	_,763_		0.4	6,73_	15.4
2月	_,16_	9.7	_,77_		8.0	4,93_	23.7
3月	_,48_	39.6	_,08_		0.5	7,39_	26.4
4月	_,17_	19.5	_,52_		1.1	7,02_	18.8
5月	_,16_	23.2	_,13_		0.0	7,08_	24.6
6月	_,43_	27.4	_,68_		0.4	7,40_	24.5
7月	_,78_	13.8	_,54_		9.5	6,74_	7.1
8月	_,24_	35.9	_,51_		9.3	7,39_	18.9
9月	_,44_	11.1	_,72_		8.2	6,16_	-8.1
10月	_,24_	-2.0	_,16_		7.2	3,66_	-13.7
11月	_,96_	-9.4	_,98_		4.8	4,16_	-31.0
12月	_,47_	-31.4	_,00_		4.0	3,27_	-47.2

資料來源：經濟部⋯⋯

註：我對中國大陸⋯⋯

1.8%。此外，大陸是台灣最主要的出口市場，但台灣產品在大陸市場的佔有率，2000年間為11.3%，2007年間則下降至10.6%，2008年1-11月，該項比重再降為9.2%。

對台灣而言，中國大陸仍然是最主要的貿易伙伴，資料顯示，2008年全年對大陸進出口貿易額合計佔同期台灣對外貿易總額的比重為21.2%，與上年同期比較降低了0.7個百分點。其次，大陸是台灣貨品出口的第一大外銷市場，進口貨品第二大供應來源，分別佔同期台灣出口總值的28.9%，佔台灣進口總值的13.0%，比重分別較上年同期減少0.2個百分點、增加0.2個百分點。從大陸的立場看，台灣是大陸的第七大貿易伙伴，2008年資料顯示，台灣與大陸雙邊貿易額佔大陸對外貿易總額的比重約5.5%，其中，大陸自台灣進口的比重9.1%，對台灣出口的比重不到2%，台灣是大陸第五大進口來源、第七大出口市場，最大的貿易入超來源。

● 二、影響兩岸雙邊貿易的因素

國際經濟形勢不佳，不利於兩岸經貿交流之發展。由於全球金融海嘯餘波盪漾，國際權威機構對2009年全球經濟景氣的預測都不表樂觀。以國際貨幣基金（IMF）在2009年4月公布的資料為例，2009年全球經濟平均成長率預估為負1.3%，較2007年的5.2%和2008年的3.4%低了許多，其中先進工業國家如美國、歐盟和日本等都將可能出現負成長。Global Insight的看法更為悲觀，5月公布的資料認為，2009年全球經濟成長率平均為負2.6%，先進工業國家經濟衰退的幅度，比IMF的預測更嚴重。

此外，Global Insight在2009年初也預測，2009年全球出口總值只能成長0.3%，較2007年的7.0%、2008年的5.1%低，其中，先進工業國家、新興市場國家與發展中國家，2009年的出口值平均成長率分別只

能達0.1%和0.6%。就進口貿易而言，2009年全球平均約成長1%，較2007年的7%、2008年的4.7%偏低；其中，先進工業國家預期將出現負成長0.3%，新興市場國家與發展中國家預期成長2.3%。另外，國際經濟景氣不佳，有可能促使保護貿易主義抬頭，從而影響全球貿易正常發展，這些因素勢必不利於外向型大陸台資企業之正常經營，直接衝擊兩岸經貿之發展。

大陸經濟情勢及其對台政策，是影響兩岸經貿關係發展的最重要因素。受到全球金融海嘯的衝擊，大陸經濟自2008年第二季開始出現衰退，貿易總值較上年同期下降9.0%，是2002年3月以來首次負成長，其中出口下降2.2%、進口下降17.9%。又如，11月份大陸工業增加值只成長5.4%，漲幅比上個月減少2.8個百分點，成長速度已連續。因此，IMF預測，2008年大陸經濟成長率最多只能達9.7%，較2007年的11.9%衰退超過2個百分點。針對2009年的經濟情勢，IMF預測中國大陸經濟成長率約為6.5%，Global Insight的預測則較為樂觀。2009年大陸經濟成長率預估約8%，大陸經濟成長率，出口貿易只將受制於國際市場情勢，不利於台商在大陸投資及台灣對大陸出口。

面對全球金融海嘯的衝擊，自2007年以來公布實施的多項財經措施，已陸續做了調整，譬如，貨幣政策已由「從緊」轉向「寬鬆」，自2008年9月下旬開始至12月底，先後四度調降存款準備率（共三個百分點），存、貸款利率各四、五次（一年期利率累計調降幅度分別達1.99、2.26個百分點）；財政政策由「穩健」轉為「積極」；大陸中央另提出二年4兆人民幣公共投資方案，加上地方18兆人民幣的配套投資，用於擴大內需。這些新政策是否可以扭轉大陸經濟情勢，坦白說，還有待觀察，不過，大陸政府公開表示，歡迎台灣廠商參與「擴大內需」帶來的商機，對兩岸經貿交流或將產生激勵效果。

　　從台灣方面來看，2008年5月，國民黨再度執政，政權更替後兩岸政策大幅鬆綁，兩岸經貿關係正常化成為執政團隊的施政重點。中斷超過十年的海基、海協兩會制度化協商機制恢復運作，先後在2008年6月中旬、11月初，以及2009年4月舉行三次「江、陳會談」，三次會議共簽署了九項協議，主要包括開放大陸居民進入台灣觀光旅遊、客運包機常態化、貨運包機直航、海運直航、食品安全和郵政往來、金融合作、共同打擊犯罪和司法互助等。此外，海基、海協恢復對話後，聯繫機制重新建立，兩岸關係呈現突破性的發展。2008年底，胡錦濤先生在「告台灣同胞書」發表三十周年紀念會上，針對兩岸交流公開表示六點看法（媒體稱之為「胡六點」），對於馬總統兩岸政策主張有正面的回應，加上國民黨再度執政以來海基、海協兩會互動頻繁，顯示兩岸政治對峙氛圍已大為改善。這些因素對於未來兩岸經貿關係之發展具有促進作用。

　　綜上所述，展望未來一年兩岸經貿交流之發展，受到全球金融海嘯以及大陸經濟衰退的影響，雙邊貿易趨勢在前半年不容樂觀，後半年的表現，則取決於國際經濟和大陸經濟情勢的演變。大致上，全球大環境因素對兩岸經貿交流之發展，是不利的；不過，兩岸政策鬆綁，以及為因應全球金融海嘯造成的衝擊，台灣與大陸政府都採取寬鬆的經濟政策，致力於擴大內需，除促進民間消費和投資意願外，並增加公共投資，對未來兩岸經貿交流之發展是有利的。

　　全球金融海嘯對台灣出口貿易之擴張不利，可說是非戰之罪。問題是，台灣製品在國際市場所佔的份額，尤其在大陸市場的佔有率逐漸減低，顯示台灣產品出口競爭力有逐漸減弱的跡象。「東協加一」即將於2010年全面運作，該組織推動的關稅減讓措施，台灣製品被排除適用，出口貿易有可能進一步受到限制。針對台灣製品出口競爭力衰退的問題，有必要進一步研究，究竟哪些行業的競爭力下滑？其背景原因為何？應採取什麼對策提升出口競爭力？如何利用擴大兩岸產

業合作的途徑，以增強台灣產業的國際競爭力，是今後推動兩岸經貿

參考文獻

宋恩榮（2007），「如何準備估計兩岸貿易：兩岸三地統計方法的評價」，發表於《海峽兩岸經濟發展論壇》，香港中文大學主辦，香港。

高長（1993），「台海兩岸貿易相互依賴對台灣經濟的影響」，《國立政治大學學報》（台北），第66期，頁129～156。

高長（1997），《兩岸經貿關係之探索》，台北：天一圖書公司。

高長、宋恩榮（1998），《兩岸雙邊貿易統計之探討》，行政院大陸委員會委託研究報告（未出版）。

高長、吳瑟致（2004），「大陸經濟崛起與全球經貿版圖重整的啟示」，《台灣經濟論衡》（台北），2（12），頁51～74。

台灣對大陸投資之發展　7

台灣自1950年代初期以來，先後實行「進口替代」、「出口擴張」、「第二次進口替代」、「策略性工業發展」等經濟政策，順利推動工業化，經濟發展成就被譽為奇蹟，並成為世界各國爭相學習的榜樣。不過，進入1980年代以後，國內外經濟環境發生劇烈變化，台灣傳統產業之發展面臨嚴厲的考驗。為了因應這新的經濟形勢，產業結構不得不做調整，競爭優勢逐漸喪失的傳統勞動力密集產業，有些努力於改善製程、降低成本及提高產品品質，尋求升級；有些則被迫移往海外尋求較低成本的生產據點，開創第二春，其中到大陸投資的廠商，自1991年起大幅增加。迄目前為止，大陸地區已成為台灣廠商在海外投資最集中的區域。

第一節　台灣對外投資的地區分布

台灣廠商自1980年代初期開始對外投資，隨著全球化潮流日熾，國際競爭日趨激烈，以及國內經濟環境發生劇烈變化，喪失競爭優勢的產業，尤其是傳統產業主動或被迫移往海外，尋求較低成本生產據點之案件愈來愈多。根據經濟部投審會的資料顯示，累計至2006年底止，台灣赴海外投資（含到大陸投資）件數共47,043件，投資金額高達1,037.3億美元。台灣企業對外投資的動機，主要是為降低生產成本，保持國際競爭力，或是確保原料供應和迴避國際上歧視性貿易，以及為開拓新的市場。及至1990年代，追求企業國際化，發展多元化經營逐漸成為台灣廠商對外投資的主要考量因素。

台灣廠商到海外投資佈局受到全球化趨勢的影響極為明顯。在經濟全球化的趨勢下，不僅國家市場藩籬界線漸失，製造能力及技術創新也開始跨國分散化，結果，國際分工格局已由線性架構下的水平分工與垂直分工概念，轉向網絡化發展。此一趨勢具體反映在跨國企業

的資源佈局多元化，以及以製造活動為基礎的廠商，經由專業價值與價值鏈整合能力，創造有利競爭優勢的演變。台灣廠商在海外投資經歷的時間與跨國大企業比較雖然不算很長，但在全球化的潮流下，投資行為模式也不斷調整，尤其逐漸重視利用大陸的資源與市場腹地，並利用特有的產業網絡進行國際分工佈局，提升整體的產業競爭力。

　　針對台灣廠商在海外投資的地區分布，以製造業為例（表7-1、表7-2），在1990年代初期以前，投資的地區主要集中在東南亞國家及美國，投資的產業則以勞力密集加工型產業為主，例如食品、紡織、塑化製品等。自1990年代中期開始，台商赴海外投資規模急劇增加，同時，投資地區結構也出現較大的變化，在美國及東南亞地區的投資規模較前一階段明顯縮減，而在中國大陸投資的規模則呈現顯著增加的趨勢。累計至2006年底的資料顯示，台灣製造業廠商對外投資，約73%集中在大陸地區，尤其進入二十一世紀以來，大陸地區更是台商在海外投資最為偏好選擇的地點。

　　製造業台商歷年赴美國投資金額累計，佔台灣製造業歷年對外投資總額的比重約8.2%，主要投資業別為化學製造業、電子電器業及運輸工具業。一般而言，在美國投資的製造產業多屬於資金密集及技術密集者，如生技、醫藥、資訊電子等，且營業項目以設計、研發為主。根據經濟部統計處的調查資料顯示，在美國投資的台灣廠商以大型企業為主力，其中，超過四成的投資廠商在國內所從事的行業為資訊電子業。

　　製造業台商在東南亞地區的投資主要集中在紡織成衣業、基本金屬業及電子電器業，且在各國投資產業之分布極為不同。例如，新加坡以電子電器業及金融保險業為主，越南及印尼以紡織成衣業為主，菲律賓及泰國以化學製造業及電子電器業為主，馬來西亞則以基本金屬業及電子電器業的投資最多。

表7-1　製造業台商對外投資區域分布（迄2006年底）

地區別	1990年以前		1990～2006		歷年累計	
	百萬美元	%	百萬美元	%	百萬美元	%
亞洲	978.0	49.26	57,001.1	86.36	57,979.1	85.28
東協六國	949.9	47.85	6,164.4	9.34	7,114.3	10.46
中國大陸	0	0	49,286.6	74.67	49,286.6	72.49
北美洲	908.8	45.78	4,743.8	7.19	5,652.6	8.31
美國	897.8	45.22	4,657.1	7.06	5,554.9	8.17
中南美洲	59.9	3.01	3,044.9	4.61	3,104.8	4.57
歐洲	20.3	1.02	928.8	1.41	949.1	1.40
大洋洲	0.8	0.04	200.5	0.30	201.3	0.30
其他	17.3	0.87	83.0	0.13	100.3	0.14
合計	1,985.1	100.00	66,002.0	100.00	67,987.1	100.00

說明：東協六國係指新加坡、馬來西亞、泰國、印尼、菲律賓、越南等國家。

資料來源：根據經濟部投審會資料計算而得。

表7-2　台灣在海外主要投資地區的產業結構比較（迄2006年底）

地區別	金額（百萬美元）	比重（%）	主要產業別
亞洲	57,983.1	85.2	電子零組件（35.2%）、紡織製品（18.3%）、電腦、通信及視聽電子（8.1%）、木材製品（6.9%）、化學材料及製品（5.3%）
東協六國	6,997.2	10.3	電子零組件（35.2%）、紡織製品（21.6%）、木材製品（7.9%）、電腦、通信及視聽電子（7.1%）、食品飲料及菸草（4.5%）
中國大陸	49,290.6	72.5	電子零組件（16.1%）、電腦、通信及視聽電子（14.7%）、電力機械器材及設備（10.1%）、基本金屬及其製品（8.7%）、化學材料及製品（7.5%）

表7-2 台灣在海外主要投資地區的產業結構比較（迄2006年底）（續）

地區別	金額（百萬美元）	比重（%）	主要產業別
北美洲	5,652.6	8.3	電子零組件（22.5%）、化學材料及製品（18.5%）、電腦、通信及視聽電子（16.9%）、紡織製品（8.9%）、塑膠製品（7.8%）
美國	5,554.8	8.2	電子零組件（22.9%）、化學材料及製品（18.6%）、電腦、通信及視聽電子（17.1%）、紡織製品（8.8%）、塑膠製品（7.4%）
中南美洲	3,104.8	4.6	電子零組件（29.4%）、塑膠製品（27.7%）、紡織製品（7.0%）、電腦、通信及視聽電子（5.5%）、電力機械器材及設備（5.0%）
歐洲	949.1	1.4	電腦、通信及視聽電子（23.9%）、運輸工具（19.5%）、化學材料及製品（13.8%）、基礎金屬及其製品（8.5%）
大洋洲	201.3	30.0	食品飲料及菸草（19.9%）、電腦、通信及視聽電子（19.3%）、電力設備（16.1%）、化學材料及製品（10.3%）、基本金屬及其製品（9.3%）

資料來源及說明：同表7-1。

其次，從主要製造業對外投資的地區分布觀察（表7-3），我們發現，歷年累計對外投資金額超過20億美元的十一大製造業中，到大陸投資金額所佔比重均最大，其中，比重超過八成的包括機械設備（佔93.8%）、電力機械器材及設備（88.7%）、基本金屬及其製品（87.2%）、食品飲料及菸草（80.8%）等；而比重低於六成的包括紡織製品（49.4%）、電子零組件（59.8%）等。除了大陸之外，美

表7-3　台灣主要製造業對外投資的地區分布（迄2006年底）

產業別	金額（百萬美元）	比重（%）	主要地區分布
電子零組件	13,271.4	19.5	大陸（59.8%）、新加坡（16.1%）、美國（9.6%）、百慕達（3.8%）、日本（3.5%）、加勒比海英屬地（2.9%）
電腦、通信及視聽電子	9,065.6	13.3	大陸（76.8%）、美國（10.5%）、泰國（2.1%）、加勒比海英屬地（1.8%）、菲律賓（1.7%）、英國（1.3%）
電力機械器材及設備	5,616.4	8.3	大陸（88.7%）、加勒比海英屬地（2.3%）、美國（2.2%）、泰國（1.2%）
化學材料及製品	5,499.4	8.1	大陸（67.2%）、美國（18.8%）、越南（2.8%）、加勒比海英屬地（2.6%）、香港（1.9%）、泰國（1.7%）
基本金屬及其製品	4,930.7	7.3	大陸（87.2%）、日本（2.2%）、美國（2.0%）、馬來西亞（1.7%）、加勒比海英屬地（1.6%）、泰國（1.2%）
紡織製品	4,777.2	7.0	大陸（49.4%）、馬來西亞（12.8%）、美國（10.2%）、越南（7.9%）、菲律賓（5.2%）、泰國（2.8%）
塑膠製品	4,312.5	6.3	大陸（64.2%）、加勒比海英屬地（13.9%）、美國（9.6%）、百慕達（5.1%）、香港（1.1%）
非金屬礦物製品	3,464.9	5.1	大陸（78.2%）、美國（5.8%）、香港（4.7%）、越南（3.5%）、加勒比海英屬地（2.8%）、菲律賓（1.4%）
機械設備	3,007.6	4.4	大陸（93.8%）、美國（1.7%）、馬來西亞（1.2%）
運動工具	2,657.5	3.9	大陸（71.6%）、美國（6.5%）、英國（6.4%）、日本（3.4%）、巴拿馬（2.0%）、加勒比海英屬地（2.0%）
食品飲料及菸草	2,582.4	3.8	大陸（80.8%）、越南（5.1%）、泰國（3.3%）、美國（2.0%）、印尼（1.7%）、澳大利亞（1.0%）
合計	59,185.6	87.1	

資料來源：根據經濟部投審會公布資料整理而得。

國是台灣製造業對外投資較為集中的主要投資據點，其中以化學材料及製品（佔18.8%）、電腦通信及視聽電子（10.5%）、電子零組件（9.6%）、塑膠製品（9.6%）、運動工具（6.5%）等所佔份額較高。除了美國和大陸之外，就不同產業比較，電子零組件、電腦通信及視聽電子、電力機械器材及設備等主要投資地點為新加坡、加勒比海英屬地、泰國、百慕達等地；化學材料及製品、食品飲料及菸草、非金屬礦物製品、紡織製品產業對外投資，選擇到越南、泰國、馬來西亞、菲律賓等東南亞地區投資者所佔比重亦較高。

第二節　台商到大陸投資趨勢特徵

台商選擇到大陸直接投資的戰略考量，主要是資源導向，也就是為了利用當地低廉的勞動力和土地資源；其次為市場導向，也就是為了拓展當地內需市場；配合國內中下游廠商登陸、利用當地原物料資源，以及配合國外客戶要求等，也是台商選擇到大陸投資較重要的考量因素（表7-4）。

與過去一些相關的調查研究結果比較，我們發現台商到大陸投資的動機，無論早期或近期，所考量的重點大致相似。[1]不過，近年來，大陸市場潛力、土地成本等因素，受廠商重視的程度似愈來愈高，這種現象可能反映出，早期登「陸」的廠商多屬勞力密集型加工產品，大都希望利用大陸廉價的勞工、便宜的土地費用從事生產，以維持外銷競爭力；近期登「陸」的投資者則著重在大陸內銷市場之開拓，當然這種轉變與大陸逐漸開放內銷市場的政策有關。另外，值得一提的

1　參閱高長，「製造業赴大陸投資經營當地化及其對台灣經濟之影響」，《經濟情勢暨評論季刊》7(1)，2001年，頁138～173。

表7-4　台商赴大陸投資的動機（2005年）

單位：%

動機	全大陸	廣東	浙江	江蘇	上海
勞工成本低廉	73.97	84.86	61.54	85.33	55.41
土地成本低廉	40.41	45.87	46.15	52.17	22.93
利用當地原物料資源	26.44	22.02	19.23	33.70	21.66
當地內銷市場廣大	55.21	38.07	65.38	52.17	76.98
利用當地外銷配額	2.60	1.83	11.54	4.35	1.27
利用當地最惠國待遇身分	7.12	5.05	15.38	10.87	5.73
租稅優惠	20.68	18.05	23.08	26.63	17.20
配合國外客戶要求	23.42	29.36	15.38	21.74	20.38
配合國內中下游廠商登陸	37.95	48.17	26.92	46.74	23.57
國內投資環境不佳	12.74	15.14	3.58	9.78	9.55
有效利用公司資本技術	11.78	11.01	7.69	13.59	12.10

資料來源：根據經濟部投資審議委員會調查資料計算而得。

是，租稅優惠和語言文化等兩項因素在台商投資決策之考量上，重要性似有降低的跡象。

　　台商赴大陸投資，根據大陸官方的統計，始於1983年，不過，出現大批投資的熱潮則是在1987年台灣政府開放民眾赴大陸探親之後（圖7-1）。

　　1987年以前，台商赴大陸投資的金額和件數均不多。依大陸官方統計，歷年累計至1987年底止，台商投資大陸協議金額約僅一億美元，投資項目僅80件。究其原因，主要是台灣政府當時仍執行戒嚴，對大陸政策堅持「不接觸、不談判、不妥協」的三不政策，嚴格禁止廠商赴大陸投資。另一方面，大陸在這個時期雖有經濟特區、開放城市等經濟建設，積極改善投資環境，並發佈各種租稅優惠措施，但是整體而言，當時的投資環境仍然不夠好，吸引外（台）商投資的效果

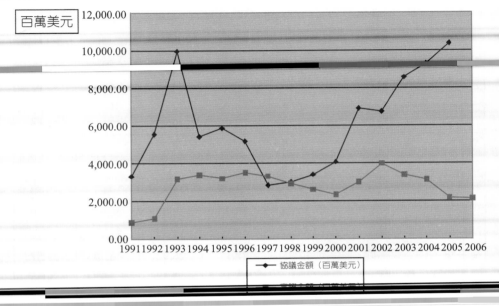

圖7.1 台商對大陸間接投資發展趨勢

1987年底,台灣政府宣布開放國人赴大陸探親。嚴格而言,該項開放措施只限於「探親」,並未涵蓋商業活動,不過,此門一開,許多企業界人士的心隨之驛動,前往大陸從事商務考察活動者逐漸增加。根據大陸官方統計,1988~1991年期間,台商赴大陸投資(協議)金額26.83億美元,投資件數達3,366項,由此可見,該期間台商投資大陸的態度非常積極。尤其值得一提的是,1989年6月大陸爆發天安門事件,當時外國投資者都停止對大陸投資,美、日等國甚至對大陸進行經濟制裁,唯獨台商對大陸投資的行動似乎並未受到明顯的影響。

自1992年起,台商在大陸投資急速增加。這個時期,以大陸政府確立「社會主義市場經濟體制」發展政策,和台灣政府首次以「正面表列」准許部分製造業產品項目到大陸投資為轉折點。根據大陸官方

統計，1992年一年，台商赴大陸投資項目6,430項，協議投資金額高達55.4億美元，較歷年來累計投資項目（3,446項）和協議金額（27.83億美元）高出甚多；1993年間，台商到大陸投資進一步達到新的高峰，全年投資金額接近100億美元。1992～1993年，台商到大陸投資大幅成長，除了台灣政府政策漸進開放所導致之外，更重要的是受到外在環境的影響，即大陸加速改革開放，宏觀經濟政策相較於前期大幅放鬆，掀起了外商投資的熱潮。然而，進入1994年，大陸政府為了克服泡沫經濟問題，採取緊縮性宏觀調控政策，使得外商投資腳步放緩，台商投資的態度也受到波及，加上當年發生「千島湖事件」，台商投資金額和項目較上年大幅減少。

自1995年下半年起，兩岸關係陷入低潮，台商赴大陸投資受到影響，持續呈現負成長。兩岸關係陷入低潮的主要原因，是大陸政府不滿李登輝總統訪問美國，關閉了海基、海協兩會協商大門，同時對台採取一連串的文攻武嚇行動，導致台海局勢緊張。台灣政府為了因應兩岸緊張對立的關係，採取「戒急用忍」政策，這些因素都是影響台商投資意願降低的重要因素。1997年中期之後，亞洲金融風暴肆虐東南亞各國，大陸經濟雖然沒有受到直接的衝擊，但因外在的大環境不佳，大陸國內經濟受到間接影響亦呈現衰退趨勢，本土型金融危機甚至有一觸即發的跡象。由於大陸投資環境惡化，台商與外商到大陸投資的態度一樣，自1997年下半年開始漸趨保守，直到2000年以來，受到大陸加入WTO帶來利多因素的刺激，才開始出現轉折。

受到WTO因素之影響，台商到大陸投資自2001年開始明顯增加，例如，協議金額在2000年時為40.4億美元，2001年間已突破至69.14億美元，到2005年時更突破至103.6億美元；就實際投資金額來看，2000年間僅23億美元，是歷年來最低的，不過，翌年則大幅增加至29.8億美元，2002年更是達到39.7億美元之高鋒，近年來則呈現逐年遞減的趨勢，到2006年時全年實際投資僅有21.4億美元。對照協議投資的趨勢，

台商到大陸實際投資的步調，近年來似乎已較放緩，究其原因，可能

其是中來大陸政府實施系緊性宏觀調控政策有關。

72,265件，協議投資金額為1,000.2億美元，佔大陸吸收外商直接投資
的比重分別為12.2%和7.8%。以協議投資金額計，在所有外商直接投資
中居第四名。另外，台商實際投資金額迄2006年底止累計已達439.4億
美元，佔大陸外商實際投資總額的6.2%，排名第五位，從台商往大陸
投資的這些總計數據觀察，可以發現相對於其他外商企業而言，台商
實際投資
金額所佔的比重高於協議金額，顯示台商企業之投資資金到位率較一

右，唯2000年是個分水嶺，之前呈現逐年遞減的趨勢，之後則呈現逐

陸官方統計（表7.5），1991～2006年間，台商企業平均投資規模由

87萬美元增加為138萬美元。投資規模擴大包含多層意義，其一是投資
者原以中小型企業為多，後來大型企業、上市、上櫃公司前往大陸投
資的情形愈來愈普遍；其二是單項投資金額超過千萬美元以上的案件
愈來愈多；其三是在大陸投資設廠，因經營順利而由一個廠擴大發展
成為多個廠的情形也愈來愈普遍。除新的投資項目外，擴大投資規模
的資金，有部分係利用在大陸投資的營利再投資的。

表7-5　台商對大陸投資發展趨勢

	投資件數		協議投資		實際投資		平均規模	實現率
	件(1)	份額 （%）	億美元 (2)	份額 （%）	億美元 (3)	份額 （%）	(2)/ (1) （萬美元）	(3)/ (2) （%）
1991	3,815	9.2	33.1	6.1	8.6	3.2	87	26.0
1992	10,245	11.4	88.5	7.8	19.1	5.0	86	21.6
1003	21,193	12.2	188.1	8.3	50.5	7.7	89	26.8
1994	27,440	12.4	242.0	7.8	84.4	8.5	88	34.9
1995	32,287	12.5	300.5	7.5	116.0	8.4	93	38.6
1996	35,471	12.5	351.9	7.4	150.7	8.4	99	42.8
1997	38,485	12.6	380.0	7.2	183.6	7.9	99	48.3
1998	41,455	12.8	409.8	7.0	212.8	7.6	99	51.9
1999	43,954	12.9	443.5	7.1	238.8	7.4	101	53.8
2000	47,062	13.0	483.9	6.9	261.8	7.0	103	54.1
2001	51,276	13.2	553.0	7.2	291.8	6.9	108	52.8
2002	56,129	13.2	620.4	7.2	331.5	7.0	111	53.4
2003	60,624	13.0	706.0	7.3	365.3	6.9	116	51.7
2004	64,626	12.7	799.1	7.3	396.2	7.0	124	49.6
2005	68,533	12.4	902.7	7.0	418.0	6.7	132	46.3
2006	72,285	12.2	1,000.2	7.8	439.4	6.2	138	43.9
2007	74,765	12.0	na	na	450.8	6.0	na	na

說明：每一年的數據都是以歷年累計至當年的數據表示。

資料來源：依大陸商務部統計之資料計算而得。

　　與投資規模擴大有關的一個問題，是台商到大陸投資也已逐漸由早期單打獨鬥、個別辦場的型態，發展為集體合作的型態。從實務上觀察，產業藉集體合作前往大陸投資的模式，可以有水平整合、策略聯盟，也可以有上中下游的垂直整合。譬如，由產業公會籌組相關會員廠商集體前往大陸某特定地區投資，或由核心企業帶動相關衛星

（或異產業）企業，相到大陸投資，這種現象顯示，台商在大陸投資已逐漸形成集團化的發展趨勢。

⋯⋯根據大陸官方統計數據，其與經濟部投審會所公布的數據差異極大。經濟部投審會公布的數據資料顯示，截至2006年底止，台商赴大陸投資件數為35,542件，投資金額為549億美元。兩套統計數據之所以存在差異，察其主要原因有四：第一，由於部分台商赴大陸投資循非正式管道，因投資方式或投資項目不符現行法令規⋯⋯該項台中額投資事件僅少⋯⋯需未向經濟部投審會申報。第二，兩岸統計基礎不同也是造成統計差異的主因，譬如，投審會投資金額統計係以實際投資金額為基礎，而中國大陸則以協議金額為統計基礎。第三，針對投資後營運資金與盈利再投資的部分，投審會也無法有效⋯⋯

第二節 台商赴大陸投資策略佈局

跨國公司對外直接投資決策的內容至少包含時機選擇、區位選擇、產業選擇、進入模式選擇等幾個構面。本文將參考這幾個構面，分析台商在大陸投資的策略選擇及其隨時間之演變。受到資料限制，時機選擇將暫時忽略不談。

一、投資區位選擇

區位選擇因素是跨國公司對外投資決策中重要因素之一。理論上，區位選擇的戰略主要包括資源導向和市場導向兩種，前者根據日本學者小島清（K. Kojima）提出的比較優勢理論（The theory of comparative advantage），一國企業為了克服國內資源不足問題，尋找資源充裕的國家進行投資，這類型的投資將促成國際間的垂直專業分工[2]；後者主要的考量是在於尋求新的市場或市場擴張。此外，產業鏈效應也會影響企業對外投資的區位選擇。

台商在大陸投資的區位結構，主要集中在沿海地區，尤其在廣東、江蘇、上海、浙江、福建等省市。不過，根據經濟部投資審議委員會公布的資料顯示（表7-6），歷年來台商在大陸投資的區位選擇戰略已有明顯的調整。具體而言，1991～1995年期間，台商到大陸投資主要選擇在廣東、江蘇、福建、河北、浙江、山東等地區，其中，廣東、江蘇吸引台資金額最多，各約佔三成左右。到了2001～2005年，這六個地區仍然是吸引台資最多的地區，不過，就投資金額所佔比重來看，江蘇呈現一支獨秀之勢，約佔51%，較1990年代前期增加了21個百分點；而廣東、福建、河北、山東吸引台商投資金額，在同期間均呈現相對減少的現象，其他各省也呈現不同幅度的萎縮，唯獨浙江與江蘇一樣，受到台商的青睞有增無減。近來台商投資區位選擇往長三角轉移之趨勢仍然在持續中，2006～2007年的資料顯示，四川、河北、遼寧等地吸引台資有相對增加的現象。除了長三角地區，以京、津、魯、冀、遼為主體的環渤海灣地區，及以重慶、成都、西安為重心的西部地區，正逐漸受到台商的青睞。歷年累計的資料顯示，江蘇

2　　K., Kojima, *Direct Foreign Investment: A Japanese Model of Multinational Business Operations*, (London: Croom Helm, 1978).

表7-? 台灣對大陸投資之地區別變遷

單位：%

地區別	(1)	(2)	(3)	(4)	歷年累計
廣東	19.28	23.55	38.17	29.88	25.65
江蘇	52.32	50.84	36.74	29.74	46.91
福建	5.16	7.24	7.78	13.78	7.39
河北	4.20	3.49	5.32	6.15	4.20
浙江	7.28	8.30	4.03	4.64	6.95
山東	2.22	1.49	2.04	2.62	1.88
遼寧	0.00	0.09	0.92	1.91	0.85
四川	0.98	0.95	1.28	1.79	0.82
湖北	1.09	0.98	0.93	1.23	1.02
湖南	0.31	0.21	0.45	1.17	0.36
其他地區	0.16	2.26	2.34	6.79	3.91
合計	100.00	100.00	100.00	100.00	100.00

說明：江蘇包含上海市，河北包含北京、天津。

（含上海）地區是台商在大陸投資最多的地區，其次是廣東地區，兩個地區合計佔台商在大陸投資總額的比重超過七成，其他較集中的地區依序為福建、浙江、河北等地。

比較觀察台商在珠三角和長三角地區投資動機後（表7-4），我們發現，選擇在珠三角地區（廣東）投資的台商似乎更注重利用當地資源，而選擇在長三角地區（上海、浙江、江蘇）投資則較偏重開拓當地內需市場。相對而言，到珠三角地區投資的台商企業製品大都以外銷為主，將生產基地由台灣遷往珠三角的廠商，最主要的投資目的在於降低成本，以歐美為目的市場的策略在生產基地轉移前及之後並未改變；而長三角地區具有天賦的區位優勢，特別受到有意拓展大陸內

需市場的台商所青睞。

二、產業選擇

　　台商到大陸投資行業主要為製造業，以累計投資金額計算，約佔投資總額的九成。其次為服務業，約佔9%，其他行動較少（表7-7）。不過就趨勢來看，製造業所佔比重歷年來表現遞減趨勢，服務業、營造及水電煤氣業則反向呈現遞減趨勢。在各項製造業中，以歷年累計至2007年底投資金額計算，電子零組件佔最大比重（約佔總額的17.85%），其次依序為電腦、電子產品及光學產品（17.38%）、電力機械器材及設備（10.38%）、基本金屬及金屬製品業（9.85%）、化學品製造業（7.09%）、塑膠製品業（5.78%）、機械設備業（4.68%）等（表7-8）。

表7-7　台商在大陸投資的產業結構

金額：百萬美元

	2006〜2007		2001〜2005		1996〜2000		1991〜1995		〜2007累計	
	金額	%	金額	%	金額	%	金額	%	金額	%
農林漁牧業	26.0	0.1	88.0	0.3	87.1	0.8	41.6	0.7	242.7	0.4
礦業及土石採取業	4.5	－	96.8	0.3	19.3	0.2	10.5	0.2	131.1	0.2
製造業	15,415.3	87.5	26,975.6	89.5	10,404.6	90.8	5,261.1	93.2	58,056.6	89.5
營造及水電煤氣業	140.2	0.8	245.5	0.8	61.4	0.5	19.7	0.3	466.8	0.7
服務業	2,026.8	11.5	2,747.8	9.1	885.6	7.7	311.5	5.5	5,971.7	9.2
合計	17,612.8	100.0	30,153.7	100.0	11,458.0	100.0	5,644.4	100.0	64,868.9	100.0

資料來源：同表7-6。

表7.8　歷年來台灣製造業對大陸投資產業結構變化

	2006 2007	2001 2005	1996 2000	1991 1995	2007 累計
◎傳統製造業	12.04	18.68	26.86	45.43	21.43
1.食品飲料及菸草業	1.11	2.62	6.02	12.41	3.72
2.紡織業	2.16	4.03	3.96	9.26	4.34
3.皮革、毛皮及其製品	0.80	1.07	2.38	5.99	1.68
4.木竹製品業					
5.家具及裝設品	0.21	0.62	0.87	1.51	0.64
6.造紙及印刷業	1.73	2.57	2.27	2.57	2.29
7.非金屬礦物製品	4.01	5.09	6.02	6.18	5.06
8.其他工業製品製造業	2.71	2.38	2.69	5.84	2.96
			24.03	20.78	24.55
9.化學品製造業	6.30	7.56	6.87	7.31	7.08
10.石油及煤製品					
11.橡膠製品業	1.05	1.86			
12.塑膠製品業	2.41	3.34			5.70
13.基本金屬及金屬製品業	9.39	9.34	8.40	8.65	9.85
◎技術密集製造業	65.84	57.18	49.11	27.79	54.02
14.機械設備業	4.66	6.18	5.34	3.97	4.68
15.電腦、電子產品及光學製品	21.27	14.88	15.27	4.20	17.38
16.電子零組件	26.23	17.93	11.72	4.96	17.85
17.電力機械器材及設備	11.10	10.35	10.65	7.93	10.38
18.運輸工具業	2.58	3.85	4.27	5.30	3.72
19.精密器械業	na	3.99	1.86	1.43	na
合計	100.00	100.00	100.00	100.00	100.00
投資總額（百萬美元）	(15,415)	(36,976)	(10,404)	(5,261)	(58,041)

說明：以投資金額為計算依據。

資料來源：根據經濟部投資審議委員會統計資料計算而得。

　　不過，若分從不同階段觀察比較，我們會發現，早期的投資主要集中在傳統製造業，例如食品飲料業、紡織業等；自1990年代中期起，技術密集製造業逐漸增加，成為對大陸投資的主要行業，尤其在電腦、電子產品及光學製品、電子零組件、電力機械器材及設備等行業方面。表7-8資料顯示，各項製造業對大陸投資金額佔對大陸投資總額的比重呈現明顯的消長變化，傳統製造業的比重由1990年初期平均約45.4%下降為2001～2005年間的18.68%，其中，食品飲料業、紡織業、皮革及其製品業等之比重縮減幅度最大；相反的，技術密集製造業的比重，同期間則由27.79%增加至57.18%，其中，資訊電子相關行業擴張幅度最大；基礎製造業的比重在不同階段中大致維持在四分之一左右，沒有太大改變。不過，到了2006～2007年，技術密集製造業所佔比重繼續擴大，而傳統製造業和基礎製造業所佔比重則都呈現下降趨勢。

三、進入模式之選擇

　　台商在大陸直接投資的進入模式主要有合資（joint venture）、合作（contractual venture）和獨資（sole proprietorship）等三種，大陸將投資於這三種型態的企業稱為「三資企業」。

　　不同的進入模式各具有優劣點，廠商在做決策時，主要考量的是哪一種投資形式風險較小，同時最能夠使企業經營目標順利達成。一般而言，獨資企業在企業組織和經營管理方法上，可以完全按照自己的規劃執行，投資者承擔全部風險，也享有全部利潤。這種方式對原材料或半成品主要採購自國外，製成品又大都從事外銷的廠商，以及在大陸的政商關係已有不錯基礎的投資者，都非常適合。不過，對於已開發及利用大陸當地資源、拓展大陸內銷市場為主要目標的廠商而言，可能採取合資或合作形式較適合些，因為透過合營方式，較易於

於當地佈建上服商後，取得當地資源，順合營上重的開發與，公易當
到合營地方的人為干預，同時也常面臨合營雙方經營理念不同之困
境。

分部分廠商透過商品交易的模式，先是透過�找尋較好的起入模
式進入，嗣後，對大陸內需市場的了解逐漸累積之後，才再進行直
接投資，包括建立合資、合作、獨資、三來一補和併購等方式，採取

依據經濟部投資合計處資料顯示（表3-8），台商在兩地類資企業
採取的進入模式，以2000年資料為例，主要為獨資經營，其次為合資
經營，按照合作經營、三來一補等模式者較少。到了2005年，採獨資
經營模式的台商比例大幅增加，而按照合資、三來等類型的比率則下降

經營管理自主性高）受到歡迎。另一方面，合作經營或三來的觀
點令人退避。大陸市場透明度增加，對大陸市場之了解增加強化了自
信、法令的限制鬆綁、技術移轉之安全性考量、當地地方政府之鼓勵
等因素，也是造成採取獨資經營模式大幅增加的重要原因。

　　就珠三角與長三角兩地台商企業比較，以2000年資料為例，儘管
在兩地採獨資經營模式都相對較為普遍，但對浙江地區的台商而言，
採獨資和合資經營模式的台商企業數量大致相當；在廣東，採合資模
式的台商佔不到二成，另有16.4%的台商採取三來一補模式，顯得較
為特別；在江蘇的台商企業，採獨資經營者約佔一半，採合資和合作
經營者約各佔四成和一成左右。到了2005年，江蘇台商採合資和合作
經營模式，廣東台商採合作和三來一補模式的比重則明顯減少。有趣
的是，浙江台商採取合資模式的比重，在2000～2005年間甚至呈現增
加，與主流趨勢相違。

表7-9 台商在大陸投資進入模式之選擇

單位：%

	2005				**2000**			
	全大陸	廣東	浙江	江蘇	上海	全大陸	廣東	浙江	江蘇（含上海）
獨資經營	66.26	70.91	46.15	76.47	64.33	54.02	58.09	48.21	50.63
合資經營	28.98	21.36	53.85	20.86	30.57	32.51	18.85	46.43	38.92
合作經營	1.90	0.91	—	2.14	3.18	6.52	5.32	5.36	10.13
三來一補	2.18	6.82	—	—	—	6.27	16.41	—	—
其他	0.54	—	—	0.53	1.91	0.68	1.33	—	0.32

資料來源：同表7-4。

　　大陸台商獨資化的趨勢，一方面表現在初次投資者選擇獨資方式進入的偏好增加，另一方面也表現在已在大陸投資者，隨著時空環境變化改制為獨資經營或控股方式的合資經營情形愈來愈普遍。這種現象可以交易成本理論（transaction cost theory）、討價還價理論（bargaining power theory）和制度因素影響論（institution theory）等學理加以詮釋。交易成本理論強調，跨國公司海外投資傾向透由增加持股比重，以克服因信息不對稱、市場失靈和機會主義行為等造成的內部交易成本過高的問題。[3]討價還價理論認為，跨國公司母公司與東道國政府的討價還價實力，決定了其海外分支機構的股權結構。[4]制度因

3　O. E. Williamson, *Market and Hierarchies : Analysis and Antitrust Implications*, (New york: The Free Press, 1975); O. E. Williamson, *The Economic Institutions of Capitalism*, (New York: The Free Press, 1985); H. Mjoen and S. Tallman, "Control and performance in international joint ventures" , Organ Science, 8, (1997), pp.257-274.

4　A. Yan and B. Gray, "Bargaining power, management control, and performance in United States- Chinese joint venture : a comparative case study", *Academy*

素影響論則特別強調制度性因素，包括國家風險、東道國政府股權比率管制乃至文化差異等因素，對跨國公司海外投資股權與進入模式選擇行為的影響。[5]

Management Journal 37(6), (1994), pp.1478-1517.; D. J. Lecraw, "Bargaining power, ownership, and profitability of subsidiaries of transnational corporations in developing countries", *Journal of International Business Studies* 15(1), (1984), pp.27-43.; N. Fagre and L. T. Wells, "Bargaining of multinationals and host governments", *Journal of International Business Studies* 13(3), (1982), pp.9-23.

5   P.W. Beamish and J. C. Banks, "Equity joint ventures and the theory of multinational enterprises", *Journal of International Business Studies* 18, (1987), pp.1-16.; F. Contractor and P. Lorange, *Cooperative Strategies in International Business*, (D. C. Health and Company, Lexington, M. A, 1988).

◎ 參考文獻 ◎

高長（2001），「製造業赴大陸投資經營當地化及其對台灣經濟之影響」，《經濟情勢暨評論季刊》，7(1)，頁138～173。

Beamish, P. W. and J. C. Banks (1987), "Equity joint ventures and the theory of multinational enterprises", *Journal of International Business Studies* 18, 1-16.

Contractor, F. and P. Lorange (1988), *Cooperative Strategies in International Business*, Lexington, M. A.: D. C. Health and Company.

Fagre, N. and L. T. Wells (1982), "Bargaining power of multinationals and host governments", *Journal of International Business Studies* 13(3), 9-23.

Kojima, K. (1978), *Direct Foreign Investment: A Japanese Model of Multinational Business Operations*, London: Croom Helm.

Lecraw, D. J. (1984), "Bargaining power, ownership, and profitability of subsidiaries of transnational corporations in developing countries", *Journal of International Business Studies* 15(1), 27-43.

Mjoen, H. and S. Tallman (1997), "Control and performance in international joint ventures" , *Organ Science* 8, 257-274.

Williamson, O. E. (1975), *Market and Hierarchies : Analysis and Antitrust Implications*, New York: The Free Press.

Williamson, O. E. (1985), *The Economic Institutions of Capitalism*, New York: The Free Press.

Yan, A. and B. Gray (1994), "Bargaining power, management control, and performance in United States- Chinese joint venture : a comparative case study", *Academy Management Journal* 37(6), 1478-1517.

台商在大陸投資經營策略與績效表現 **8**

球化潮流促進了國際分工更趨細緻而複雜，台灣廠商與跨國企業一樣，為充分利用全球各地資源優勢，以降低成本及提高國際競爭力，一般會將製造、研發和銷售活動等分散佈局。由於大陸在經濟上的比較優勢，主要表現在勞動、土地等要素資源的供應充沛，以及製造成本低廉，因此，台商在進行國際化投資與全球佈局時，將大陸定位為製造基地，同時，隨著大陸經濟持續成長，國民所得水準提高，一般人民的購買力上升，內需市場之佔有成為台商對大陸投資另一項重要的策略目標。

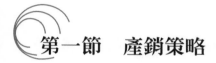

第一節　產銷策略

一、原材料及半成品採購策略

受到全球化潮流的影響，跨國企業為強化其競爭優勢，通常會依全球佈局觀點，將價值鏈中採購、生產、研發和運籌等各項環節，根據比較優勢法則在全球範圍內進行配置和整合，並且通過範疇經濟、規模效應和知識積累以取得整合效益。[1]台商的全球化佈局，一般是將大陸投資事業定位為製造基地。

製造業台商在大陸投資事業所需的原材料、半成品和零組件等，採購來源的安排，是台商進行全球佈局的重要環節之一，也將影響兩岸產業的競合。相當多的開發中國家在制訂獎勵性外資政策的同時，會設下外資企業國內採購比率的限制條件，主要是希望透過外商企業

1　M. E. Porter, "Competition in global industries: a conceptual framework", in M. E. Porter(ed.), *Competition in Global Industries*, (Boston: Harvard Business School Press, 1986).

的採購，促進國內相關產業之發展。大陸政府在吸引外商直接投資的相關政策措施中，並沒有嚴格要求外商企業自當地採購原材料的比...

現逐漸減少趨勢。大陸政府在相關的外資政策中，並沒有嚴格要求外...

也就是說，地主國通常會透過外資企業的採購、生產與銷售行為，規範其與國內市場最低限度的關聯性，俾以促進國內產業之發展。一般而言，外資企業所生產的產品國產化比率愈高者，表示使用更多的當地財貨投入，有利於當地企業提升品質、加速產業升級。不過，對外商企業而言，若為出口導向型投資，企業面對國際市場的競爭壓力，通常會以維持產品品質為最高的考量，當地採購的比率高或低，在沒有政策性的強制規定前提下，主要是受到當地產業配套能力的影響。

台商企業在大陸當地的採購行為，因投資產業之不同而有差別，大致上，如果產業投入的原材料或半成品為大陸蘊藏較豐富的初級原料或技術層次較低的中間財，大陸的製造及供應能力無虞，台商在大陸當地採購比例自然會較高；反之，若屬於高技術、高附加價值財貨，海外採購比例即可能較高。

表8-1　大陸台商事業原材料和半成品進貨來源

單位：%

年別	原材料供貨地				零組件半成品供貨地			
	台灣	當地台商	當地非台商	其他國家	台灣	當地台商	當地非台商	其他國家
1993	54.7	32.9		12.3	60.8	23.3		7.6
1999	49.8	18.1	19.9	12.2	52.8	20.6	18.6	8.0
2005	35.1	25.9	25.9	13.1	40.9	25.0	26.4	7.7

資料來源：經濟部統計處，《製造業對外投資實況調查報告》，各年。

　　此外，企業在大陸投資存續期間長短，也可能影響在當地的採購行為。理論上，存續期間愈長的企業，累積當地市場的訊息愈多，當地採購的可能性也愈高。不過，對台商投資企業而言，中華經濟研究院（2003）的研究指出，採購原材料及半成品的行為策略，似與在大陸投資設廠時間長短並無顯著的關係，較早進入大陸投資的台商企業，在當地採購的比例並未明顯高於稍晚進入者，顯示大陸配套產業的製造與供應能力已有改善，並能滿足台商企業的需求。

　　大陸台商企業所需的原材料和半成品，自大陸當地採購的比重逐漸增加的現象，與跨國企業海外投資的發展經驗頗為一致。不過，值得一提的是，原材料和半成品自大陸當地採購的部分，約有一半左右是來自於當地台商，對應於自台灣採購比重降低，顯示大陸台商企業在當地似已另外建立了新的產業聚落，且聚落的張力逐漸擴大。

● 二、產品銷售策略

　　前一章曾提到，台商赴大陸投資的動機除在利用大陸廉價勞工之外，拓展大陸內需市場也是主要誘因之一。廠商赴大陸投資若為追求低廉勞動力，降低生產成本，其製品的最終市場一般是面向全球，在

當地市場銷售的比例會較偏低。不過，隨著大陸經濟持續發展，居民國民所得及購買力提升，市場需求擴大，台商企業的當地市場取向通市會逐漸上升。而隨著企業在當地市場銷售比例之擴大，台商企業的本土性也會逐漸加深，企業製造的產品會做策略性的調整，以更迎合當地消費者的偏好。

根據經濟部統計處的調查資料顯示（表8-2），大陸台商事業的產品在當地市場銷售的比例，2005年間為48.8%，較1993年的35.4%增加了一倍。

降低到2005年的34.33%。由於台商赴大陸投資很多是屬於上游廠商帶動中、上游廠商轉移生產基地的模式，該類型企業之製品內銷有部分係銷售給在當地投資的其他台商企業。大陸台商事業製品內銷比重增加，或許顯示台商擴展大陸市場之意圖，經營大陸市場已明顯有了一些初步成果。

隨著兩岸加入WTO後，台商對於大陸內銷市場的開拓也會更積極且樂觀。大陸在加入WTO的承諾書上表示：「加入WTO後外商投資企業可對內零配銷其本身在大陸製造的產品」，也就是說，外商投資企業針對在大陸製造品，可從事零售批發服務、零售服務及特許行銷權，同時大陸政府也承諾在加入WTO後一年內，逐步排除原來外商必須經中間商（如進口商）進行批發、零售、售後服務、維修、運輸等限制。此一政策調整，一方面將增加台商與大陸流通業者或其他獲准是大陸批發、零售市場之跨國通路業之供貨機會，另一方面也將促使原本已擁有產品的台商（特別是已建立自有品牌的台商），積極發展自有品牌，並以零售或設立大型連鎖店的方式來擴展事業之經營。

不過，由於台灣與大陸市場幅員遼闊，各地貧富差距大，市場需求情況相當複雜，因而不管是內銷市場？亦或是外銷市場？均需建立「優質品牌」或「知名品牌」的形象，否則在面對大陸本土品牌或跨國企業品牌時，開疆闢土並不容易，特別是隨著歐、美、日等國大型企業或財

表8-2　大陸台商企業產品銷售市場結構

年別	回銷台灣	在當地銷售	外銷到其他地區
1993	11.97	35.45	52.58
1999	12.70	43.80	43.50
2005	16.88	48.79	34.33

資料來源：1993年資料引自中華經濟研究院（1994），其餘根據經濟部統計處
《製造業對外投資實況調查報告》資料計算。

團，挾其大規模生產優勢與龐大資金進入大陸，且與大陸當地企業合作，進而形成寡佔市場，對以中小型企業為主的台商造成嚴重的排擠作用。若干在大陸自創品牌經營內銷市場成功的台商企業，如康師傅方便麵、龍鳳水餃、旺旺仙貝、羅馬磁磚、和成衛浴、櫻花廚具、燦坤家電、自然美美容產品、永恩女用鞋等案例，已成為其他台商拓展大陸內銷市場所效法。

　　另外，值得注意的是，大陸台商企業製品回銷台灣的比重，相關資料也顯示有逐漸增加的趨勢（表8-2）。這種現象與台灣開放大陸製半成品進口政策有關，政策更加寬鬆，促使部分產業利用大陸勞動力資源完成勞動密集度較高製程，嗣將半成品回銷台灣再加工製造後外銷或在台灣銷售。針對回銷比例高低的討論，在文獻上常被視為進口國產業空洞化的指標之一，如果在大陸投資的台商產品回銷比例較高，同時也是外銷至大陸以外市場比例較高的行業，則在理論上，這些產業在台灣似乎較會面臨產業空洞化危機，因為赴大陸投資企業直接從大陸生產出口，回銷台灣或在國際市場上與台灣本地企業勢必存在競爭，大陸的廉價勞工成本優勢，對台灣本地企業的國際行銷將造成強大威脅，從而可能影響台灣本地企業之生存與發展。

第二節　經營當地化趨勢

綜合上述分析，大陸台商企業生產與銷售活動當地化的趨勢非常明顯，原材料和半成品在當地採購的比重逐漸增加，尤其是向大陸當地台商採購增加的百分比較高，顯示上游原材料供應業者隨著下游加工業者前往大陸投資業就近供應的現象。產品銷售當地化趨勢，除了⋯⋯地化、分銷通路當地化、促銷和品牌當地化等方面。

產品當地化是指為了更有效地掌握當地市場的特點和居民消費偏好，跨國企業在地主國提供有別於供應外銷的產品，包括設計、包⋯⋯牌內果⋯

⋯村市場通路存在很大差異。許多跨國公司在進入大陸市場之初，例如⋯⋯資的決定。寶潔公司在累積了一些失敗經驗之後，也不得不對以廣告帶動銷售的模式做出調整，將整個經銷商和強化終端市場置於特別重要的地位。台商在大陸內需市場上的通路佈建，成功的案例有不少，其中，康師傅方便麵、巨大自行車、維馬磁磚、宏碁電腦等常被提出討論。

促銷和品牌策略也是影響企業行銷績效的重要因素。促銷策略是指企業運用各種方式、手段，向消費者傳遞商品與企業訊息，實現雙向溝通，使消費者對企業及產品產生興趣、好感和信任，進而做出購買的決定。促銷活動通常包括廣告、人員推銷、銷售促進、公共關係等。跨國公司在大陸的當地行銷中，憑藉其雄厚的資金、豐富的經

驗、高超的謀略，在深入了解大陸消費者需求特性和中國文化特點的基礎上，創造了很多當地化的促銷手段和方法，且運用得非常成功。例如，在人員推銷上，友邦公司在大陸市場引入了壽險代理人制度，成功地拓展市場；寶潔、可口可樂等產品的廣告推銷，結合大陸當地文化及消費者的心理，受到市場的肯定；台商企業自然美積極培育美容師、定期舉辦展售活動，在人員推銷和銷售促進手段上，當地化策略可說做得相當成功。

除了生產和行銷活動，人才晉用和周轉資金之籌措方面，當地化的程度也有不斷提升的趨勢。理論上，人才晉用的當地化速度和程度，與跨國企業經營策略和模式息息相關。一般而言，外方母公司採取本國中心導向的經營策略時，為貫徹母公司的經營計畫與目標，譬如戰略的一致性、技術的保密性和管理的有效性，通常海外子公司的管理幹部和技術人員會由母公司直接派任。但面對海外派遣人員難以適應派駐地的環境差異，無法克服合資公司的組織協同障礙，以及海外派遣成本過高等原因，跨國公司會改變派遣策略，實施人才當地化策略。企業聘僱當地人才有助於與當地經濟的整合。

跨國公司在海外子公司初設立時，對於母公司直接派遣管理幹部和技術人才的依賴性較強，但隨著子公司逐漸熟悉當地市場環境，同時經營制度逐漸進入常軌，這種依賴性會逐漸減弱。Geng（1998）的研究將跨國公司在海外投資的發展過程劃分為四個階段，即準備期（preparation）、進入期（entry）、擴張期（expansion）和熟練期（experienced），每個時期公司的經營目標、商業模式和對應的人力資源策略各不相同。如表8-3所示，跨國公司到海外投資初期，子公司專業經理人主要還是仰賴母公司支援派遣，直到「擴張期」才開始考慮人力資源當地化，到了「熟練期」，則考慮了企業永續發展的需要，開始全面實施人才當地化策略。

表8.3　跨國公司海外投資戰略發展階段

階段別	主要目標	經營模式	人力資源策略
準備期	市場調查研究，投資可行性評估	設立辦事處，透過中間商、代理商，未直接投資	中間商及外派經理人員之培訓、安置，本
進入期	轉移資金和管理技術	辦事處並成立合資公司	理、技術轉移和專業管理知識之轉移
擴張期	發、完善產品配銷通	部、增加當地商業伙伴	的整合，積極培育當
	穩定客戶的忠誠度，	開拓市場的其他目標群，	人才資源當地化，實
		併購	發戰略

資料來源：根據 Peng（1999），頁93相關資料整理而得。

　　大陸台商事業在管理人才晉用的策略，與一般跨國企業極為相
似。在創業期，建物多於投資與時，為加速企業營建立當化，管理及
技術人才自台灣派駐的比率較高，隨著經營逐漸進入常軌，為了節省
成本，當地僱用的比率逐漸提高，同時減少自台灣僱用。另外，為
了解決在當地經營之管理與技術人才供應不足問題，大陸台商也非常
重視民當地聘雇建當營的人才來多長期培訓。然而，從人才晉用當地化
的速度比較，日系跨國企業母公司大都採取本國中心導向的經營策
略，海外子公司的管理幹部當地化速度較緩慢，歐美系的跨國企業大
都採取東道國導向的經營策略，海外子公司的管理幹部當地化速度相
對較快。大陸台商企業的人才晉用當地化策略似乎與歐美系的跨國企
業所採模式較接近。大陸台商企業人才晉用當地化進展速度較慢，可
能與企業經營規模相對較小有關。不過，近年來，隨著客觀經營環境

的改變，台商在大陸的管理人才晉用當地化速度有更加快的趨勢。[2]

　　在營運資金的籌措方面，跨國公司通常會儘可能運用東道國資源就地融資，以規避政治風險。具有國際背景運作的跨國公司可以獲得更多的融資資源，以降低投資成本。由於跨國公司可以擁有不同貨幣，在融資策略上可以運用不同幣種的債務組合降低風險多樣性。不過，Hooper（2002）的研究結果指出，跨國公司融資策略較傾向於適應東道國的環境，儘可能在東道國資本市場和金融機構借債；同時經常透過合資策略進行靈活的融資，更能減少跨國公司所面對的各種經營風險。顧衛平（1999）針對在大陸跨國公司融資決策的實證研究結果，證實了在大陸跨國公司融資的策略就是儘量在當地融資，利用大陸當地融資資源。

　　企業經營需要流動資金，一般係仰賴金融機構的支持。大陸政府為招睞外商，曾實行了一系列鼓勵政策和優惠措施，並明文規定優先提供外商企業貸款。但在早期，大陸當地銀行或由於觀念保守，抑或由於受限資金不足，這些優先提供融資的規定大都未能落實；也就是說，依過去的經驗，在大陸投資的台商企業要獲得當地銀行之貸款支持，事實上相當困難，對於採取獨資形式投資的台商而言，更是幾乎不可能自當地銀行獲得貸款。採合資形式投資的台商，利用合資中方的人脈關係，相對而言較有可能獲得大陸本地銀行之貸款。因此，較早到大陸投資的台商企業，周轉資金的融資大都仰賴台灣母公司支援，或向台灣地區親朋好友、民間、甚至是地下金融管道告貸。

　　不過，進入二十一世紀以來，大陸的融資環境已發生很大變化，

2　104人力銀行至大陸實地調查結果顯示，台資企業大陸管理幹部的甄選上，當地化趨勢有加速的跡象，尤其中級管理幹部漸為當地人才所取代，對台籍人才需求的迫切性已降低。參閱《民生報》，2001年1月30日。《數位周刊》（2002年3月9日出版）針對高科技廠商所做的調查研究，也得到類似的結果。

一方面，《銀行法》公布實施後，大陸本地銀行企業化經營的腳步加快；另一方面，大陸外匯存底逐年遞增，基礎貨幣供應增加，資金市場寬鬆，一般企業自銀行體系取得融資的可能性大增。因此，我們的研究發現，大陸台商投資事業營運資金自當地籌措取得的比率也有提高的跡象。表8-4的資料顯示，大陸台商投資事業營運資金自大陸當地金融機構融資的比率，2005年間大約為35%，較2000年提高了14個百分點，相對的，由台灣母公司提供營運資金所佔的比重，同期間則顯示略為下降，大陸當地金融機構提供融資已成為大陸台商投資事業營運資金融通的主要來源。

大陸台商事業營運資金自當地金融機構融資的比重提高，與一般的跨國公司海外投資的融資策略模式相似。跨國公司為了防範經營風險，同時也為了使融資成本最小化，其融資策略通常會更傾向於適應東道國的環境與政策，在實際操作上，會使可能的負擔減至最低的程度[3]。近年來，大陸的經營環境與過去比較已有很大的改變，資金供應充沛，金融機構經營自主性提高，加上企業化經營意識漸強，使得台商在大陸當地取得周轉資金的機會增加。由於人民幣貸款利率較人民幣低，同時也較國際美元貸款利率低，尤其預期人民幣將升值（美元將貶值）的情況下，大陸台商較過去更重視財務槓桿的操作，結果使得營運資金籌措的當地化趨勢愈加明顯。

---

3   V. Hooper, "Multinational financing strategies in high political risk countries," School of Banking Working Paper, (University of New South Wales, 2002).

表8-4　大陸台商事業主要營運資金來源

單位：%

資金來源	2005					2000			
	全大陸	廣東	浙江	江蘇	上海	全大陸	廣東	浙江	江蘇
由台灣母公司提供	31.9	41.6	15.3	31.3	26.5	37.8	47.1	36.2	32.2
向台灣金融機構融資	6.3	6.0	7.6	8.5	3.1	6.3	7.6	1.7	5.3
向大陸金融機構融資	34.7	22.1	50.0	40.9	36.1	20.5	12.7	22.4	26.5
向第三地金融機構融資	6.1	4.9	─	7.9	6.9	4.3	4.1	1.7	4.3
合資事業機構	6.5	5.4	─	4.7	6.3	12.9	8.3	22.4	13.0
發行海外公司債	1.6	0.4	─	2.1	1.2	0.3	0.7	─	─
其他	23.9	24.9	30.7	20.7	27.8	17.6	19.6	15.5	18.4

資料來源：根據經濟部投資審議委員會（2000，2005）調查資料計算而得。

第三節　技術來源與研發創新策略

　　近年來大陸經濟快速崛起，同時加入WTO後市場更加開放，給大陸台商企業創造了新的商機。儘管如此，大陸經濟環境近年來也發生重大變化，例如缺水、缺電、缺料、缺油、缺工等現象皆影響了企業的正常經營；此外，環保意識、勞工意識、消費意識等之覺醒與膨脹，使得台商在大陸投資企業的營運成本增加。另一方面，跨國企業積極進入大陸投資，藉著連鎖經營、購併、策略聯盟、戰略性持股及合作經營等手段，在大陸境內市場攻城掠地，加上大陸民營企業崛起，導致大陸內需市場之競爭更加激烈，對台商在大陸的經營造成很大威脅，不只獲利被壓縮，甚至可能遭遇被淘汰的命運。為了求得更大的生存與發展空間，唯一的途徑是調整經營策略，絕大多數台商都加強了研發和創新的腳步。

從另一個角度來看，如前文所述，台資企業在大陸當地市場銷售的比重已逐漸擴大，其本土性也逐漸加深，因為企業製造的產品會在樣式、功能等方面調整設計，以更適合當地消費者的偏好，尤其大陸市場幅員遼闊，各地發展差距大，消費者需求也呈現多樣化，台資企業為了拓展當地市場，提高市場佔有率，勢必更積極投入產品創新。

所謂「創新」（innovation），是指運用新知識（包括技術知識和非技術知識），創造新的產品和服務以滿足消費者的需求而言。創新可以創造新的價值，也可以促使一個企業相對於別的企業處於較低成本的地位。因此，可以說，創新就是一個國家或企業提升競爭力之最重要手段（Clark and Guy, 1998; Afuah, 1998），是一個企業導向成功繼續的重要來源。

創新是一個企業基於策略上的考量，為了適應外部環境的變化，以求取生存、成長或因應外在環境變化、衝擊和影響的舉措，包括組織和社會在知識、技術上的創新，管理上的變革，以及生產方式上的創新等。可見，「創新」其實是一個範圍相當廣泛的概念，並不一定要涉及科技方面的問題，甚至根本就不需要是一個具體的東西，例如，「管理」的工作亦可能有所創新。

根據這樣的概念，我們可以將「創新」歸納為下列兩種類型：一是技術的創新（technological innovation），即透過新科技、新市場等新知識的使用，創造和執行新的技術，其結果可以是產品創新（product innovation），也可以是製程創新（process innovation），前者指新的財貨和勞務，後者指新的生產方法；二是管理的創新（administrative innovation），即使用新的管理方法和系統，包括新的組織結構型態或新的管理技巧，例如市場行銷技巧。

根據經濟部統計處調查資料顯示，大陸台商事業的技術來源，超過八成都是由台灣公司所提供（表8-5），其次主要是來自大陸事業

表8-5   台商大陸投資事業與其他海外事業技術來源比較

單位：%

來源	2005					2000
	香港	馬來西亞	泰國	越南	大陸	大陸
由台灣公司提供	86.57	88.46	90.63	97.50	88.43	87.43
由合作企業提供	13.43	19.23	18.75	12.50	13.57	11.85
從接受輔導過程中學習	5.97	7.69	3.13	2.50	4.71	6.83
來自共同研究發展計畫	2.99	0.00	9.38	5.00	7.82	8.85
海外事業自行研發	17.91	3.85	18.75	12.50	21.95	21.83
向同業挖角	0.00	0.00	3.13	0.00	1.35	2.59
委託研究開發	4.48	0.00	3.13	0.00	2.87	3.57
對外購買技術	2.99	0.00	0.00	0.00	3.35	4.55
同業觀摩	0.00	3.85	6.25	10.00	5.51	7.60
其他	2.99	7.69	3.13	0.00	0.64	1.40

資料來源：根據經濟部統計處《製造業對外投資實況調查報告》資料計算。

自行研發。比較2005年和2000年的調查研究結果發現，大陸投資事業的技術來源，主要仰賴由台灣公司提供的現象並沒有改變，甚至有增加的趨勢，而大陸事業自行研發在技術創新方面扮演的角色也大致不變。不過，如果與台商對外投資集中地區如香港、馬來西亞、泰國、越南等地比較，海外事業自行研發的作為和成果，大陸台商事業的表現似略勝一籌。

在傳統的跨國企業研究中，一般將企業跨國創新的模式分為中央創新和當地化創新兩種[4]，前者是指母公司利用集中資源從事新的產品和工藝之創造，然後將其運用於全球市場，日本松下電子公司是採用這種創新模式的典型個案，該公司成功地將Panasonic和National兩種品

4   C. A. Bartlett and S. Ghoshal, *Managing Across Borders : The Transnational Solution*, 2nd ed., (Boston: Harvard Business School Press, 1998).

於消費商品的開發經驗，堪稱為利用此模式最有成就者。相關的實證

術創新模式顯然偏向中央集權方式。不過，值得注意的是，近年來，台商在大陸投資已較過去更加重視研發投入。大陸投資事業與台灣母

的研發活動則偏向原戰略開發、基礎研究、製程調整，以及製程認證

大陸在研發方面各擁有其優劣勢，唯大陸台商事業的新產品開發和新技術取得等研發業務之決策權，基本上仍掌握在台灣母公司手上。

5　陳信宏、史惠慈、高長，《台商在大陸從事研發趨勢對台科技創新之影響及政府因應策略之研究》（台北：中華經濟研究院，2002年）。

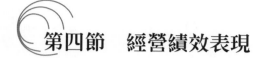

第四節　經營績效表現

　　有關企業經營績效之研究，一般都是以獲利性作為評估依據[6]，不過，對從事跨國投資的母公司而言，海外投資事業的績效評價，還可以從子公司對母公司整體營運之貢獻來考察，譬如出口市場之拓展、產品品質提升、促進與國外企業策略聯盟等方面。

　　關於台商在大陸投資企業的獲利性，長期以來一直是各界關注的焦點，中華經濟研究院（1997，1999）[7]的調查研究結果顯示，大陸台商大約有六成左右的經營績效表現不惡，其餘四成左右的廠商則遭到不同程度的虧損，與其他外商比較，大陸台商事業的獲利性似乎較差。中華經濟研究院（2003）[8]的研究指出，跨國企業在大陸投資獲利性的影響因素很複雜，投資經驗之累積與地緣關係、語言和文化相似等因素，對企業獲利性的影響皆很重要。此外，內銷比率愈高、愈早進入大陸投資的企業，獲利性愈高。

　　近年來，大陸經營環境已有很大變化，尤其加入WTO後，大陸市場較過去更加開放，跨國企業積極進入的結果，競爭非常激烈，影響

6　A. Yan and B. Gray, "Bargaining power, management control, and performance in United States-Chinese joint venture: a comparative case study", *Academy Management Journal* 37(6), (1994), pp.1478-1517.;P. W. Beamish and R. Jiang, "Investing profitably in China: is it getting harder? *Long Range Planning*, 35, (2002), pp.135-151。

7　中華經濟研究院，《台商與外商在大陸投資經驗調查研究：以製造業為例》（台北：中華經濟研究院，1997年）；中華經濟研究院，《大陸經營環境變遷對台商投資影響之研究》（台北：中華經濟研究院，1999年）。

8　中華經濟研究院，《製造業廠商赴大陸投資行為轉變及政府因應政策之研究－以電子資訊業為例》（台北：中華經濟研究院，2003年）。

大陸台商事業的獲利性。經濟部投審會的調查資料顯示（表8-6），以2003年為例，受訪廠商表示獲利的約佔55.8%，其餘廠商表示還沒達到獲利（約佔44.2%）。經營績效長先隨於初期，規模前者，在廣東投資的台商獲利性相對較高，而在浙江、江蘇、上海等地投資的台商獲利性則相對較低。

大陸投資事業的經營績效表現，還可以從其經營到台灣母公司營運的有利程度考察。2005年，經濟部投審會的調查資料顯示（表……設）的各項指標當中，調查數目上「業務規模」的增加最為普遍，其次為「出口市場拓展」、「加強與國外企業策略聯盟」、「投資規模」和「生產規模」；至於「研究發展經費」、「員工權利」……產品品質提升」等方面，表示大陸投資事業對母公司有貢獻的廠商所佔比重相對較低。比較觀察在珠三角和長三角投資的台商對象……在浙江投資之台商，創對「出口市場拓展」……「加強與國外企業策略聯盟」兩項指標，認為有利於台灣母公司營運者所佔比重較低，這種現象可能與新源……

中華經濟研究院（2003）針對電子資訊業的調查研究結果也指出，台商到大陸投資企業的營運狀況相當良好，同一期間，台灣母公司的投資行動相對較趨保守，尤其在生產線數目、產品外包比重、產品直接採購（outsourcing）的比重等方面，大都保持不變；不過，在產品技術層次、產品附加價值、產品自動化程度及產品專業化程度等方面，台灣母公司積極進行改善的比例仍佔多數，而且也積極更新生產設備、擴建工廠等硬體設備方式，提升生產能力。

廠商赴大陸投資對其母公司的經營能力之提升是否有幫助，是各界非常關心的焦點。首先，電子資訊業廠商對大陸投資與在台灣增加投資並沒有明顯的替代關係，中華經濟研究院（2003）的調查研究結果顯示，廠商赴大陸投資的決策若無法立即落實，改在台灣投資的比

表8-6　大陸台商事業盈餘狀況（2005年）

單位：%

盈餘	全大陸	廣東	浙江	江蘇	上海
獲利0～5%	30.84	36.82	26.09	27.54	27.66
6～10%	13.02	11.44	13.04	12.57	12.06
11～20%	9.13	5.97	4.35	11.98	9.93
21%以上	2.84	1.99	4.35	1.80	3.55
虧損0～5%	17.07	22.39	13.04	15.57	10.64
6～10%	7.78	5.97	8.70	11.38	7.8
11～20%	4.04	3.98	8.70	2.99	7.09
21%以上	15.27	11.44	21.74	27.54	21.28

說明：表中數字是指稅後盈餘（虧損）除以營業收入的百分比。

資料來源：同表8-4。

表8-7　大陸投資事業對台灣母公司營運之有利指數（2005年）

單位：%

影響項目	全大陸	廣東	浙江	江蘇	上海
投資規模	74.59	70.86	82.36	77.98	72.09
生產規模	70.99	71.76	76.47	78.33	63.75
出口市場拓展	75.04	79.45	64.71	75.53	71.26
產品品質提升	60.36	61.36	52.94	60.15	58.33
生產技術提升	62.06	63.20	58.83	62.59	58.75
研究發展經費	58.02	59.20	61.76	55.95	56.26
員工僱用	59.73	58.59	61.77	62.59	60.01
加強與國外企業策略聯盟	74.69	76.69	67.65	76.56	70.42
業務多元化	81.08	86.51	76.47	80.77	75.00

資料來源：依經濟部投審會調查資料計算。

說明：有利指數是由回答「有利」和「不影響」的比重加計而得，其中回答「不
　　　影響」的比重只計一半。

率甚低，完全放棄投資或轉赴大陸之外之其他地區投資的情形也很少，絕大多數會等待適當的時機再提出執行。其次，大陸投資對台灣母公司的經營能力提升之助益，主要表現在進入大陸市場能力、生產成本降低、產品市場整合策略能力、全球市場地位等方面，其他方面尤其在生產技術、籌措資金與財務調度能力、產品研發及設計能力等之助益最低。整體而言，大陸投資對台灣母公司經營能力提升之助益並不大。這種現象可能與廠商赴大陸投資的動機，即降低成本、拓展

總之，兩岸雙邊經貿交流規模日益擴大的結果，已使得台灣與大陸的經濟融合程度加深，兩岸產業分工已愈見緊密。根據經濟部統計處「製造業對外投資實況調查」資料，我們發現，台商在大陸的投資，其中大量在台因依已成上，而當產業體化活動的相關，可能在業分工以水平分工為主，目前仍以生產相同產品居多，採取水平分工

為上游（生產供應零組件與半成品），大陸為下游（裝配製造成品）的方式進行。

參考文獻

中華經濟研究院（1997），《台商與外商在大陸投資經驗之調查研究：以製造業為例》，台北：中華經濟研究院。

中華經濟研究院（1999），《大陸經營環境變遷對台商投資影響之研究》，台北：中華經濟研究院。

中華經濟研究院（2003），《製造業廠商赴大陸投資行為轉變及政府因應政策之研究—以電子資訊業為例》，台北：中華經濟研究院。

高長（2001），「製造業赴大陸投資經營當地化及其對台灣經濟之影響」，《經濟情勢暨評論季刊》，7(1)，頁138～173。

陳信宏、史惠慈、高長（2002），《台商在大陸從事研發趨勢對台科技創新之影響及政府因應策略之研究》，台北：中華經濟研究院。

經濟部投資審議委員會（2000，2005），《中國大陸投資事業營運狀況調查分析報告》，台北：經濟部投資審議委員會。

Afuah, Allen (1998), *Innovation Management: Strategies, Implementation and Profits*, New York: Oxford University Press.

Bartlett, C. A. and S. Ghoshal (1998), *Managing Across Borders: The Transnational Solution*, 2nd ed., Boston: Harvard Business School Press.

Beamish, P. W. and R. Jiang (2002), "Investing profitably in China: is it getting harder? *Long Range Planning*, 35, 135-151.

Clark, J and K. Guy (1998), "Innovation and Competitiveness: A Review," *Technology Analysis and Strategic Management* 10(3), 360-395.

Drucker, Peter F. (1986), *Innovation and Entrepreneurship: Innovation and*

Grubel, H.G. and P. J. Lloyd (1975), Intra-industry Trade, London: The Macmillan Press Ltd.

Cheng, L. u. (1998), "The evolutionary process of global market expansion: experiences of MNCs in China", Journal of World Business, 33(1), 87-110.

Hooper, V. (2002), "Multinational firms' investment strategies in high political risk countries", School of Banking working paper, University of New South Wales.

Porter, M. E. (1986), "Competition in global industries: a conceptual framework", in M. E. Porter(ed.), Competition in Global Industries, Boston: Harvard Business School Press.

台商與外商在大陸投資獲利性的比較分析

9

外 商熱衷於赴大陸投資，主要乃是著眼於當地龐大的市場潛力。然
而對於許多外國投資者而言，大陸市場雖然有很多商機，卻也
同時因為投資環境不夠完善，存在很大的風險（高長，1999；Simon,
1990）。這些外商企業在大陸投資，究竟如何趨避不確定的風險而實
現高度的獲利水準？已逐漸引起學術界和實業界的重視。根據相關的
調查研究發現，在大陸投資的外商企業，大多數都可獲利。不過，如
表9-1的資料所示[1]，不同的研究因時間及含蓋的對象不同，研究結果
有所差別。但這些研究都只描述一般外商企業的獲利情形，而較少深
入探討外商企業獲利性的決定因素，更沒有比較分析不同屬性的外商
企業，為何獲利情況有所不同。Beamish and Wang（1989）、Simon
（1990）、Yan and Gray（1994）等人的研究雖然在外商獲利因素方面
提供一些有價值的訊息，然而美中不足的是，他們的研究只侷限在採
合資型態的大陸美商企業。

自1980年代後期以來，台灣企業界亦掀起赴大陸投資的熱潮。
有關台商在大陸投資的獲利情形，高長、季聲國（1994、1995、
1997）、高希均、李誠、林祖嘉（1992）等的調查研究有完整的分
析。高長等人最近完成的調查研究結果顯示[2]，大陸台商大約有一半
左右的經營情況不惡，另一半的廠商則遭到不同程度的虧損，與其他
外商比較，台資企業的營運績效似乎較差。這項調查研究從抽樣、調
查、資料整理與分析，均採用嚴謹的統計方法，研究結果應足以採

1　表中所提的「獲利」情形係以相對的概念來分類，沒有嚴謹的定量標準來區
　　分。高長等人（1994）的研究曾以稅後利潤為標準，分為有利潤、收支平
　　衡、略有虧損、虧損極大等四個選項，對回答有利潤的樣本廠商再以淨利潤
　　佔營業額的百分比來衡量，分為3%以下，3%%、8%5%，15%以上等四組
　　選項，為便於比較，本文將獲利率超過8%者歸為「獲利極多」，有利潤但獲
　　利率低於8%者歸為「略有盈餘」。

2　參閱高長、季聲國（1997，頁10810）。

表9-1 外商企業在大陸獲利情形：不同調查研究結果比較

	高長等人	高長等人	高長等人	共稅務局	高長等人	
		(1)	(2)			(1)	(2)
略有盈餘	32.3	43.1	58.5	36.0	33.2		
收支平衡	32.3			8.4		12.6	13.5
虧損較大							
調查期間	1991	1992	1992	1995	1998	1997	1997
	台商	台商	外商	外商	外商	台商	陸外商

資料來源：高長、嚴宗大等人（1999，頁133）；高長、季聲國（1994，頁994；

信，但令人懷疑的是，為何這麼多的企業在大陸投資虧損卻願意繼續投

題。

第一節　文獻探討

對於廠商而言，獲利性的考量是企業決定許多投資經營決策的重要因素，實際的獲利情形也成為檢測企業經理人是否達成經營目標的主要評判依據。一般而言，影響外商獲利性的優勢及劣勢條件有很多，主要可歸納為企業特定（enterprise-specific）因素、產業特定（industry-specific）因素、地主國特定（host country-specific）因素、

宗主國特定（home country-specific）因素等項。茲分別闡述如下：

一、企業特定的因素

眾所周知，某一國的廠商欲赴另一個國家投資，亦即選擇到海外地區投資的廠商，必須能夠藉此取得某些競爭優勢，從而獲取較高的獲利水準。

企業特定變數對外商投資和營運的決策具有關鍵的作用。當一個廠商決定將其自有財產延伸到海外經營，首先，它必須具備某些專屬性的競爭優勢，而且這些優勢所創造的利得必須足以補償在外國設廠及經營所衍生的成本，才能與地主國或其他在當地設廠的外商一爭長短（Buckley 1988; Dunning 1988）。其次，它需要擁有某些特定技術、機器設備和可用的經理人才，才能充分掌握在當地投資生產的優勢（Chowdhury 1992; Hagedoorn and Schakenraad 1994）。因此，我們認為採用進口的技術和機器設備，及企業經理人員的才幹將影響企業在海外投資的獲利水準。

企業經營型態的決策是投資廠商反映外在環境條件的特定決策（Gatignon and Anderson, 1988; Gomes-Cassers, 1990; Kogut and Singh, 1988）。現有的一些文獻研究不同經營型態企業在海外投資的表現，指出合資型態的表現不好，主要是因為先天性複雜的管理關係導致營運上的無效率（Killing 1983; Harrigan 1985）。其他一些研究指出，外商獨資企業在已知的風險下並非都有好的表現（Burglemen1985; Hill、Hwang、Kim and Jones 1989）。不過，Woodcock, Beamish and Makino（1994）在比較研究三種不同投資型態企業的獲利性時，發現獨資經營的新企業較合資經營企業獲得較高水準的利潤，而合資經營企業則比合作經營企業獲得較多的利潤。顯然，不同投資經營型態對企業經營的表現會有影響，唯文獻上並未有一致性的結論。

大時經改與產宏縮減

其次，投資規模亦能也是影響企業獲利的相關因素（...
Casseres 1990; Harrigan 1985; Yu and Ito 1988）。過去的研究顯示，當...

...的投資合上（Gatignon and Anderson 1988; Kim and Hwang 1992; Tallman
1988）。然而，假設大規模投資可以導致較高的市場佔有率，那麼投資規模較大（有較大的市場佔有率），可能比小規模的投資更能獲利（Douglas and Craig 1983）。這是一項假設，有待進一步驗證。

響企業的獲利（Osland and Cavusgil 1996），過去相關於海外投資的實證研究中，有些學者發現外方若掌握較多的經營控制權，企業的經營...

地合資伙伴掌控日常經營而外方站在輔助支援的角色，企業將有較高的獲利（Woodcock and Wang, 1995）。

最後，外方企業運作情況的好壞亦將直接影響其獲利地。（...
Usheson and Ph...1995 ...）。顯然，如果的外企業採用特殊的技術（專利、商標）、製成品之市場需求殷切、產能得以發揮、產能成本低、市場行銷效率高、獲得更地的總體員工，則該企業可獲較高的利潤。

二、產業特定的因素

過去有許多研究曾針對產業特定變數影響外國市場進入策略的情形來進行探討（例如 Agarwal and Ramaswami 1992; Gatignon and Anderson
1988; Kogut and Singh 1988）。舉例來說，Gatignon and Anderson
（1988）的研究發現，美商在海外投資的企業，欸較喜歡採取獨資經營或多數股權的合資經營形式，這可能是因為他們花費在廣告方面的支出佔企業支付費用總額的比率較高，此現象的理論根據為，商標、

258

品牌差異化是企業在競爭中求勝的一項很重要的手段，企業透過廣告發展其有價值的品牌或商標，須要透過內部化經營方式來保護其商標權。

　　本研究將選擇保留二十項產業部門，以虛擬變數顯示不同產業特性。有兩點理由，第一是有關廣告強度或資本強度等產業特定資訊，就我們所知在大陸上並不存在，即使我們可以利用調查資料來推估，但由於在企業之間，特別是在合資與合作企業當中可能存在巨大的差異，估計結果將有很大誤差，而大陸國有企業則仍然受到許多限制，使得這些變數的衡量結果可能與市場經濟體制下的含義不同。第二，從實用的角度來看，直接確認那些產業部門相對較能獲利，比採用間接引申的產業變數可能更有意思，這種結果對於外國投資者和政府決策者可能更有用些。

● 三、地主國特定因素

　　依Dunning（1988）的觀點，地主國特定因素對跨國公司投資區位和企業經營的影響愈來愈重要，地主國政府經常透過各種激勵措施例如租稅利益，規範外商企業的進入和投資規模。絕大多數開發中國家在某一個經濟發展階段中，都會選定某些產業做為外商投資的優先發展部門，並且鼓勵或限制外商企業在某些地點經營（Kough and Singh 1988; Gatignon and Anderson 1988; Guisinger 1988）。

　　顯然，選擇在這些被優先發展的產業和地點營運的外商，將享受地主國政府的優惠待遇和利益（Pan, Vanhonacker and Pitts 1995; Yan and Gray 1994）。企業從事全球化經營的主要動機，是能夠在減少成本的前提下經營企業，在決定進入某一市場後，外商企業通常會尋找一處最有可能在經營成本最小之下經營。中共當局透過建立經濟特區、經濟技術開發區等方式，滿足外商企業這項特殊需求，即規劃一些地

區，積極投資基礎設施，並讓外商在該區投資時享有減免稅待遇。

過去十五年來，中共當局曾陸續開放若干不同形式的優先區域，以吸引外商投資，例如經濟特區、開放城市和高新技術開發區等。由於這些指定的地區具有較好的基礎設施、能源和電力供應，同時也提供較優惠的租稅和其他各種待遇，因此，跨國企業在這些地區投資時，企業經營成本大幅減少。我們預期外商企業在這些較優先對外開放的地區投資營運，將比在大陸上未被指定開放的其他地區，可能獲得較高的利潤水準。

大陸地區投資風險的水準在過去十五年來變化很大。Root（1987）所提出的四大類投資風險中，即政治風險（political risk）、經營風險（operations risk）、轉移風險（transfer risk）和所有權風險（ownership risk），只有所有權風險（如強制徵收）未在大陸發生過。就政治風險而言，最主要的問題是與政府的關係；就經營風險而言，經營風險指的是如罷工活動、勞資糾紛激增、費用繁多和且時有貨膨脹等問題；轉移風險主要是指通貨不能自由兌換或匯款管制等。這些風險過去雖然都對外商在大陸投資營運造成很大的影響，但無可諱言，隨著中共不斷改革開放，大陸投資環境逐漸改善，在大陸投資的風險及不確定性已有某種程度的減緩。因此，我們認為進入大陸投資的時間和獲利水準之間可能有關聯。

四、宗主國特定因素

文獻上針對企業的出身和宗主國的經營環境對其海外經營的影響進行研究已相當多，例如Hennart（1991）、 Kogut and Singh（1988）等人的研究。而Hofstede（1980）、 Gatignon and Anderson（1988）、Kogut and Singh（1988）等針對宗主國和地主國文化差距對跨國企業在海外投資的影響，所做的一系列研究更是膾炙人口。另有些研究則專

260

注於不同國別企業經營方法的比較，Smothers（1990）即曾比較研究
日商和其他西方國家競爭廠商之間經營方式的異同。關於獲利性的問
題，Kim and Lyn（1990）的研究發現，在美國投資的外商企業中，西
歐各國的企業較其他外商更容易獲利，而日本廠商在美國經營的獲利
情形則較差。

　　根據相關資料，來自不同國家的外商，在大陸投資時所採取的
進入和經營策略並不相同。舉例來說，關於在大陸上的外商合資企
業，過去的研究顯示，來自於不同國家的外國投資者，在選擇當地
投資夥伴、投資地點、產業部門等方面，行為態度上有顯著的不同
（Beamishand Wang 1989; Chi, Kao and Hsin 1995），同時這些合資企業
經營時所遭遇的困擾亦不盡相同（Pan, Vanhonacker and Pitts1995; Yan
and Gray 1994）。直覺上，我們預期來自不同國家的廠商將有不同的
獲利水準。

第二節　計量模型之設定與變數選擇

　　本項實證研究旨在探討外商企業在大陸投資獲利性的決定因素，
計量模型中依變數為外商企業的獲利水準。在所引用的調查資料中，
獲利水準是以序列選項表現，即獲利分為獲利率超過21%，11%～
20%，1%～10%，加上收支相抵以及虧損1%～10%，11%～20%，超過
21%等共有七個序列選項。[3]由於依變數是序列值，本文實證迴歸模型
將採用Ordered-response logistic regression分析方法。模型設定如下：
　　設模型的方程式為

3　獲利率係以淨利潤（指扣除各項稅金、生產成本和生產費用後所獲得的利
　　潤）佔營業額的百分比來表示。

其中Y為低變數，即條率廠商之獲利水準，X是個別廠商的特徵變數，這些變數會影響該特定廠商的獲利性，μ則是隨機誤差項。Y變數無法觀察到，不過我們知道它會落在m個序列組當中的某一類組，

$$P_m(\mu < \beta' X) = F(\beta' X)$$

$$\vdots$$

$$P_1(\mu > \beta' X + \alpha_1 + \alpha_2 + \cdots + \alpha_{m-2})$$

其中F是 μ 的累積分配函數。假設F的函數型式為logistic，則該模型的概似函數（likelihood function）為

$$LogL = \sum_{i=1}^{n} \sum_{j=1}^{m} Z_j = 1 LogP_{ji} \qquad (3)$$

其中，$P_{j1} = \dfrac{\exp(\beta_j' X_i)}{\sum_{k=1}^{m-1} \exp(\beta_j' X_i)}$

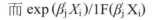

而 $\exp(\beta_j' X_i)/1F(\beta_j' X_i)$

$$P_{im} = \frac{1}{1+\displaystyle\sum_{k=1}^{m-1}\exp(\beta_k' X_i)}$$

本項實證計量模型中採用的各項解釋變數（即Xi）及其定義，歸納如表9-2所示。各項解釋變數對依變數（即獲利性）的可能影響，說明如下。

外國投資者進入一個新的地方投資，當地的風險和不確定性將增加交易成本（Gatignon and Anderson 1988; Kogut and Singh 1988; Hennart 1991），採取獨資經營方式的外商，與當地廠商打交道的較少，交易成本可能較低，而選擇合資經營方式時，交易成本則可能較高。文獻上，Killing（1983）、Harrigan（1985）和Woodcock、Beamish and Makino （1994）等人的研究大致支持獨資經營的企業較合資經營企業獲利性較高的論點，不過，Burglemen（1985）、Hill、Hwang、Kim and Jones（1989）等人的研究卻發現，採取獨資經營方式的外商企業並非都有較好的表現。因此，投資型態對大陸外商企業獲利性的影響並不確定。

交易成本發生在企業經營的各個層面，在銷售管道方面，外商企業在大陸市場上利用當地有能力的經銷商，比外商自己建立的配銷體系更有效率，因為當地經銷商在各地有後勤支援、管理人才和最重要的客戶，能使產品直接送達最終使用者手上。然而，要找到一個好的經銷商卻不容易，同時其衍生的交易成本很高。

大陸經改與兩岸經貿

表9-2　計量模型中各項解釋變數及其界定

各項變數	說　明
A.結構變數	
1.投資型態	...示）、佔多數股權合資（Jvmjr）、佔少數股權合資（Jvmnr）、合作（Corp）、等四組，其中獨資經營企業組為參考組
2.投資金額	以設立或受訪時投資金額（萬美元）表示（Invest）
3.營業額	以設立或受訪時營業額（萬美元）表示（Sales）
B.營運變數	
1.技術進口	虛擬變數（Tech），技術由外方提供為1，否則為
2.高階幹部聘僱比率	以百分比表示（Labor）
3.原材料當地採購比率	以百分比表示（Raw）
4.產品內銷比率	以百分比表示（Insales）。
5.經理人員報酬等級	百分比表示（Comp）。
6.外方董事席位比例	外方派遣董事席位佔全部董事會成員的比例（Board）。
7.外方爭握經營控制權	虛擬變數（Fctrl），外方爭握經營控制權為1，否則為0。
	...外方爭握內銷權的企業為1，否則為0。
III.產業特定變數	
1.產業別	以虛擬變數表示，分為十九個產業部門包括食品、飲料煙草、紡織、成衣服飾品、木竹製品等，其中電力及電子產業為參考組。

284

各項變數	說　　明
III.　地主國特定變數 　　A.投資地點	以虛擬變數表示，其中經濟特區（Sez）為參考組，另外包含沿海開放城市（Open）、各省省會（Prov）、其他城市（Others）等三組。
B.投資設廠時間*	以虛擬變數表示，分為1990年以前、1990-1993年、1994-1995年及1996年以後、其中以1996年後設廠的企業為參考組。
IV.　宗主國特定變數 　　A.外資來源國別	以虛擬變數表示，分為港澳地區（以Hong Kong表示）、台灣地區（Taiwan）、美國（USA）、日本（Japan）、新加坡（Sin）、其他國家（Others）等六組，其中港澳資企業為參考組。

*外商企業投資設廠的時間與企業特定因素也有關，文中有較詳細的說明。

　　當地經銷商無法提供完善的服務時，與包含在通路體系中的各類企業維持良好的工作關係是非常重要的。例如鐵路交通在大陸絕大多數地方是主要運輸工具，卻是商務後勤支援上的一大瓶頸。因此，我們預期外商在大陸曾與當地經銷管道建立良好關係者較能獲利。另外，有能力與當地金融機構建立良好關係的外商，將減低獲得貸款和其他金融支援的交易成本，獲利性也較高；利用當地低成本資源（如原材料）的能力愈強，顯然可擁有較大的競爭優勢及較高的獲利水準。

　　廠商的獲利性通常與其所處的競爭地位有關，持有專屬資產的廠商具備了競爭優勢，可與其他廠商做更有效的競爭，進而獲得較高的利潤（Dunning 1988; Gatignon and Anderson 1988; Agarwal and Ramaswami 1992）。例如台商頂新集團在大陸上製造及銷售速食麵系列產品之所以成功，主要是來自於該集團在產品配方、生產效率和管理訣竅等方面的專屬優勢。

　　廠商的專屬資產存在於幾個方面，主要包括經驗知識、競爭力等，某一廠商在海外市場營運的經驗愈多，在全球性競爭當中即可擁有較強的競爭力，在其他因素不變的情況下，該家相對於經驗較少的其他廠商而言，可以在海外市場上獲得較高的利潤。因此我們預期在中國大陸經營時間愈長的外商，比那些剛進入大陸市場的廠商累積

　　理論上，一個廠商的競爭能力是經歷長期發展而形成的，不是一般的競爭者可輕易複製，企業的規模，可說是規模經濟的展現，是一個廠商競爭能力的一種反映（Harrigan 1985; Yu and Ito 1988; Gomes Casseres 1990）。換句話說，大規模經營的企業較小規模經營者，有較

和獲利均較小規模經營企業為優（Douglas and Craig1982）。我們以樣本廠商成立登記時的投資金額大小表其規模，並預期規模愈大者，獲利性也較高。

　　除了經驗知識和競爭力之外，廠商在技術發展、人力資源管理、企業組織等領域，由于其特有的技術、人才與管理系統，也讓一家廠商在海外投資時，採用其擁有的先進技術或機器設備等專屬資產，將是企業經營成功的一項關鍵因素（Chowdhury 1992; Hagedoorn and Schakenraad 1994）。本文研究外方提供主要技術與否對績效的影響，預期廠商若攜帶專屬的技術，將可獲較高利潤。

　　外商利用其競爭優勢條件的能力，一部分是決定於投資所在地國家的市場環境條件。前曾提及，中共曾規劃經濟特區及經濟技術開發區等，積極建置這些硬體設施，提供特殊的租稅優惠待遇，吸引外國投資。因此，我們預期選擇在這些地區投資的外商，應可獲得當地政府較好的支援，進而較易獲利。

　　值得注意的是，隨著大陸的經濟不斷發展，其外資政策也在改變，特別是反映在外國投資者的不同激勵措施上。大致上，早期進入

大陸的外商雖然面對較的風險，但因可以享有較有利的優惠待遇，包括租稅、土地使用、能源和原材料之供應、市場通路等，往往可獲得較多的報酬（Beamish 1993; Shenkar 1990），因此，赴大陸投資的時間愈早，獲利性可能較高。

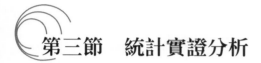

第三節　統計實證分析

一、樣本企業獲利的基本特徵

本文採用中華經濟研究院1999年初完成的調查研究資料[4]，樣本廠商共計981家，這些廠商在1997年間的獲利情形，有32家企業表示獲利率超過21%，有73家企業表示獲利率為11～20%，336家企業的獲利率為1～10%，121家企業表示損益平衡，另外，有193家企業表示遭到輕微的虧損1～10%，有87家企業虧損11～20%，有139家企業嚴重虧損超過21%。

在各國企業經營績效的比較方面（表9-3），日本企業有56%獲利，表現最佳，而新加坡企業表現最差，只有32%獲利，而虧損者卻高達62%。不同國別投資者之間獲利情況是否有差異，從卡方檢定的10%顯著水準來看，各國企業的績效表現確有顯著差異（=17.06，P=0.07）。投資型態是否影響外商績效，表9-4顯示合作經營與合資企業的表現較佳，分別有50%及47%的企業獲利；而獨資企業表現較

4　樣本廠商係依據大陸1995年工業普查的外商投資（製造業）企業為母體，採用分層抽樣法取得。即依(1)投資型態；(2)投資金額；(3)行業種類；(4)資金來源等四項交叉作表，決定所有層別，然後依不等比例於各層別中隨機抽出。調查時間為1999年2～4月間，填具資料係以1997年為準。

差，只有41%的企業獲利，相反地有50%虧損，卡方檢定結果顯示不

處於虧損狀態，各地外商企業的績效表現確有顯著差異存在（=40.58

列如表9-6所示。從表中可發現多變量模型（multivariate model）分析中線型重合（multicollinearity）問題應不存在。

	虧　損		損益平衡		獲　利		合　計	
	家數	比重	家數	比重	家數	比重	家數	比重
日　應	156	43.09	45	12.43	161	44.48	362	100
港　澳	126	40.65	45	14.52	139	44.84	310	100
新加坡	21	61.76	2	5.88	11	32.35	34	100
美　國	42	53.16	10	12.66	27			100
其　他	40	41.24	9	9.28	48	49.48	97	100
合　計	417	42.64	121	12.37	440	44.99	978	100

資料來源：中華經濟研究院調查資料整理。

表9-4　外商獲利情況與投資型態交叉分析表

比重：%

	虧　損		損益平衡		獲　利		合　計	
	家數	比重	家數	比重	家數	比重	家數	比重
獨　資	180	49.72	35	9.67	147	40.61	362	100
合　資	235	38.91	84	13.91	285	47.19	604	100
合作經營	2	25.00	2	25.00	4	50.00	8	100
合　計	417	42.81	121	12.42	436	44.76	974	100

資料來源：同表13-3。

表9-5　外商獲利情況與投資地區交叉分析表

比重：%

	虧　損		損益平衡		獲　利		合　計	
	家數	比重	家數	比重	家數	比重	家數	比重
南部沿海省份	146	43.58	48	14.32	161	48.05	355	100
東部沿海省份	88	31.09	48	16.96	147	51.94	283	100
北部沿海省份	167	53.01	24	7.62	124	39.37	315	100
內陸地區	11	78.57	1	7.14	2	14.29	14	100
合　計	412	42.61	121	12.51	434	44.88	967	100

資料來源：同表13-3。

● 二、計量估計結果分析

　　實證估計結果列於表9-7。首先就包含全部樣本的模式來看（即模型Ⅰ），在企業特定變數中，投資型態之不同以及專屬的技術條件對企業的獲利性沒有顯著的影響。企業投資規模愈大，獲利性愈高，但兩者間的關係未達到統計顯著性，換言之，不同投資規模的企業在大陸經營，獲利的機會沒有顯著的不同。此項發現與預期的結論不符，可能是因這些企業在大陸投資的時間不夠長，規模效益之差別尚未充分顯現，也有可能與大陸經營環境存在市場扭曲有關，有待進一步研究。

　　在企業經營型態方面，生產技術自國外進口的比率愈高，廠商獲利較低；從當地銀行或合資夥伴處取得周轉資金的比例愈高，企業的獲利較高。從過去的研究來看，產品內銷的比重勢必影響外商企業在大陸之獲利性，表9-7的估計結果也顯示，內銷比率確實是影響外商企業在大陸獲利性的重要因素，內銷比率愈高的企業，獲利性也愈高。此外，對經理人員提供較高等級報酬的某些企業，獲利的水準也較高，這種現象顯示，這些企業以高薪聘請有能力的經理人才，確實值回票價。

　　外方與中方合營時，依相關的研究發現，雙方常因為經營理念不合而影響企業的獲利能力。理論上，如果外方可以主導經營權，受到合營中方干擾的程度減低，應有助於企業的獲利表現。我們的實證研究選擇了三個變數，分別為董事會成員外方所佔比重、外方掌握經營主導權、外方掌握內銷行銷體制等，估計結果發現，此三項變數均未達到統計顯著水準，顯示外方是否掌控經營主導權，與企業的獲利表現並無顯著的關係。在各產業之間，相對於電力及電子業而言，木竹製品、金屬製品、運輸工具等產業獲利性較高，惟其差異未達到統計顯著水準；紡織與雜項工業等產業的獲利性，則顯著地低於電力及電

表9-7 台（外）商在大陸投資獲利性決定因素之計量估計結果

決定因素	I 全部樣本	II 台商樣本	III 外商樣本
I.企業特定因素			
A.說明變數			
1.投資型態			
獨資企業	-	-	-
多數股權合資		0.54(0.60)	1.22(2.07)
少數股權合資	-0.65(0.89)		
合作企業	-0.13(0.01)	1.68(0.54)	-0.90(0.43)
2.投資金額	0.00(2.33)	0.00(0.82)	0.00(2.34)
3.營業額	0.01(0.70)	0.00(0.02)	0.01(1.22)
B.自變數			
2.周轉金當地取得比率	0.00(4.35)**	0.00(0.25)	0.01(6.57)**
本銷比率			
員料本地化利期設計	0.00(0.22)	0.00(0.10)	0.00(0.23)
5.經理人員報酬等級	0.17(23.5)**	0.04(0.20)	0.19(22.67)**
本地化之差別	0.76(1.21)	1.00(0.98)	-1.17(1.99)
本地化之過程型態	0.16(0.32)	-0.22(0.16)	0.11(1.02)
II.產業特定因素			
1.產業別			
電力、電子	-	-	-
食品	-0.07(0.05)	0.98(1.70)	-0.03(0.01)
飲料、菸草	-0.07 (0.02)	1.19(1.09)	-0.37(0.45)
紡織	-0.82 (5.98)**	-1.69(5.26)**	-0.87(4.96)**
成衣服飾品	-0.37 (1.32)	-0.22(0.10)	-0.47(1.52)
皮革、毛皮製品	-0.10 (0.04)	0.65(0.40)	-0.55(0.93)
木竹製品	0.18 (0.14)	0.04(0.00)	0.19(0.09)
紙、印刷品	-0.06 (0.02)	-1.53(1.44)	0.09(0.04)
化學材料及製品			
石油及煤製品	1.20 (0.10)	0.75(0.14)	-
塑膠製品	-0.21(0.16)	1.20(0.92)	-1.32(3.02)*

決定因素	Ⅰ 全部樣本	Ⅱ 台商樣本	Ⅲ 外商樣本
塑膠製品	-0.17 (0.13)	0.30(0.12)	-0.56(0.94)
非金屬礦物製品	0.07 (0.03)	-0.21(0.05)	-0.19(0.15)
基本金屬	0.52 (0.42)	0.55(0.07)	0.48(0.30)
金屬製品	-0.15 (0.12)	-0.08(0.01)	-0.18(0.12)
機械設備	0.09 (0.06)	-0.80(0.92)	-0.28(0.43)
運輸工具	0.72 (2.36)	-0.03(0.00)	0.81(2.16)
精密器械	-0.20 (0.13)	0.12(0.01)	-0.10(0.02)
雜項工業製品	-0.81 (4.42)**	-0.45(0.34)	-1.27(7.75)**
Ⅲ.地主國特定因素			
1. 投資地點			
經濟特區	-	-	-
沿海開放城市	0.81 (4.23)**	0.77(0.81)	0.86(3.28)*
各省省會	0.59 (1.73)	1.70(2.91)**	0.47(0.77)
其他城市	0.97 (6.82)**	1.06(2.21)	1.04(5.21)**
2. 成立時間			
1989年以前	1.20 (9.01)**	2.75(9.91)**	0.80(2.80)*
1990～1993	0.69(3.94)**	1.15(3.33)**	0.26(0.34)
1994～1995	0.47(1.63)	1.83(7.11)**	-0.01(0.00)
1996年以後	-	-	-
Ⅳ.宗主國特定因素			
1. 投資來源別			
香港（澳門）	-	-	-
台灣	0.24(1.40)	-	-
美國	-0.32(1.25)	-	-
日本	0.56(4.32)**	-	-
新加坡	-1.02(5.41)**	-	-
其他國家	0.10(0.14)	-	-
-2 Log L	2051.62	554.98	1490.9
Chi-square （p value）	94.53(p＝0.001)	38.92(p＝0.038)	87.42(p＝0.001)
樣本數	9.81	362	619

**p<0.05；*p<0.1　說明：括弧中數據為Wald卡方值

子業，其餘的各種製造業，獲利性與電力及電子製品業比較，則沒有顯著的不同。

就地主國特定變數來看，在沿海開放城市、各省省會及其他地區投資的企業獲利性相對較高，尤其是在沿海開放城市和其他內陸城市投資的企業，較在經濟特區投資的企業獲利高，其差異並且達到統計顯著性，這項發現不同於以往的調查研究，顯示經濟特區對外開放時間較早外商群聚過多、競爭過於激烈，要素成本和相關的費用不斷上漲，獲利性已大不如前，其結果也反映在獲利性高低的資料數據上。

企業赴大陸投資的時間，是影響獲利性的重要變數，估計結果顯示，在1985年前設廠的企業獲利性最高，1990-1993年間設廠的企業最差，而1994年以後才到大陸投資的公司獲利性更高。早期進入大陸市場者所享有先發者優勢條件，對企業的獲利性具有關鍵的影響，大陸地區由於實行不同經濟制度，社會價值觀也有別於其他國家，外商到大陸投資縱使審慎做過投資可行性評估，較之到大陸以外其他地區投資需要花較長的時間適應及調整，可能是影響稍晚到大陸投資企業獲利較差的主要原因。

就來源國特定因素來看，不同外商企業的獲利性有所不同。日本廠商的獲利性顯著地高於港澳企業，台灣廠商的獲利性雖稍高於港澳地區的廠商，但未達統計顯著水準；而美國、新加坡等國家的廠商獲利性則低於港澳企業。

為進一步瞭解台商與其他外商企業的獲利性有何不同，本研究特將所有樣本廠商分為台商與非台商兩大類，分別加以估計，結果列如表9-7第二、三行（即模型 II, III）。在企業特定變數中，與全體樣本的估計結果一致，投資型態之不同以及專屬的技術條件對企業的獲利性沒有顯著的影響。在企業經營型態方面，台商以外的樣本（模型 III）中，技術進口比率、從當地銀行或合資夥伴處取得周轉資金比率、從

事內銷比例等變數對於企業獲利性有顯著影響，其中技術進口比率愈高，企業獲利性愈差；周轉資金當地取得比率愈高、內銷比率愈高，企業獲利性較佳，估計結果與模型I大致一致。但在模型II台商樣本中，所有與企業營運有關變數對於企業獲利影響皆不顯著，顯示影響台商獲利的因素較為複雜。關於外方對於企業經營權之掌控程度，無論台商或一般外商，估計結果均顯示其對企業獲利性無顯著影響。

　　不同產業、投資地點與投資時間對企業獲利的影響，模型II，III（台商與其他外商）的結果與模型I（全體外商）的結果大致相似，但台商在沿海開放城市和其他城市投資的企業，比在經濟特區投資企業獲利表現雖然較好，但未達到統計顯著水準，此點不同於其他外商；然而台商在各省省會投資的企業卻有顯著較好的獲利表現。

　　另外，對台商企業而言，先發比起後進者在大陸投資似更能夠獲利；對於一般外商而言，估計結果雖然也顯示先發者較後進者的獲利性高，但除了1989年以前就已經到大陸投資，否則其獲利性與1996年以後到大陸投資企業比較，並無顯著的差別。先發者到大陸投資持續時間較長，一般的經營根基已較穩固，同期投資者若遭致長期虧損，可能早就被淘汰；相對而言，後進者到大陸投資的時間累積尚短，有些企業可能仍在調適階段。因而，我們的實證研究會發現，先發者比後進者更能獲利。

　　最後，針對表9-7的實證估計結果，尚有幾項發現值得進一步提出討論。第一，投資型態與企業的獲利性似乎不相干。無論在那一個估計模式中，我們並未發現合資或合作經營企業的獲利性，顯著地高於（或低於）獨資經營企業。這個結論與一般人的預期不相符，或有進一步再做研究的必要。不過，必須補充的是，這項研究發現也有可能與大陸特殊的政治、經濟和市場結構造成的扭曲有關，換言之，中共政府透過其政策控制和行政干預，對市場和企業的經營活動造成影響，結果使得外國投資者雖採取不同投資模式，但卻都面臨同樣的處

境，致獲利性沒有顯著的差別。

第二，外商企業座落區位不同，對企業獲利性的影響與過去研究

步推論，經濟特區過去提供給外商企業的各種優惠措施，以及其礎設施等，在吸引外商投資的優勢上似已逐漸消失，另外中共對外開放的

地區，尤其內銷市場的進入障礙逐漸消除，使得外商企業在大陸各地投資的獲利性出現此消彼長的趨勢。

最後，從理論上來看，不同企業進入一個新市場的時間雖有不同，但先發者與後進者應該各擁有優勢條件，先發優勢除了在時機上

利的重要因素，先發者在大陸市場上享有極大的優勢。

第四節　本章結語

本文探討981家中國大陸外商企業獲利性的決定因素，有幾項重要研究發現，其中的一項是相對於港澳資企業而言，日本企業獲利性最高，英商和新加坡企業獲利性最低，而台資企業獲利性介於中間。這項研究發現顯示，企業獲利性的影響非常複雜，跨國企業經營累積的經驗與地緣接近、語言和文化相似等因素對企業獲利性的影響皆很重

要。

　　在每人國民所得水準不高的大陸上，許多國際企業分析家都強烈質疑，中國大陸的消費者是否有能力購買由西方國家廠商所生產的現代化消費財。本文的第二項重要發現，顯示從事內銷比率愈高的企業，獲利的水準也愈高。這種現象似乎隱含，中國大陸市場對外商企業生產的許多財貨而言，確實是一個有利可圖的地方。惟大陸的內銷市場尚未完全開放，內銷行銷通路仍保持計畫經濟的色彩，外商必須借助大陸本地企業的力量，才有可能順利在大陸內地行銷及獲利。

　　中國大陸的國民所得水準不高，為何可以支撐這麼多外商企業，成為如此的一個有利可圖之市場？這或可藉以下兩件事實來說明，第一，中國大陸是世界上人口最密集的國家，其中一小部分的高所得群即能為進口品和外商企業在大陸製造的產品創造一可觀的市場；第二，大部分大陸勞工都因有實物收入（例如住房、醫療保健、孩童教育補助和其他津貼等），而得到較正規薪資高的經濟報酬，因此，中共官方公布的所得統計，嚴重低估了大陸消費大眾的購買能力。購買力平價（purchasing-power-parity）調整反映大陸人民潛在的消費能力，遠高於每人國民所得水準（Yan, 1994）。

　　第三個主要發現是，與1996年後建立的外商企業比較，1993年以前已完成投資設廠的企業獲利性較高，而在1994～1995年間才建立的外商企業，獲利性並無顯著的不同。這項發現可能表示，後期到大陸投資的外商企業所能享受的優惠政策待遇逐漸減少，致獲利性降低，另一方面可能也顯示，早期投資者在市場進入和市場通路方面具有優勢，致獲利性較高。

　　最後，在結束本文之前擬提出三點補充說明。第一，本章研究企業獲利性的決定因素。從計算方法來看，「獲利性」的界定相當清楚，估計亦不困難，問題是，一般企業都會有隱瞞獲利程度的傾向，而跨國企業透過價格移轉的方式將盈餘轉移至境外，也是一項公開的

秘密，因此，蒐集企業真實的獲利資料相當困難。本文所引用的調查資料仍難免有不實的問題存在，惟在沒有具體的例證支持來自某一國（或具備某一特質）的廠商，有較強的低估獲利⋯⋯⋯⋯⋯⋯⋯⋯每一家樣本廠商低報獲利的態度大致相似時，我們的研究仍具有參考價值。

第⋯是計量估計結果中，有多項負變數的估計係數如銷售額、原物料當地採購比率、外方經營控制權等，Wald卡方值檢定並未達顯著水準，表示這些變數不是⋯⋯⋯⋯⋯⋯⋯⋯⋯這些變數的保留在表列中，一方面是因其符號與理論預期一致，另一方面則基於力使做到對照比較之考慮。當然，這項研究結論仍相當粗淺，有待進一步研究。

第二，尚有許多重要的解釋變數被遺漏，譬如生產方法、產業集中程度、投資地之基礎設施狀況、中央的行政干預（制度因素）等都可能是。不過，受到資料的限制，我們無法立即加以補充修正，即待未來再作進一步研究。

● 參考文獻 ●

中國社會科學院工業經濟研究所（1996），《中國工業發展報告》，北京：經濟管理出版社。

洪明洲（1995），「台商投資大陸的先發與後進策略之比較」，《理論與政策》（台北），夏季，頁56～66。

高長（1999），「大陸台商內銷市場風險及因應之道」，發表於大陸台商投資風險研討會，中華民國管理科學學會主辦，台北。

高長、季聲國（1994，1995，1997）「台商與外商在大陸投資經驗調查研究：以製造業為例（第一年，第二年，第四年）」，台北：中華經濟研究院。

高長、嚴宗大、張榮豐、張佩珍和陳厚銘（1992），「兩岸經濟交流之現況及發展趨勢」，台北：中華經濟研究院。

高長、王文娟（1999），「大陸經營環境變遷對台商投資影響之研究」，台北：中華經濟研究院。

Agarwal, Sanjeev & Sridhar N. Ramaswami. (1992). Choice of foreign market entry mode: impact of ownership, location, and internalization factors. *Journal of International Business Studies*, 23(1): 1～27.

Beamish, W. Paul (1993). The characteristics of joint ventures in the People's Republic of China. *Journal of International Marketing*, 1(2)29～48.

Beamish, W. Paul. & H. Y. Wang (1989). Investing in China via joint ventures. *Management International Review*, 29(1), 57～64.

Buckley, Peter J. (1988). The limits of explanation: Testing the internalization theory of the multinational enterprise. *Journal of International Business Studies*, 19(2): 181～193.

Chi, Peter S. K., Charng Kao and Ping-lung Hsin (1995). Hong Kong and Taiwan Enterprises in mainland China—an agent of transformation and development?, in Dieter Cassel and C.Hermann-Pillath (eds)., *The East, the West and China's Growth: Challenge and Response*. Baden-Baden, Germany: Nomos Verlagsgesellschaft, 139~163.

Chowdhury, Jafor (1992). Performance of international joint ventures and wholly owned foreign subsidiaries: A comparative perspective. *Management International Review*, 32(2), 115~133.

Douglas, Susan P. & C. Samuel Craig (1983). Examining performance of U.S. multinationals in foreign markets. *Journal of International Business Studies*, 14(3), 51~62.

Dunning, John H. (1988). The eclectic paradigm of international production: A restatement and some possible extensions. *Journal of International Business Studies*, 19(1): 1~31.

(1995). The multinational corporation's degree of control over foreign subsidiaries: An empirical test of a transaction cost explanation. *Journal of Law, Economics,and Organization*, 4(2).

Gomes-Casseres, Benjamin (1990). Firm Ownership preferences and host government restrictions: An integrated approach. *Journal of International Business Studies*, 21(1): 1~22.

Guisinger, Stephen (1989). Total protection: A new measure of the impact of government interventions of investment profitability. *Journal of International Business Studies*, 21(1): 1~22.

Hagedoorn, John & Jos Schakenraad. (1994). The effect of strategic technology alliances on company performance. *Strategic Management*

Journal, 15: 291~309.

Harrigan, Kathryn R. (1985). Strategies for Joint Ventures, Lexington: MA: D. C. Heath.Hennart, Jean-Francois (1991). The transaction costs theory of joint ventures: An empirical study of Japanese subsidiaries in the United States. *Management Science*, 37: 483~497.

Hill, Charles W., Peter Hwang, W. Chan Kim & Gareth R. Jones (1989). *Strategic management: An integrated approach*. Boston: Houghton Mifflin Co.

Hofstede, Geert (1980). *Culture's Consequences*, Newbury Park, CA: Sage Publications, Inc.

Killing, J. Peter. (1983). *Strategies for Joint Venture Success*, New York, NY: Praeger.

Kim, W. Chan & Peter Hwang (1992). Global strategy and multinationsls' entry mode choice. *Journal of International Business Studies*, 23(1): 29~53.

Kim, Wi Saeng & Esameralda O. Lyn (1990). FDI Theories and the performance of foreign multinationals operating in the U.S. *Journal of International Business Studies*, 21(1): 41~54.

Kogut, Bruce & Harbir Singh (1988). The effect of national culture on the choice of entry mode. *Journal of International Business Studies*, 19(3): 411~32.

Osland, E.O. and Cavusgil, S. T. (1996). Performance Issues in U.S.- China Joint Ventures. *California Management Review* 38: 106~129.

Pan, Yigang, Wilfried R. Vanhonacker & Robert E. Pitts (1995). International equity joint ventures in China: Operations and potential close-down. *Journal of Global Marketing*, 8(3/4): 125~150.

Shenkar, Oded (1990). International joint ventures' problems in China:

Risks and remedies. *Long Range Planning*, 23: 82~90.

Simon, Dennis F. (1990) , After Tiananmen: What is the Future for foreign business in China? *California Management Review*, 32, Winter: 106~134。

Smothers. Norman P. (1990). Patterns of Japanese strategy: Strategic combinations of strategies. *Strategic Management Journal*, 11: 521~533.

Tallman, Stephen B. (1988). Home country Political risk and foreign direct investment in the United States. *Journal of International Business Studies*, 19(2): 219~234.

Yan, Aimin & Barbara Gray (1994). Bargaining power, management control, and performance in United States-China joint ventures: A comparative case study. *Academy of Management Journal*, 37(6): 1478~1517.

Yu, Chow-Ming & Kiyohiko Ito (1988). Oligopolistic reaction and foreign direct investment: The case of the U.S. tire and textile industries. *Journal of International Business Studies*, 19(3): 449~460.

Woodcock, C. Patrick, Paul W. Beamish, & Shige Makino (1994). Ownership-based entry mode strategies and international performance. *Journal of International Bussiness Studies*, 25(2): 253~273.

兩岸產業分工與 台灣經濟發展　10

台灣廠商赴大陸投資的動機，一般是以取得低成本的勞動力和拓展當地內銷市場為主，而受到大陸內需市場開放及國民所得提高的影響，廠商對拓展大陸內銷市場的重視程度與企圖心與日俱增，成本節省的誘因則逐漸減弱。但是，不同產業到大陸投資的動機不盡相同，譬如，對電子資訊業而言，配合跨國品牌大廠代工訂單的要求，或配合上、下游業者已到大陸投資的事實，是赴大陸投資決策中很重要的考量因素[1]，這種現象凸顯台灣產業以代工業務為主，在全球科技產業供應鏈中的地位和特質。

在經濟全球化的潮流下，由於網際網路的普及，加上數位傳輸技術和通訊產業快速發展，不僅國家市場藩籬界線漸失，製造生產能力及技術創新也開始跨國分散化，國際分工格局已由線性架構下的水平分工與垂直分工概念，轉向網絡化發展，此一趨勢具體反映在跨國企業的資源佈局多元化，以及以製造活動為基礎的廠商，經由專業價值與價值鏈整合能力，創造有力競爭優勢的演變。

在全球佈局的思維邏輯下，專業分工的目的在於整合全球各地資源之比較利益，讓各項活動能夠充分運用各地的優勢資源，建構最具優勢的競爭基礎。本質上，生產製造、研究發展、行銷服務等主要之企業機能，所需的資源不同，依賴的最適環境條件也不同，因而，廠商全球分工佈局之策略做法，是將研發、生產、行銷等主要活動，依據地區資源特性而進行全球佈局。由多國籍企業之海外子公司的角色扮演，愈來愈強調創意、海外創業精神之策略做法，可以推論多國籍企業之經營已呈現「無國界」狀態；而多國籍企業的全球佈局，可能

1　參閱中華經濟研究院，《製造業赴大陸投資行為轉變及政府因應政策之研究：以電子資訊業為例》（台北：中華經濟研究院，2003年），頁48-50；數位週刊，「高科技台商赴大陸投資總調查」，《數位週刊》，2001年第25期，頁35-41。

為了全球市場或全球資源運用之策略觀點而展開，對特定地區之產業發展造成影響。基本上，地區產業的發展會受到這些策略相互的影響，而地區資源特質又會成為吸引各國策略選擇與布置全球布局策略的行動，在兩者互動效應之下，全球各地區朝向不同的特定產業群聚現象，已經成為不可避免的趨勢。

在全球分工趨勢下，形成不同地區發展不同產業的現象，例如：擁有研發人才、或是形成研發資源充沛的地區，並形成以研發為主軸的產業結構，勞力供應充沛地區，適合從事生產製造組裝活動，運輸便利、或擁有便捷運輸服務系之發展，而形成以裝配組裝為基礎的產業結構。大陸擁有台灣欲發動台商上游企業產業前進，進而形成具備發展上游，進入群聚現象，透過群聚聯結有關聯的產業（包括台商、台資與台灣），連動形成不同群聚的供應鏈。

第二節　兩岸產業內貿易

考察兩岸雙邊經濟交流的發展趨勢，可以發現兩岸雙邊貿易活動早自1980年代初期即已開始，並且1980年代後期起迅速發展，而台商赴大陸投資則遲至1987年以後才開始。1980年代初期，由於生產要素無法在兩岸之間流動，兩岸的資源稟賦差異只能藉由商品貿易來實現分工的利益。闡至1990年代初期，由於生產要素移動的限制已逐漸放寬，特別是台灣的資本流向大陸方面，同時也由於兩岸商品貿易仍然存在一些障礙，例如關稅、運輸成本等。因此，兩岸之間生產要素移動與交易，也有部分取代了兩岸商品貿易活動。例如，上、中游供應商隨著中、下游廠商到大陸投資，就地生產供應，導致台灣的對大陸出口減少。

不過，必須指出的是，台灣廠商攜帶資金前往大陸投資，與兩岸

商品貿易之發展，似乎也具有相當高的互補性質。具體而言，由於大陸地區經濟相對較落後，配套產業不足，或由於母子公司整體經營策略考量，在大陸投資的廠商向台灣地採購所需的機器設備和原材料、半成品、零組件等，是相當正常的，因而隨著台商赴大陸投資增多，大陸台商事業自台灣採購乃促進台灣對大陸出口擴張；另一方面，大陸台商製造的零組件、半成品或甚至製成品，也有部分會回銷台灣，因而促進了台灣自大陸進口，這些觀察基本上已獲得許多調查研究結果的支持，例如，中華經濟研究院（1994，1997）、經濟部投資審議委員會（2000，2005）。

　　兩岸雙邊貿易與台商赴大陸投資呈現互補的性質，與Purvis（1972）、Markusen（1983）和Agmon（1979）等人所做的研究論點一致。Purvis（1972）的研究指出，考量各國生產技術的差異，國際間資本移動可能會擴大國際貿易規模，從而商品貿易和生產要素的移動可能呈現互補的關係。Markusen（1983）的研究則明確指出，如果發生商品貿易的基礎與生產因素稟賦無關，則生產要素的移動與產業內貿易（intra-industry trade）呈現互補關係。Agman（1979）亦認為在產業內貿易發生時，生產要素的移動和貿易是呈互補關係。

　　傳統的Heckscher-Ohlin-Samuelson貿易理論強調，生產要素稟賦決定了各國的比較利益型態，從而決定了國際貿易商品結構，這種貿易型態是屬於產業間的貿易（inter-industry trade），或稱為互補型貿易。不過，當兩國的經濟發展程度和技術水準差距顯著存在時，基於外部性規模經濟效益和產品差異化等現實因素之考慮，兩國之間必然也存在產業內貿易。就兩岸之間雙邊貿易的商品結構型態來看，由於兩岸既存在自然資源和生產要素稟賦差異，又存在明顯的技術和經濟發展水準差距，因而根據上述理論，兩岸間的商品貿易可能同時具有產業間貿易和產業內貿易之特質。

　　Grubel-Lloyd（1975）與Tharakan（1983）曾指出，國際貿易伙

國之間的經濟整合並不會帶來更多的產業間專業化（inter-industry specialization）現象，反而會增加更多的產業內貿易，即一國同一類商...

（1994）曾先後利用Grubel-Lloyd（1975）的方法，計算台灣對大陸的

產業貿易指數，結果發現，兩岸雙邊貿易同時存在產業間和產業內

貿易...之變化與兩國經濟發展、市場化規模和貿易障礙相關，產品差異、規

模經濟...

內貿易不斷增加，主要可歸因於生產技術水準和產品差異。

　　為了更進一步了解近年來兩岸產業的競合關係，我們利用HS二位數分類產品資料，檢視台灣與大陸在1995～2004年間產業內貿易之變...

增產業中，包括動植物油脂製品、貴金屬製品、運輸設備和雜項製品等之產業內貿易指數相對較高，電子及電機設備製品的產業...

　　兩岸產業內貿易指數較高的製品，大部分都是屬於台灣對大陸投資金額較大的產業。這種現象顯示，台商對大陸投資確曾促進兩岸經濟整合。典型的型態是，投資資金自台灣外移至大陸，隨即帶動台灣的資本財和原材料出口至大陸，最後導致半成品或製成品回銷台灣或銷往第三國。因此，台灣對大陸投資基本上是台灣母公司業務之擴充，從而投資必然會加速兩岸產業內貿易之成長。

$$B_{ij} = \left[\frac{|X_{ij} - M_{ij}|}{(X_{ij} + M_{ij})} \right]$$

其中，B_{ij}的值介於0和100之間，X_{ij}和M_{ij}分別代表i國對j國的出口和i國自j國之進口。B_{ij}指數越趨近100，表示X和M值越接近；也就是說，產業內貿易越趨越大，兩國之間的產業互補程度會高。

表10-1 台灣與大陸產業內貿易指數變動趨勢

單位：%

	1995	2000	2001	2002	2003	2004
蔬菜	11.52	22.54	17.96	11.58	12.08	17.79
動植物油指	5.40	12.81	23.37	32.79	64.21	57.85
食品、飲料、菸草	28.60	17.97	25.79	15.80	17.83	22.89
礦產品	17.74	10.84	5.24	5.08	5.05	3.81
化學製品	25.65	23.49	19.86	19.30	20.05	19.23
塑膠、橡膠製品	4.86	5.64	5.07	4.99	5.84	8.06
皮革、毛皮製品	7.82	7.01	10.96	12.85	19.78	14.41
木製品	34.77	33.17	30.32	26.91	28.65	20.35
紙漿、紙製品	14.43	19.85	20.11	20.05	24.31	24.19
紡織品	5.22	4.83	4.69	6.31	7.10	7.90
鞋、帽子、傘等製品	39.03	40.84	37.40	24.45	17.37	13.72
陶瓷、玻璃製品	23.22	20.64	14.90	14.19	13.05	18.89
貴金屬製品	14.80	29.65	30.11	29.90	52.08	50.28
金屬製品	16.34	10.98	11.48	12.23	13.07	18.89
電子、電氣機械製品	23.96	26.65	27.39	28.05	29.54	30.30
運輸設備	22.39	30.52	38.79	43.51	32.57	42.88
精密儀器	36.28	24.14	17.89	11.06	16.28	18.59
雜項製品	44.31	50.55	53.94	48.44	50.70	46.30
藝術品、古董	45.82	10.71	65.13	23.30	10.63	7.16
其他	0.00	20.05	21.79	83.88	25.49	4.96
合計	17.00	18.29	18.57	19.61	21.48	22.93

資料來源：利用WTA資料庫資料計算而得。

第二節　兩岸產業分工與佈局特徵

隨著兩岸經貿交流規模擴大，兩岸經濟、產業的融合已愈來愈緊密。前文曾提到，台商赴大陸投資帶動了兩岸雙邊貿易之發展，尤其是產業內貿易之發展，已使得台灣與大陸的產業內垂直或水平整合程度愈高。

台商對大陸投資，絕大多數都將母公司在台灣繼續營運，並在兩地均設有製造部門（表10-3）。大陸投資事業可以說是全球佈局的一環。中華經濟研究院（2002）針對電子資訊產業的研究指出，台灣廠商依據本身所擁有的所有權和內部化優勢[3]，以及考量台灣和大陸的相對區位優勢之後，決定出兩岸的經營分工生態鏈。台灣母公司以研發活動為主流，以國際業務的聯繫、接單等為輔，亦即主要以研發和行銷等活動為主導，而大陸子廠則是台商生產鏈中主要供應表逐的角色。充其對於大量生產、附加價值相對較低、勞力密集或變技術的產品，或大陸具有製造優勢、特定符合大陸內需市場需要、應客戶要求在大陸製造的產品，安排在大陸生產。台灣母公司的製造活動，基本上只保留少量、多樣、高價和高階產品的製造，以及新產品試量產和台灣具生產優勢的產品仍留在台灣生產。近年來，製造業加速在兩岸投資佈局，採用「台灣接單，大陸生產」營運模式者愈來愈普遍，令人關注。[4]

3　所有權優勢是指企業在部分領域次系統商品化能力、國際市場通路經驗、國際品牌、核心技術等方面的經營優勢；內部化優勢是指企業管理整合能力、產品流動能力、市場技術優勢、充裕的投資訊通訊網路、其良好的融資功能

4　根據經濟部統計處《製造業對外投資實況調查報告》的資料顯示，台灣外銷

表10-2　大陸台商事業與台灣母公司產品的關聯性

單位：%

年別	無關係	台灣無製造部門，只負責銷售大陸事業的產品	大陸無製造部門，只負責銷售台灣公司產品	兩岸均設有製造部門，其產品或有不同
1999	9.04	11.16	3.54	76.26
2005	7.26	15.40	4.55	72.79

資料來源：經濟部統計處，《製造業對外投資實況調查報告》，各年。

　　廠商特有的產業網絡對兩岸產業分工格局有顯著的影響，一方面在赴大陸投資初期，仍運用原有的產業網絡進行採購或行銷，使得兩岸垂直分工關係相當緊密；另一方面，原材料或半成品的供應廠商，也會因為產業網絡的關係，主動或被動地隨著下游加工製造業者前往大陸投資，就地生產供應，結果使得兩岸產業在製造方面的分工縮減。換言之，台商赴大陸投資後，改變了企業與台灣原有供應鏈的連動關係，在群聚效應影響下，投資者在大陸建立了新的產業供應鏈。這種現象在雜項製品、塑橡膠製品、家用電器、木材製品等產業最為明顯（高長，2001）。

　　蔡宏明（2006）的研究指出，傳統產業在兩岸投資佈局大都採取垂直分工，例如石化產業，係以台灣作為中、上游原材料的供應基地，大陸則是以中、下游生產製造為重心；又如紡織業及成衣服飾業等，大都由台灣主導研發和市場開發，以大陸為生產製造中心，進行上、下游整合性投資佈局。就高科技產業而言，高長（2006）的研究發現，台灣廠商赴大陸投資之後，基本上仍與台灣地區的產業維持緊密的分工關係。在生產活動方面，有採取水平分工的模式，例如少量、多樣、高階、高價產品在台灣製造，大量、低價和低階的產品則

高出甚多。

移往大陸生產，也有採取垂直分工的模式，例如將產品製程切割成好幾段，依台灣和大陸的製造優勢條件分工生產，最後由台灣母公司進行組合……依據設計……另外，從企業管理的角度來看，台灣母公司在研發、行銷、採購和財物調度方面仍保有經營主導權，在大陸投資的公司主要負責製造。

台灣廠商在海外投資經歷的時間，與跨國大企業比較並不算長……在全球化的趨勢下……並利用當地的產業網絡進行跨境分工佈局，不只提升了整體的產業競爭力，也促使產能擴大。電子資訊產業的台商即是此一發展模式的最具典範例，該產業近年來積極到大陸投資，在大陸華南與華東地區形成產業聚落，伴隨其產能擴張，生產活動向西移的傾向已相當明顯的遞增現象，表10-3的資料顯示，1995~2005年間，台灣資訊硬體業產值由195億美元增加至900億美元，成長了4倍，成為僅次於美國，全世界第二大資訊硬體業生產國，不過，……

……值得一提的是，製造業海外生產的比重不斷增加的結果，已造成部分廠商在台灣沒有製造部門，而且經濟部統計處的調查資料顯示，到大陸投資後結束在台灣的製造部門，所佔比重似有增加的跡象（表10-2）。另外，在兩岸都保有生產活動的廠商，認為兩岸生產相同產品台灣產品較高級所佔比重，在1999年間超過三分之一但是到了2005年時，該比率已降至19%（表10-4），其中，精密器械業者認為台灣生產的產品較大陸高級的比率更降至10%以下，皮革毛皮製品、電子電機業、塑膠製品、化學製品等行業認為台灣生產的產品較高級的比率也來越來越低，顯然，台商在兩岸生產相同，在台灣所製造的產品與在大陸製造的差異性已縮小。

表10-3　台灣資訊硬體產業生產活動相關統計

年	1995	1998	1999	2000	2001	2002	2003	2004	2005
總產值（含國內外生產）（億美元）	195	338	399	470	427	484	572	696	800
國內生產份額（%）	72.0	58.0	52.7	49.1	47.1	35.7	18.8	15.6	6.8
海外生產份額（%）	28.0	42.0	47.3	50.9	52.9	64.3	81.2	84.4	93.2
其中：大陸（%）	14.0	29.0	33.2	36.9	36.9	47.5	65.0	70.1	79.5

資料來源：依據資訊工業策進會資訊市場情報中心（MIC）相關資料整理而得。

表10-4　兩岸產製相同產品台灣產品較高級的比率

單位：%

	1999	2005
全體產業	34.5	19.2
食品飲料業	50.0	33.3
紡織業	53.3	30.2
成衣服飾業	32.6	25.9
皮革毛皮製品	36.0	14.7
家具裝設品	33.3	33.3
化學材料業	29.4	20.9
化學製品業	32.2	18.5
橡膠製品	36.4	30.8
塑膠製品	28.4	17.3
金屬製品	35.6	25.6
機械設備業	35.9	20.7
電子電機業	36.0	13.8
運輸工具業	42.0	27.5
精密器械業	40.7	9.6

資料來源：依經濟部統計處，《製造業對外投資實況調查報告》資料計算而得。

前曾提及，台商在兩岸投資佈局，基本上是將大陸定位為主要的製造重心或生產基地，而行銷（外銷接單）、財務調度、研發等運籌管理業務，則主要仍由台灣母公司負責。近年來，台商在大陸投資事業投入研發活動的態度較過去積極，不過，中華經濟研究院（2003）針對電子資訊業的研究指出，兩岸在研發上之分工，從產品面來看，台灣母公司的研發活動大都比較偏向於周邊、針對國際市場、屬於開發階段的產品；而大陸投資事業的研發活動則大都比較偏向系統性、□□□□□□□□□□□□□□□□□□□□□□□□□□□□□母公司的研發活動較偏重硬體、產品開發和製程開發，在大陸投資事業的研發活動則傾向於軟體開發、基礎研究、製程調整，以及製程認□□□擴大，在整個事業體中的地位提升，其研發的角色和地位也隨之大幅□

第二節　對台灣產業發展的影響

兩岸經貿交流發展對台灣產業發展的影響，首先就雙邊貿易來□□□促進相關產業的發展，對大陸出口的擴展，刺激台灣地區的相關產□□□□□□□□□□□□□□□□□□□□□□□□□□□□□□□產業的景氣和經濟成長。李榮先等人（1995）的研究發現，台灣對大陸出口每增加一單位，將誘發台灣地區各產業部門增加2.09個單位產

出。兩岸各自根據比較利益原則進行生產後再進行貿易，專業分工將有利於提高彼此之資源利用效率，創造更大的貿易利得。就不利的一面來看，主要是兩岸經濟關係愈來愈密切的結果，將造成台灣對大陸經濟之高度依賴，進而台灣經濟之穩定成長容易受到大陸地區經濟情勢變化的影響，或成為中共對台採取經濟制裁的籌碼。

就台商赴大陸投資而言，對台灣經濟造成的影響亦是利弊兼具，關鍵在於對大陸投資是否替代了在台灣投資。高長（2001）的研究指出，台商選擇大陸直接投資的戰略考量，主要是資源導向，是為了利用當地充沛且低廉的勞動力和土地資源；其次為市場導向，也就是為了拓展當地市場，而配合國內中、下游廠商登陸、利用當地原物料資源、配合國外客戶要求等，也是台商選擇到大陸投資較重要的考量因素。由於缺乏具體的實證數據，無法了解廠商到大陸投資取代在台灣投資的程度究竟有多大？可以肯定的是，內銷導向型企業之投資目的，主要在於攻佔大陸當地市場，替代在台灣投資的可能性或將小一些，對台灣產業發展應不會造成顯著負面影響，甚至於對特定產業產能擴充及國際化經營是有利的。外銷導向型企業之投資目的在降低生產成本，維持或提升出口競爭力，將造成生產基地外移及出口實績轉移，較可能替代在台灣投資，對台灣經濟的負面影響及可能較大。

其次，從產業結構的變化來看，可以分從兩個角度探討，一是在大陸投資是否將增加或減少產業內競爭。依相關的學理，對外投資主要建立在市場不完全性上面，例如產品差異化、特定技術之掌握、原材料或天然資源之控制等，而海外投資的結果有擴大廠商市場獨佔力量、減少產業內競爭的傾向。另一則是對外投資之增加是否會造成國內反工業化（deindustrialization）結局，也就是說，造成製造業在國內經濟中的重要性逐漸降低、產業空洞化，對外競爭力逐漸減弱。

在探討兩岸經貿交流議題中，「產業空洞化」問題一直是各界關切的焦點之一。大家憂慮的是，兩岸人文、歷史、語言的同質性高，

移的可能性。大量外移的結果可能造成台灣產業空洞化危機。不過，
很不同有法者認為，台灣經濟經過幾十年的發展，正面臨結構轉型，
部分在台灣已不具備市場競爭優勢的產業，移往大陸或其他海外地區
繼續發展，不但不必然導致台灣產業失血，反而會因為部分生產線在
海外獲得發展空間，有助於台灣的產業結構轉型和升級。台灣產業沒
有空洞化的危機，有的只是產業升級和轉型的問題。

在一眼中鎖導向或外鎖導向不同看不同，中鎖導向的投資目的在靠近
並攻佔大陸當地市場，理論上或不會替代在台灣的投資，如果會的話

出口貿級轉移，較出能留在台灣投員，對台灣經濟的負面影響即可
能較大。然而，老資指出的是，這些升期導向的生產業者中將移到大
陸投員，由在台灣是否會因為競爭優勢逐漸失大而萎縮，因此，這
大陸投資對台灣國內產出是否有影響，長期而言要取一知態樣不涉
後觀看，甚至也可能有助於台灣產業這轉型和升級。Chen and Ku
（1995）的研究發現，台灣廠商對外投資與國內生產線的關係是補的
關係，對外投資造成的產業結構調整並不必然帶來產業空洞化的後
果。

　　由於資訊不足，我們無法確認台商在大陸投資，到底有多大程度
替代在台灣投資。不過，從學理上我們或可推論，衰退性產業面臨不
斷上升的生產成本，特別是勞工僱用成本，以及開發中國家低廉產品
在外銷市場上的競爭威脅，在台灣地區的發展空間逐漸喪失，新的投
資計畫一般都會選擇到海外執行，因此，這類產業在大陸（或海外）
投資替代在台灣地區投資的比率可能較高。反之，對一些新興產業而

言,由於在台灣地區尚有發展空間,一般都不會輕易退出,到大陸投資通常是基於擴充產能、國際化經營或攻佔當地市場的目的,兩地業務相輔相成。在田野調查研究中,我們確也發現,在台灣地區尚有發展空間的產業,到大陸投資行動較為謹慎,因此,這類產業在大陸(或海外)投資替代在台灣地區投資的比率可能較低。

高長(2001a)曾根據台灣地區總體經濟表現,以及台商在大陸與台灣兩地生產分工的格局,觀察探討製造業台商在大陸投資,替代在台灣地區投資的可能程度。研究結果發現,台商赴大陸投資後,台灣母公司仍繼續維持生產者,無論是資本額、營業額和獲利情形,平均而言都比赴大陸投資之前有所成長。這些廠商在兩地之間的生產活動,較少採取垂直分工方式;採取水平分工形式雖較普遍,但留在台灣生產之商品大部分附加價值較高;台商在兩地生產的產品有明顯的區隔,彼此未造成直接競爭。另外,若就企業經營活動觀察,大陸子公司大都只有生產作業,其他的活動如商情蒐集與研判、新產品研究、產品設計與測試,以及技術研發、產品行銷等,則絕大多數由台灣母公司負責。這種現象顯示台商到大陸投資,並未完全取代在台灣投資。

台灣企業對大陸地區投資的情形愈來愈多,是否顯示台灣地區同類型產業的發展優勢已逐漸喪失,並進而導致萎縮?高長(2001a)針對台灣製造業發展趨勢的研究發現,自1987年以來,皮革毛皮製造、木竹製品、成衣服飾品、雜項製品、家具及裝飾品、塑膠製品、飲料菸草業等傳統勞力密集加工型產業呈萎縮的現象。這些產業大都也是在大陸投資金額較大的產業,顯然在台灣的生產萎縮與到大陸投資兩者密切相關。不過,在比較分析中卻也發現,電力及電子機械業、化學材料業、化學製品業、金屬基本工業等多項產業赴大陸投資金額雖然相當大,但在台灣的產值並未萎縮。

總之,台商赴大陸投資,確實造成台灣某些傳統勞力密集加工製

造業之生產萎縮。不過，由於新興產業代之而起，同時台商在大陸與

台灣生產的產品有明顯區隔，兩岸企業已逐漸形成「功能性分工」體

系，基本上對台灣製造業平均而言，近年來仍能保持顯著的成長，由

此可見，台商對大陸投資促進台灣產業結構之調整，對台灣經濟發展

具正面意義。

就對貿易收支而言，台商到大陸投資可能造成的影響主要表現在

是為了開發及就近利用當地資源，則對台灣的貿易收支兼具正負面影

響，尤其在大陸投資生產的半成品或製成品回銷台灣。

製造業台商在大陸事業所需的原材料、半成品和零組件等，採購

來源的地理分布狀況不容忽視，與將影響兩岸產業

的競合。根據經濟部統計處《製造業對外投資實況調查報告》資料顯

比重為35.1%，較1999年的49.8%和1993年的54.7%低了許多，零組件和

半成品自台灣採購的比重同期間也呈現逐年降低趨勢，由1993的60.8%

帶動對大陸出口額，佔同期間台灣對大陸出口總額之比重，邱秀錦

───────
5　佔台灣總出口的比重，1993年和1999年分別為4.2%、7.3%。參閱邱秀錦
　　（2001）。

濟部工業局發佈的資料顯示,大陸台商帶動台灣對大陸出口金額,在2000年間約為96億美元,約佔當年台灣對大陸出口金額的37.7%。[6]

大陸台商企業所需的原材料和中間製品,自台灣採購所佔比重逐漸減少,而自大陸當地採購比重則逐漸增加,這種現象與跨國企業海外投資的發展經驗頗為一致,顯示大陸當地製造供應能力已逐漸改善。不過,值得一提的是,原材料和中間製品自大陸當地採購的部分,約有一半左右是來自於當地台商,對應於自台灣採購比重降低,顯示大陸台商企業在大陸當地似已另外建立了新的產業聚落,且聚落的張力逐漸擴大。

台商在大陸投資帶動台灣自大陸進口,可以從大陸台商企業製品回銷台灣的情形得知梗概。1990年代初期,由於台灣對大陸製品進口嚴格管制,大陸台商製品回銷台灣的金額應不會太多。不過,自1990年代中期起,隨著台灣逐漸擴大開放大陸製半成品進口,大陸台商產品回銷的比重逐漸增加,根據經濟部統計處的調查資料顯示,已由1993年的11.97%,增加為2004年的16.88%。童振源(2003)的研究指出,大陸台商企業產品回銷台灣的金額佔大陸對台灣出口的比重,估計在1998年間約有10~13%。

回銷比例高低在文獻上的討論,常被視為進口國產業空洞化的指標之一,如果在大陸投資的台商產品回銷比例較高,同時也是外銷至大陸以外市場比例較高的行業,則在理論上,這些產業在台灣似乎較會面臨產業空洞化危機,因為赴大陸投資企業直接從大陸生產出口,回銷台灣或在國際市場上與台灣本地企業勢必構成競爭,大陸的廉價勞工成本優勢,對台灣本地企業的國際行銷將造成強大威脅,從而可能影響台灣本地企業之生存與發展。

6　參閱經濟部工業局《台灣製造業發展升級策略長期研究計畫》,2001年6月。

而也由於在投資動機上，主要在利用大陸低廉生產要素，降低生產成

成了台灣的出口實績轉移。譬如，製鞋、製傘、製帽、腳踏車、燈

佔有率都很高，隨著台商將生產基地轉移至大陸，台灣的出口衰退，

繼擴增。

重逐年下降，至2006年時已降至11.2%；日本雖然一直是台灣第一大進
口來源，唯其佔台灣總進口的比重自1990年中期達到30%高峰以後，

目中國大陸進口佔台灣總進口的比重卻不斷上升。

灣最重要的出口市場，1985年資料顯示，台灣對美國出口值佔同年度
台灣出口總值的比重曾高達48.1%，嗣後，則呈現逐年下降趨勢，到
2006年時已下降至14.4%。日本在1990年代初期以前一直是台灣第二大
出口市場，所佔比重約11～12%，近年來日本在台灣出口貿易伙伴中的
地位也呈現下降趨勢，而大陸在台灣出口貿易中所佔比重則呈現逐年
上升趨勢。

表10-5　歷年來台灣主要貿易伙伴結構之消長

單位：%

	進口貿易				出口貿易			
	中國大陸	美國	日本	韓國	中國大陸	美國	日本	韓國
1980	---	23.7	27.1	1.1	---	34.1	11.0	1.3
1985	---	23.6	27.6	1.1	---	48.1	11.3	0.8
1990	2.6	23.0	29.2	2.5	12.7	32.4	12.4	1.8
1995	4.8	20.1	29.2	4.2	23.7	23.7	11.8	2.3
2000	6.0	17.9	27.5	6.4	24.0	23.5	11.2	2.6
2001	7.2	17.0	24.1	6.3	25.8	22.5	10.4	3.6
2002	8.6	16.1	24.2	6.9	31.2	20.5	9.2	3.0
2003	10.0	13.2	25.6	6.8	34.5	18.0	8.3	3.2
2004	11.2	12.9	26.0	6.9	36.7	16.2	7.6	3.1
2005	11.9	11.6	25.3	7.3	37.8	15.1	7.6	2.9
2006	12.2	11.2	22.8	7.4	39.8	14.4	7.3	3.0
2007	12.77	12.09	20.95	6.91	25.30	13.00	6.45	3.15

資料來源：1.根據經濟部國際貿易局資料計算而得。

　　　　　2.中國大陸的數據包含香港在內。

第五節　對台灣勞動力就業的影響

　　對外投資是否會造成台灣失業問題惡化？有若干研究指出該兩者的關係並非必然（瞿宛文，2001；顧瑩華，2001）。顧瑩華（2001）的研究發現，台灣雖在1980年代中期以後便開始進行大量的對外投資，但一直到1990年代結束前，台灣並無嚴重的失業問題，反而是長期困擾著台灣經濟的低技術勞力不足問題，因產業外移而獲得紓解。該研究利用經濟部《工廠校正資料》計算，結果發現有對外投資的廠

大陸經貿與兩岸經貿

擴大。該項研究與Hawkins（1979）的實證研究發現類似，顯示廠商在國內及海外從事的經濟活動帶與月相輔相成的關係，對外投資未必對國內就業水準有巨間影響。

別約為17.7萬人及19.7萬人，淨增加2萬人左右，佔1993年就業人數的11.42%，其中包含了9.3萬個就業機會創短及7.3萬個就業機會汰減，分別佔1993年就業人數的52.78%及41.33%，只投資大陸以外其他地區的廠商，1993～2000年間的僱用人數淨增加8.2萬人左右，佔1993年就業人數的55.38%，其中包含了14.9萬個就業機會創造及6.6萬個就業機會汰減，分別佔1993年就業人數的100.14%及44.76%。相較之下，只投資大陸以外地區比只投資大陸地區的廠商對於台灣就業之貢獻似乎較大；在大陸及其他地區都有投資的廠商，1993年至2000年間的僱用人數淨增加6.8萬人左右，佔1993年就業人數的30.66%，其中包含了13.7萬個就業機會創造及6.8萬個就業機會汰減，分別佔1993年就業人數的61.44%及30.78%。

表10-6　對外投資製造業的就業變化：不同投資地區比較

單位：千人，%

	淨變化		就業創造		就業汰減		廠商國內僱用變化	
	L82　(100.0)	**ΔL**	**B89** (1)	**ΔE8289** (2)	**ΔC8289** (3)	**D82** (4)	非存續廠商 (1)+(4)	存續廠商 (2)+(3)
只投資大陸	177 (100.0)	20 (11.42)	68 (38.47)	25 (14.31)	-39 (-21.88)	-34 (-19.47)	34 (19.0)	-13 (-7.6)
只投資其他 地區	149 (100.0)	82 (55.38)	100 (67.55)	48 (32.59)	-26 (-17.69)	-40 (-27.07)	60 (40.5)	22 (14.9)
投資大陸及 其他地區	222 (100.0)	68 (30.66)	79 (35.35)	58 (26.09)	-38 (-16.92)	-31 (-13.86)	48 (21.5)	20 (9.2)

說明：括弧中數據為以L82為基準計算的百分比值；82、89分別指1993年和2000
　　　年。

資料來源：利用《工廠校正資料》計算整理，間接引自高長、楊書菲（2004）。

　　在有對外投資的廠商中，只赴大陸投資的廠商，因擴充產能所增
加的就業比例較投資大陸以外地區或同時投資大陸及其他地區者低很
多；另一方面，因縮減產能而減少的就業幅度卻較其他兩者為高，顯
示只赴大陸投資的廠商其經營績效較只投資其他地區或多國企業差，
對國內就業貢獻程度較小。至於對外投資對新進廠商就業新增率及退
出廠商就業汰減率的影響，只投資其他地區的就業新增及汰減比例均
居三者之冠，分別佔1993年只投資其他地區廠商的國內僱用人數的
67.55%及27.07%；而同時投資大陸及其他地區的廠商，因廠商倒閉而
減少僱用的比例最低，僅佔其1993年國內僱用人數的13.86%。

　　整體而言，廠商赴大陸投資對國內就業市場並無不利的影響，同
時也無明顯的證據顯示廠商赴大陸投資直接造成國內失業人數增加，
但相較於投資其他地區或投資多個地區的廠商，赴大陸投資廠商對國
內新增就業之助益似較不顯著。造成這種現象的背景原因，推斷一方
面是因為大陸台商多半規模不大，資源有限，因此一旦在大陸投資之

後，該企業主必須全心投入，便有逐漸將生產重心移往大陸的趨勢；

性高於互補性，因此對於國內生產則就業的帶動效果較為薄弱。

◉ 參考文獻 ◉

于宗先、林昱君、張榮豐（1995），《中國大陸經改影響下之兩岸經濟關係暨我政府對產業策略之規劃》，台北：中華經濟研究院。

中華經濟研究院（1994，1999），《台商與外商在大陸投資經驗之調查研究：以製造業為例》，台北：中華經濟研究院。

中華經濟研究院（2003），《製造業廠商赴大陸投資行為轉變及政府因應政策之研究—以電子資訊業為例》，台北：中華經濟研究院。

林昱君（1994），《台灣對外與對大陸的產業內貿易比較研究》，台北：中華經濟研究院。

邱秀錦（2001），「台灣經濟對大陸經濟依賴程度與可能影響」，《台灣經濟金融月刊》，2001年9月。

高長（2001），「製造業赴大陸投資經營當地化及其對台灣經濟之影響」，《經濟情勢暨評論季刊》，7(1)，頁138～173。

高長（2001a），「兩岸加入WTO後產業可能的互動與競爭力變化」，《經濟情勢暨評論季刊》（台北），7(3)，頁1～20。

高長（2006），「1986年以來兩岸高科技產業的合作與發展」，收錄於《兩岸經驗二十年：1986年以來兩岸經濟合作與發展》，高希均、李誠、林祖嘉主編，台北：天下。

高長、楊書菲（2004），「台灣製造業就業水準與對外投資關係」，《兩岸與國際事務季刊》，1(2)，頁1～31。

高長、黃智聰（1994），「台商大陸投資對兩岸貿易之影響」，發表於兩岸經濟發展與亞太經濟合作關係研討會，香港中文大學亞太研究所主辦，香港。

經濟部投資審議委員會（2000，2005），《中國大陸投資事業營運狀

…分析報告》，台北：經濟部投資審議委員會。

蔡宏明（2006），「1986年以來兩岸傳統產業的合作與發展」，收錄

列、子誠、林祖嘉主編，台北：大卜。

月，目132。

Chen, T. J. and Y. H. K. (1999), "Foreign Direct Investment and

Restructuring: the Case of Taiwan's Textile Industry," Pan-pacific

Hawkins, R.G.(1979)(ed.), *The Effects of Multinational Cooperations*,

Markusen, J.R.(1983), "Factor Movements and Commodity Trade as

Purvis, D. D.(1972), "Technology, Trade and Factor Mobility", *Economic Journal* 82, 991-999.

Tharakan, P. K. M. (1983), "The Economics of Intra-industry Trade: A Survey," in P. K. M. Tharakan (ed.), *Intra-Industry Trade*, North-Holland.

兩岸「三通」直航 **11**
對台灣經濟之影響

自1949年開始的三十多年期間，由於兩岸處於軍事對抗狀態，兩岸之間基本上是隔絕的。不過，隨著大陸推動改革開放政策，大陸對台政策相應做了調整，「和平統一」取代「武力解放」，成為對台政策的主軸。1979年元旦，大陸全國人大常委會發表《告台灣同胞書》，倡議兩岸間應進行經濟交流，相互發展貿易，開放兩岸通郵、通商、通航（即所謂的「三通」），從此，大陸領導人在歷次對台政策聲明中，都以實現「三通」作為對台工作的重點目標。

對於大陸政府所鼓吹的兩岸「三通」議題，台灣的回應並不積極。1981年4月初，執政的中國國民黨十二全大會通過「貫徹以三民主義統一中國」，放棄反攻大陸之口號，等於是公開宣稱將以和平方式統一中國，初步回應了大陸所提兩岸「和平統一」的提議。針對兩岸「三通」議題，直到1987年11月間，台灣決定開放台灣同胞赴大陸探親後才算有了突破。不過，嚴格而言，迄目前為止，兩岸通商、通航仍未達「直接」的境界。由於兩岸「三通」並非純粹的經濟課題，特別是航權與主權不能分離，「三通」直航即無法避免地涉及政治及國家安全，兩岸執政者各有堅持，因此，「三通」直航問題乃成為兩岸關係難以突破，也成為各界熱烈討論，卻始終難以達成共識的焦點。本章將集中探討兩岸三通直航問題。

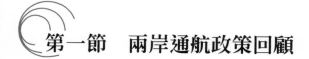

第一節　兩岸通航政策回顧

一、大陸方面

大陸政府早自1979年提出「和平統一」的對台政策後，即一再主張儘早實現兩岸「三通」。1979年元旦發表的《告台灣同胞書》指

出：「台灣與祖國大陸在經濟上本來是一個整體」，「我們相互之間……都有利而無害：1981年9月30日，大陸人大委員長葉劍英發表談話，進一步闡明「關於台灣回歸祖國，實現和平統一的方針政策」（即俗稱的「葉九條」），其中第二條提到：「我們建議雙方共同的通郵、通商、通航……公開表示，願就兩岸通航事且與台灣交通界、航運界協商，先後於……宣布「台灣船舶可攜帶大陸港口」之政策，開放通信與海難救助……

1990年12月，大陸在「全國對台工作會議」中宣示，兩岸通航原則為「一個中國、雙向直航、互惠互利」，屬「國內運輸之特殊……方式」，非單純為國內航線，不同意第三國籍船舶介入兩岸通航，並要求台灣授權團體或個人針對兩岸通航之技術性問題進行協商談判。次年元月，大陸民航總局依「全國對台工作會議」決議的精神，要求……

1　參閱高長、張五岳，《兩岸三通問題之探討》，台灣區電機電子業同業公會……

2　中華經濟研究院，《開放大陸貨品進口對台灣經濟與產業發展之影響》，台

表11-1　歷年大陸對兩岸「三通」政策主張主要文獻

提出時間	主要文件	主要內容
1979/01	全國人大常委會發表《告台灣同胞書》	主張雙方儘快實現通郵、通商、通航以利兩岸同胞直接接觸、互通訊息及進行經濟交流
1979/06		大陸交通部解除中國大陸商船禁止航行台灣海峽之限制
1981/09	葉劍英提出九點建議（俗稱「葉九條」）	建議雙方共同為通郵、通商、通航、探親、旅遊及開展學術、文化、體育交流提供方便，達成有關協議
1981/10		大陸交通部宣布台灣船舶可彎靠大陸港口之政策
1990/03	民航總局頒佈《中國大陸與台灣間民用航空運輸不定期飛行的申請和批准程序之暫行規定》	大陸同意給予包機飛航大陸沿海城市之航線許可證
1990/07	民航總局頒佈《單方經營中國大陸與台灣間民用航空運輸補償費辦法》	准許台灣航空業者單向經營兩岸航線兩年
1990/12	「全國對台工作會議」文件	宣示兩岸通航原則為「一個中國、雙向直航、互利互惠」，屬「國內運輸的特殊慣例方式」，不同意第三國籍船舶介入兩岸通航
1995/01	江澤民發表「為促進祖國統一大業的完成而繼續奮鬥」八點主張（俗稱「江八點」）	指出兩岸直接通郵、通商、通航，是兩岸經濟發展和各方面交流的客觀需要，也是兩岸同胞利益之所在，應加速實現直接「三通」
1995/10		台灣與香港、澳門民航業在雙方政府授權下進行航約談判並達成協議
1996/08	・外經貿部公布《台灣海峽兩岸間航運管理辦法》 ・外經貿部發佈《台灣海	・先開放廈門、福州兩個港區，作為兩岸間船舶直航的試點口岸。嗣於10月間，再同意兩岸權宜籍船舶通航大陸試點口岸與台灣境外航運中心港口

表11-1 歷年大陸對兩岸「三通」政策主張主要文獻（續）

提出時間	主要文件	主要內容
	《兩岸間貨物運輸代理業管理辦法》	同意台灣大陸海運承攬業同是同業
2001/05		大陸批准台灣的陽明、萬海、建恆、長榮、立榮及正利航業等六家海運公司可從事進出大陸港口的國際班輪運輸業務
2001/11		大陸同意台灣航空業者可以飛越「三亞飛航責任區」
2002/02		大陸同意對台北飛航情報區提供國際機場公司辦理聯營，以及台灣的航空公司經營第三地子公司可在大陸設立辦事處
		在兩岸通航定位為「兩岸航線」未得
2002/11	《台灣海峽兩岸不定期船舶運輸管理的通知》	海峽兩岸不定期船舶運輸業務，除非特別需要，不允許使用外國船公司的船舶。外國船公司不得從事兩岸不定期船舶運輸業務
2003/01		同意台灣中華、立榮、轉信、長榮、立榮及復興等六家民航業者，在春節期間間接包機，提供上海與台北、高雄之間客運服務
2005/01		在「共同參與、多點開放」原則下，再
2005/09		「節、簡構」能申請
2006/07		兩岸專案貨運包機7月19日首航上海
		7月4日開放大陸居民赴台灣觀光及周末門、廣州

資料來源：作者依據相關文獻自行整理而成

北京、天津、上海、福州、廈門、廣州及海口等機場進行兩岸通航之
準備，另選定「華東民航管理局」及所屬中國東方航空公司負責推動
台灣通航的工作。

　　1995年10月，台灣與香港、澳門民航業在雙方政府授權下進行航
約談判並達成協議，兩岸空運通航終獲突破。在該協議下，香港方面
以各兩家航空公司指定方式經營，航權跨越1997年至2001年6月，並
約定雙方航機均不能出現代表國家的旗幟或徽章，台灣方面並同意含
有大陸資本達66%的港龍航空公司飛航台港航線。台澳方面，台灣地
區允許大陸資本佔50%的澳門航空飛行台灣，並允許澳門航空以「原
班機換編號」、「一機到底」方式飛航大陸地區，而大陸方面則允許
台灣的航空器飛越廣州飛航情報區，並接受深圳進場飛航管制指揮服
務。

　　2001年11月1日，大陸民航總局空中交通管理局自國際民航組織
（ICAO）接管「三亞飛航責任區」，同意台灣航空業者依國際慣例及
航路運行規則，由台灣至東南亞航路可以飛越該責任區。次年2月，大
陸民航總局華東空中交通管理局依國際公約規定，對台北飛航情報區
提供國際機場飛航資訊公告；此外，並允許大陸的航空公司與台灣的
航空公司辦理聯營，以及台灣的航空公司經營第三地子公司可在北京
設立辦事處。值得注意的是，兩岸通航尚未落實，兩岸業者的合作卻
已展開。2001年3月，台灣之台灣航勤、中華航空、長榮航空及遠東航
空等公司獲大陸批准，共同持股49%投資興建及經營廈門空運貨站公
司；同年7月，中華航空公司獲准加入中國貨運航空公司，持股25%，
成為海峽兩岸航空公司首次合資經營之貨運航空企業。[3]

　　2000年11月，台灣與澳門民航關係在五年期航約屆滿後，雙方再

3　參閱陳光華，「兩岸加入WTO後兩岸通航與港澳經濟關係之研究」，2001年
　　11月香港會議論文。

簡運《台灣於排機定之知供之館》......提如容貨班次，无台灣與香港只......

......容業者台與及增加容貨班次，提供民航服務。2003年10月，同意澳門......

／十大陸台灣春節級鄉畢至丨間接包機，同意台灣／緣果、中華、華信、長榮、立榮及復興等六家民航業者申請於當年春節期間提供上海......

項開台（我方），開點（只有上海），由信港澳的兩岸通航模式為兩岸中斷五十三年的民航，創下歷史性的新頁。2003年1月，兩岸春節包......

開放陸續發佈《台灣海峽兩岸間航運管理辦法》和《關於台灣海峽兩岸貨物運輸代理業管理辦法》......

上運輸，......備大陸或台灣地區經資航運公司，以及大陸和台灣的合資航運公司始得從事兩岸航運業務。1996年10月，大陸政府再發佈《關於實施〈台灣海峽兩岸間航運管理辦法〉有關問題的通知》，同意兩岸權宜籍船船通航大陸試點口岸與台灣境外航運中心港口（參閱表11.2）。

業，以及外經貿部批准的兩岸合資或合作的國際貨物運輸代理業可經營此航線

表11-2　1990年代中期兩岸政府關於「兩岸直航」政策比較

項目	台灣方面	大陸方面
法源依據	《境外航運中心設置作業辦法》	《關於台灣海峽兩岸間航運管理辦法》
直航定位	特別航線	特殊管理的國內航線
直航原則	「不通關、不入境」原則	「一個中國、雙向直航、互利互惠」原則
直航口岸	高雄港	福州、廈門
企業准入資格	台灣與大陸航運公司在外國註冊的權宜輪	大陸獨資航運公司或大陸與台灣合資和合作航運公司（嗣再開放權宜船舶准入）
許可證有效期	一年	一年
主管機關	交通部授權各港務局	交通部
發佈日期	1995年5月5日	1996年8月20日

資料來源：根據兩岸相關辦法整理。

　　1997年5月，大陸政府公布《關於加強台灣海峽兩岸間接集裝箱班輪運輸管理的通知》，同意台灣、香港、大陸地區權宜籍船舶及外國籍船舶，可經由第三地經營航行於兩岸定期航線業務。2000年1月底，大陸政府另公布《外商獨資船務公司審批暫行辦法》，同意台灣業者可在大陸設立獨資船務公司。

　　2002年1月1日，大陸實施《國際海運條例》，隨後分別於4月8日及5月20日公布獲准經營「國際班輪運輸業」名單，包括台灣的陽明海運、萬海航運、建恒海運、長榮海運、立榮海運及正利航業等六家，可從事進出大陸港口的國際班輪運輸業務。自2003年1月1日起，在兩岸通航定位為「兩岸航線」的架構下，大陸政府宣示只有在中國大陸、台灣、香港、澳門四地註冊登記的船公司，可申請從事海峽兩岸不定期船舶運輸業務，除非特別需要，不允許使用外國船公司的船舶，外國船公司不得從事兩岸不定期船舶運輸業務。

二、台灣方面

面對大陸政府積極倡議開放兩岸「三通」直航，台灣官方起初的態度是完全排斥，一直到1987年11月開放國人赴大陸探親，關於次年8月起，相繼頒佈大陸貨品間接輸入、間接投資及技術合作，台灣貨品間接輸出等措施。……行對兩岸運輸業務……重大，及雙方……期約……續必須執行兩段式運輸，在香港換裝至大陸（或至台灣）之貨櫃船，對於籍之船舶航行兩地之間則多開放及限制……年，通過《國家統一綱領》，明訂兩岸關係發展至中程階段「互信合作」時，將開放兩岸直接三通。……年……月通過《台灣地區與大陸地區人民關係條例》，規定兩岸通航、通商等重大政策應經立法院決議始得實施，中、外航商違反兩岸禁航規定者，依法處罰。關於同年10月，訂定《航政管理機關處理台灣地區與大陸地區人民關係條例有關兩岸海運運輸事項作業規定》，規範兩岸間接海運之航政作業。

1995年5月發佈《境外航運中心設置作業辦法》，指定高雄港為初期營運港口，將「境外航運中心」與大陸地區港口間航線定名為「特殊航線」，適用於懸掛第三國旗幟之船舶（包括台灣與大陸地區航商設籍或租用營運之外籍船舶，及外國籍船舶）承運大陸地區輸往第三地或由第三地輸往大陸地區之轉口貨，在台灣地區「不通關」、「不入境」轉運（參閱表11-2）。1996年4月，允許大陸地區航商標誌之貨櫃來台；1997年1月，開放懸掛第三國旗幟之船舶繼續第三地，不須換船航行特定海域航線。同年8月，……開放台大陸投資不逾20%……提升外國籍航商來台設立分公司，並解除大陸資本比例逾50%之外籍船舶來台灣靠泊之限制。

1997年10月，再解除境外航運中心之船舶應以集貨船（f…）方式之限制，並准許航行任第三地，後於1998年8月修訂，開放台灣航

運企業可以赴大陸設立代表機構，並同意母船航行境外航運中心航線者，可延伸其航線載運台灣地區與第三地區國家間之進出口貨物。兩岸船公司經營的國際幹線貨櫃班輪可以掛靠兩岸港口，並可簽發本公司的提單、結匯。2000年6月，將高雄加工出口區納入境外航運中心作業範圍；次年7月，開放境外航運中心辦理陸海空轉運作業。2002年1月間，行政院通過《加入WTO兩岸經貿政策調整執行計畫》，擴大開放大陸地區農工產品進口，以及陸資投資貨運代理等運輸服務業之直接投資、貿易措施；同年9月，行政院通過《自由貿易港區設置管理條例》草案，以國際機場、國際港口設置自由貿易港區成為兩岸全面開放雙邊貿易的試點。

表11-3　歷年台灣對兩岸「三通」政策主張及主要文獻

提出時間	重要文件或談話	主要內容
1988/08		同意不定期航線之外籍商船可經由第三地前往大陸港口載運大宗散雜貨，惟定期航線必須執行兩段式運輸
1991/03	公布實施《國家統一綱領》	明訂兩岸交流至中程階段「互信合作」時，將開放兩岸直接三通
1992/09	頒佈實施《台灣地區與大陸地區人民關係條例》	規定兩岸通航、通商等重大決策應經立法院決議始得實施，且中、外航商違反兩岸禁航規定者，依本條例處分
1994/05	公布《台灣地區與大陸地區民用航空運輸業間接聯運許可辦法》	
1995/05	發佈《境外航運中心設置作業辦法》	指定高雄港為初期營運港口，將境外航運中心與大陸的港口間之航線定位為「特殊航線」，適用於懸掛第三國旗幟之船舶，承運貨物在台灣地區「不通關、不入境」
1996/04		允許大陸地區航商標誌之貨櫃來台

表11-3 歷年台灣對大陸「三通」政策主張及主要文獻（續一）

提出時間	重要文件或談話	主要內容
		開放懸掛第三國旗幟之船舶經第三地航行兩岸定期航線
1997/06		開放大陸資本……來台設立分公司，並解除大陸資本比例逾50%之外籍船舶來台灣靠泊之限制
	修訂公布《台灣地區與大陸運許可辦法》	同意海峽兩岸民航業者經由雙方簽訂雙邊聯運協議聯營，以及訂位查詢、行李處理、航空結算、貨連收受、理賠及……
		解除境外航運中心之船舶僅以集貨船……
1998/08		准許專船航行境外航運中心航線……
2000/06		將高雄五甲口原納入境外航運中心作業範圍
2001/01	頒佈實施《試辦金門、馬祖與大陸地區通航實施辦法》	開放金門與廈門、泉州、漳州，馬祖與福州之間迂迴接合貨通航的「小三通」
2001/07		開放境外航連中心辦理海空轉連作業，將民航空連納入境外航連之服務範圍
2002/01	行政院通過《加入WTO兩岸經貿政策調整執行計畫》	開放陸資貨運公司理等運輸服務業來台投資、貿易
2002/09	行政院通過《自由貿易港區……》	以國際機場、國際港口設置自由貿易港……
2002/10		
2002/12	行政院核定《國籍航空公司申請飛航大陸台商春節返鄉》	同意中華、華信、遠東、長榮、立榮及復興航空公司申請台北、高雄-中繼香……

表11-3　歷年台灣對兩岸「三通」政策主張及主要文獻（續二）

提出時間	重要文件或談話	主要內容
2005/01	兩岸民間航運協會在澳門，針對春節包機進行協商並達成共識	開放「雙向、直接、多點」大陸台商春節返鄉包機，互飛五個航點，包括桃園中正、高雄小港、北京、上海、廣州，航線繞經香港飛航管制區
2005/05		境外航運中心指定港口增加基隆
2005/08	交通部公布台灣航空公司申請飛越大陸空域（第一航權）作業程序	
2006/01		兩岸春節包機首次將搭乘乘客擴大到所有持有效證件來往兩岸的台胞
2006/07		兩岸專案貨運包機7月19日首航上海
2007/06		兩岸端午包機首航
2008/07		7月4日開放大陸居民入台觀光、旅遊；開放周末包機直航，每周雙向36航班，航點包括松山、桃園、台中、高雄

資料來源：作者根據相關文獻自行整理而得。

　　為使香港主權歸屬變更後台灣與香港間海運通航得以維繫，1997年4月初公布《香港澳門關係條例》，規範台灣與香港、澳門間運輸，定位港澳為「第三地」；同年5月，台港兩地船東協會經委任授權方式協商，簽訂「台港海運商談記要」，達成台灣地區登記商船進入香港港口，以及在香港註冊商船進入台灣地區開放港口，均暫不懸掛旗幟之權宜共識與務實做法。2000年12月中旬通過並自次年1月1日開始實施《試辦金門、馬祖與大陸地區通航實施辦法》，開放金門與廈門、泉州、漳州、馬祖與福州之間直接客貨通航的「小三通」。

　　在空運方面，由於民航通航涉及航權問題，較為複雜，協商不易，初期只有經由雙方民航業者的交流與業務合作方式，改善必須經由第三地轉機的不便。1994年5月，交通部通過《台灣地區與大陸地

修正，同意海峽兩岸民航業者可經由雙方簽訂雙邊聯運協議聯營，以及訂位查詢、行李處理、航空結算、貨運收支、理賠和旅行服務等事宜，1997年3月，財政部並同意海關受理大陸籍航空公司開立大陸內部

2001年7月，先將航運中心擴及辦理海上轉運轉作業，將民航空運納入先行航運中心服務範圍，2002年1月10日，行政院通過《加入

務業。

諒備忘錄」，又於2002年6月底，在歷經一年協商後，與香港民航業……送大陸「民航總局華東空中交通管理局航行情報中心」參考，2002年10月，同意澳門航空開辦台北經澳門至深圳直達貨運班機；同年12月4日，行政院核定「國籍航空公司申請飛航『大陸台商春節返鄉專案』間接包機作業辦法」，同意中華、華信、遠東、長榮、立榮及復興航空公司申請台北、高雄、中繼香港至上海春節包機。

2003年1月13日，行政院同意澎湖可辦理國際包機飛航澳門轉至大陸地區……

2003年3月間同意中華航空、長榮航空可依「國際慣例」，由泰國曼谷經B330、B225航路飛越大陸領空至歐洲。

第二節 開放兩岸直航的經濟效益

開放兩岸直航可創造的經濟效益是十分明顯的。首先，兩岸直

航若能實現，則兩岸之間的交通運輸不需繞經第三地，可以節省運輸成本，包括貨幣成本（即指運輸費用）和時間成本。陳麗瑛等人（2002）針對相關企業調查結果顯示，兩岸直航將使貨物運輸（海運）費用節省14.56%，使人員往返兩岸的貨幣成本節省27.12%。就貨物空運來看，以台北、上海和台北、廈門航線為例，直航運送的時間約僅需目前非直航時間的四分之一；若再考慮台北、北京和台北、廣州等兩個航線，以2002年該四個航線兩岸進出口空運貨物量估計，直航一年可以節省三分之一以上的運費。

　　另外，根據行政院於2003年提出的「兩岸直航之影響評估重要結果摘要」報告[5]，針對直航對運輸成本的影響，指出海運直航可以節省相關運輸成本每年估計約新台幣8.2億元（據不同估計從8億元至12億元）；運輸時間則約可減少一半（以不經石垣島估計每航次可節省16至27小時）。空運方面，直航可節省旅客旅行成本估計每年約新台幣132億元（以多航點直航估計），旅行時間節省860萬小時；貨物運輸成本每年約可節省新台幣8.1億元，運輸時間則可節省26萬噸小時（空運直航因各種假設條件不同，成本估計有甚大差異）。對個別企業而言，因海、空運直航可節省的運輸成本估計約一成五至三成，且運輸時間縮短可減少產品庫存及增加生產效率，有助於降低整體營運成本。對航運業者的利益來說，以空運業者受益較大，海運業者受益較有限。

　　其次開放兩岸直航後，對台灣產業結構將造成衝擊。因為直航使得運輸方便、時間成本更節約，兩岸在經濟上、區位上相對的優勢地位會因而展現出來，產業投資也會跟著改變，這對台灣整個產業結構之調整將造成很大的影響。比較低階的產品或屬較低附加價值的產

5　行政院各有關機關，「兩岸『直航』之影響評估重要結果摘要」，未發表，民國92年8月15日，頁1。

大陸投資，這樣的調整將促進台灣產業結構的轉型與升級。

開放兩岸直航將增進兩岸之投資及貿易關係。根據經濟部2001年《製造業對外投資實況調查報告》，有23.2%的受訪廠商表示兩岸三[6]

資的比率均超過三成。按照大行業別來看，資訊電子工業表示將增加在台灣投資者所佔比率最高，達29.9%，其次依序為金屬機械工業（佔22.4%）、化學工業（佔20%）、民生工業（佔17.8%）。另外，有82%的受訪廠商中表示兩岸開放三通後，在台灣之投資將維持不變；表示將減少在台灣投資者只佔13%，其中大陸屬於在台灣競爭力逐漸衰退中的勞力密集產業，有對大陸投資傾向。陳麗瑛等人（2002）之編著指出，兩岸三通上路後，台灣製造業競爭力較弱者亦將面臨「壓縮」，其中勞力密集較低的產業已擴至非金屬及金屬製品（22.5%）。

下，經濟結構已面臨轉型，原有不具經濟效益之產業不得不外移，在

岸直航，將有利於台灣製造業者在兩岸投資佈局，更有效利用大陸成本低廉及廣大市場腹地的優勢，建立有利於提升台灣產業競爭力的產業分工體系。

第三，開放兩岸直航，有利於國際貿易人士的往來，更有利於吸引跨國企業來台投資。直接通航便利兩岸商貿交流，加上兩岸同文、同種，以及台灣在管理和技術方面具有優勢條件等因素，有利於外商利用台灣作為其經營大陸市場之跳板。近年來，外商來台直接投資已不像過去那麼熱絡，在台美僑、歐僑商會歷年提出的白皮書都指出，

6　經濟部，《製造業對外投資實況調查報告》，台北：經濟部統計處，2001年。

兩岸之間持續不能三通，是影響外資來台投資意願的主要因素。換言之，缺少了三通的支持，台灣原本具有的製造、營運、服務等方面的優勢逐漸褪色。前美國在台協會處長包道格即曾指出，兩岸直航遲未開始，台灣競爭力將逐漸喪失。美僑商會在台會員在兩年內流失百家。[7]

　　跨國企業對大陸市場一直抱有高度興趣，不過，由於大陸經濟處於轉型期，信用體系不夠健全、政策不透明、人治色彩濃厚等因素造成投資風險偏高，外商對大陸投資時多所顧慮，若能開放兩岸三通直航，勢將有利於跨國企業來台投資並與台商策略聯盟，共同開發大陸市場。跨國企業來台直接投資增加，將進一步促進台灣經濟國際化，有利於建立台灣成為亞太運籌中心，並在無形中帶給台灣更大的國家安全保障。

　　第四，開放兩岸直航有助於改善兩岸關係。開放兩岸直航代表著兩岸的交流正常化，有助於降低雙方敵對狀態，藉以改善兩岸關係，這對改善台灣投資環境（非經濟因素方面），會有明顯的正面作用。因此，將有助於外商到台灣投資，與台灣產業進行策略聯盟，共同開發大陸市場。由於不少台資企業在大陸投資成功，相對於其他外資企業台商特殊的經營模式受到高度肯定，甚至成為同業爭相取經的典範。近幾年來，有不少美、日企業到台灣找尋共同進入大陸市場的合作伙伴，或洽談與台灣廠商策略聯盟，以進入大陸市場。由此可知，開放兩岸直航是改善兩岸關係的關鍵指標，兩岸關係改善，對台灣經濟穩定發展具有正面的作用。

7　《聯合報》（台北），2002年9月27日，十五版。

第三節　開放兩岸直航的總體經濟效果

　　兩岸「三通直航」一旦開放，各界最關注的議題莫過於是否導致台灣產業外移和資金外流過多，最後造成台灣產業空洞化和總體經濟衰退。為解答這個問題，學術界常利用GTAP（Global Trade Analysis Project）模型估計開放直航對兩岸經濟發展的影響。[8]舉例來說，翁永

表11-4　開放直航對台灣與大陸經濟之影響

實質GDP	%			
貿易條件	%	0.580	0.648	0.211	0.348
社會福利	百萬美元			

資料來源：翁永和等人（2001）。

　　Chou等人（2002）的研究亦發現（表11-5），加入WTO後兩岸關係調整，開放兩岸直航對台灣與大陸的GDP變動、貿易條件和社會福

8　GATP模型是由美國普渡大學（Purdue University）全球貿易研究中心（Center for Global Trade Analysis）所建立的多地區多部門可計算一般均衡全球貿易分析模型（百貨材庫）。該模型是由各地區之次模型組合而成，其次模型它部及估算合社訂估成其組織立地址、並各地地區這些次模型再透過雙邊與多邊國際貿易的聯結並達到均衡，而形成全球一般均衡模型。

利效果，無論在短期間（一年內）或長期間，都會有正面的效益，尤其長期的經濟效益更大。另外，表11-5的資料顯示，開放兩岸直航後，台灣的投資將會增加，唯幅度均低於1%；相對而言，大陸的投資增加幅度大一些，超過2%。另一方面，開放兩岸直航有利於台灣出口和進口擴張，貿易餘額亦會增加；對大陸而言，貨物出口在短期呈現負成長，長期則呈現擴張效應，進口貿易將維持2%左右的成長。陳麗瑛等人（2002）的研究結果顯示，開放兩岸直航對台灣與大陸總體經濟的影響都是正面的（表11-6）。

表11-5　開放直航對兩岸總體經濟之影響(一)

	單位	台灣		大陸	
		短期	長期	短期	長期
GDP	%	0.04	0.39	0.02	0.84
投資	%	0.62	0.91	2.26	2.27
出口	%	0.29	0.71	-1.53	0.33
進口	%	1.21	1.48	1.90	2.00
貿易餘額	百萬美元	163	346	-6260	-2754
貿易條件		0.82	0.73	0.84	0.43
社會福利	百萬美元	1418	2141	3247	6463

資料來源：Chou等人（2002）。

說明：1.加入WTO後的兩岸關係直航效果。

　　　2.短期是指增加固定投資只有刺激國內需求但對生產不造成影響；長期則是對生產造成影響。

　　　3.假設航運成本可節省40%；台灣對大陸投資增加2.27%。

貿易餘額佔GDP	%	0.04	0.01

處在WTO架構下，全面放寬對大陸投資限制可能造成的影響，模擬估

其次，在前述模擬情境的基礎上，增加考慮開放兩岸直航的因
系，假設兩岸直航可即省運輸成本39.3%（表11-7B欄），估計結果顯
示，無論實質GDP成長、貿易條件、國內投資或是實質貿易餘額均呈
現有益的效果；當我們考慮兩岸直航運輸成本節約的幅度縮小時（假
設20%），即額外考慮兩岸直航下，放寬赴大陸投資限制對台灣經濟
的影響，就實質GDP成長、實質貿易餘額、貿易條件、國內投資金
額等各項指標來看，對台灣也都有利。令人好奇的事，開放兩岸直航

其有正面的效果，當運輸成本節省幅度較小時，開放兩岸直航對實質

表11-7　開放直航對台灣總體經濟之影響

	單位	A	B		C	
			B1	B2	C1	C2
實質GDP	%	0.0098	0.0017	0.0072	0.2136	0.2191
貿易條件	%	−0.0035	0.6392	0.3534	0.5850	0.2992
實質貿易餘額	百萬美元	−1.98	85.09	46.60	185.41	146.92
國內投資	%	0.0131	0.6261	0.3596	0.8141	0.5475

資料來源：高長等人（2002）。

說明：1.在WTO架構下，全面放寬赴大陸投資限制。

　　　2.在A的情境下，再考慮開放兩岸直航。

　　　3.在B的情境下同時考慮整體對等投資。

　＊兩岸直航使運輸成本節省幅度，假設39%（B_1、C_1）和20%B_2、C_2）。

　　比較表11-7A欄和B欄實質GDP成長變動的情形，我們發現，在放寬對大陸投資限制下，增加開放兩岸直航後對台灣實質GDP成長的助益，反而比不開放兩岸直航的效果縮小，其中意謂著，開放兩岸直航有可能對台灣經濟帶來不利的影響，惟在目前的假設情境下，實質GDP的變動效果仍然為正，顯示援用適當的配套政策措施，消極地會有助於減輕開放兩岸直航可能帶給台灣的負面影響，甚至於具有加成的正面效益。表11-7C欄資料顯示，當我們在放寬對大陸投資限制及開放兩岸直航的基礎上，同時考慮在台灣對等投資時，各項總體經濟指標均呈現正面的效果。比較表11-7A、B、C三欄，可以發現額外考慮在台灣對等投資，對台灣經濟的正面影響非常大。

　　值得注意的是，開放兩岸直航對台灣產業結構之調整將造成明顯的影響，表11-8A欄資料顯示，只考慮放寬對大陸投資限制時，各產業中除農業、食品加工、成衣及其他製品等行業面臨實質產出減少的不利地位外，其餘產業之產值均呈現增加。不過，當再額外考慮開放兩岸直航時（表11-8B欄），台灣的農產、礦業、食品加工等十五個行業

的實質產出水準均呈現高漲的局面，其中成衣、木材製品、汽車及其

表件、其他運輸工具等產業的高漲幅度均超過10%，而鋼鐵、塑化、紙

及紙製品、石油及煤製品則呈現跌幅

再考慮配套措施，例如鼓勵廠商在台灣對等投資時，表11-8C欄的資料

而成長率成長幅度提升。不過，從表11-8C欄呈現的估計結果看來，

類似，顯示開放直航長遠將有利台灣產業結構調整的配備

表11-8 開放直航對台灣產業結構的影響

農產品	-0.031	-0.183	-0.142
礦業	0.008	-0.127	0.061
食品加工	-0.006	-0.131	0.042
紡織	0.028		
成衣	-0.006	-1.326	-1.313
			0.485
	-0.037	-1.084	-0.885
石油及煤製品	0.013	0.314	0.521
化學、橡膠及塑膠	0.024	0.958	1.205
非金屬礦物製品	0.009	0.210	0.465
鋼鐵	-0.001	-0.276	0.070
非鐵金屬	0.032	-0.104	0.258
金屬製品	0.010	-0.581	0.324
機械設備	0.013	0.100	0.460
電機電子產品	0.009	0.773	0.486
汽車及其零件	0.014	-1.104	-0.734
其他運輸工具	0.010	-1.348	-0.999
其他製品			0.659

表11-8　開放直航對台灣產業結構的影響（續）

	A	B	C
電力	0.011	0.262	0.479
天然氣	0.007	0.129	0.291
自來水	0.008	0.020	0.215
營建工程	0.012	0.253	0.451
金融服務	0.008	-0.064	0.171
商業服務	0.010	-0.056	0.200
其他運輸服務	0.007	-0.260	-0.079
其他服務業	0.001	0.004	0.119

資料來源和說明：同表11-7。

第四節　兩岸直航對台灣的負面影響平議

　　從經濟面考量，開放兩岸直航對台灣並非萬無一失，反對開放的人士認為，兩岸直航降低了雙邊交流的成本，將促使兩岸交流規模更加擴大，台灣的經濟、社會結構將面臨巨大的調整壓力。經常被提出的論點至少包括以下幾個構面，首先，大陸物品進口增加及大陸台商產品回銷，可能衝擊台灣境內的產業，並造成兩岸雙邊貿易順差縮小及台灣通貨緊縮問題；其次，台灣人民將擴大赴大陸觀光旅遊、從事商務活動、消費乃至購買房地產，可能造成台灣內需萎縮及房地產景氣低迷；第三，台商赴大陸投資將擴大，可能進一步造成資金、人才、技術流向大陸，從而排擠在台灣投資；第四，台灣經濟結構將大幅改變，可能使結構性失業問題增加，而中高級人力、技術人才等隨企業投資赴大陸工作，則可能造成台灣面臨短缺的問題。

　　在經濟面的考量之外，「國家安全」長久以來一直是反對開放兩

即的威脅，因為開放直航，尤其客運直航將使台灣的安防縱深大幅縮

減。航後台來會，為因應直航後兩岸關係新的形勢，其力及各種軍事

由於兩岸錯綜複雜的關係，使得政治、社會、經濟等全屋面開

治面來看，由於中共將直航視為「一個國家內部的事務」，並以凸顯

「一個中國」原則及「一國兩制」

對社會安全的影響，主要包括社會治安、疾病防治及走私犯等方面

台灣經濟安全受到衝擊，主要是因直航可能加速兩岸經濟結合的
深度及廣度，造成台灣產業發展及經濟結構的根本變化，衍生的經濟
安全問題主要包括：台灣經濟對大陸市場的依賴度大幅提高、產業空
洞化及失業問題的衝擊、金融風險升高、核心技術可能流失、乃至經
濟可能走向邊緣化等。

「忠而論」關於開放兩岸直航的諜題，國家安全顧慮的重要性確
實不容被忽視。然而，我們也必須指出，「直航」是否為影響國家安
全的必然因素，其實仍有討論的空間。一般而言，影響國家安全之因
素很多，舉凡國內政治情勢及國際情勢之變化，均會影響國家安全。
藉由「三通」會威脅國家安全，而將「三通」經貿活動妖魔化，實有
因噎廢食、矯枉過止之嫌，值得進一步探討。

　　換個角度來說，反對人士認為開放「三通」對國防安全造成威脅之說法，雖可接受，但並不代表維持不開放即可以使國防安全獲完全之保障。蓋台灣海峽之天然屏障對國防安全之保障原本即相當有限。另外，不開放三通直航是因為兩岸仍處於政治敵對狀態的說法，那麼開放「三通」是否有助於兩岸降低敵對狀態，甚至於促進和平的氛圍，值得深思。由於以開放「三通」作為兩岸談判籌碼之條件正逐漸降低其重要性，開放「三通」或可作為我方改善兩岸關係之善意表現，從而可降低兩岸政治對峙、軍事對抗。

　　兩岸「三通」迄未開放直接進行，國家安全受到的威脅或有減輕，不過，經濟利益上遭受的損失似乎逐漸明顯，最具體的是台灣國際港埠（尤其是高雄港）營運業務成長幾乎陷於停滯，發展台灣成為跨國公司進軍大陸市場之跳板，以及發展台灣成為全球運籌中心的計畫進展有限，因而造成台灣經濟成長能量減低。

　　其次，開放直航是否對台灣社會安全更加不利，也非絕對。台灣是一個開放的社會，國際交流頻繁，在交流的過程中出現一些衝擊台灣社會安全的問題在所難免，關鍵在於是否能夠建立一套完善的管理機制，做好事前的防範和事後的處置，以降低社會成本。就現實面來看，兩岸交流如果沒有辦法禁止，則應回歸正常化及有效管理的層面作思考。過去一段期間，兩岸交流帶給台灣社會治安的負面影響，有一些是因管理不善所產生，譬如假結婚事件；有一些則是因嚴格管制的副作用，譬如走私、偷渡等。推動兩岸正常化交流並落實有效管理，因開放直航而使兩岸交流規模擴大，不必然會增加台灣社會安全成本。

　　第三，開放直航對台灣的經濟安全威脅將增加，主要是因兩岸經貿交流規模擴大，加深經濟融合，台灣經濟容易受到大陸經濟波動的影響，或遭到大陸當局之經濟制裁和貿易報復。不過，我們要指出，經濟波動有其徵兆和一定的規律，可依經濟法則加以預測並早做預

防。另外，大陸應不會肆無忌憚地對台灣採取全面性的經濟制裁和封

鎖，對台灣採取經濟制裁...

的相互依賴程度提高，會使得大陸對台灣採取各種經濟對抗行動中，

因為自己也必須付出相當的經濟代價，而在決策態度上相對謹慎。

就產業外移所主的資金外流問題來看，的確，近年來台灣企業在

國內面臨成本高漲的壓力，以及中國大陸積極進行招商引資的誘引

下，前往中國大陸投資者絡繹於途。不過，必須指出的是，隨著經濟

發展，產業結構也將調整，在台灣經營已失去競爭優勢的企業外移或

結束營業，可說是正常現象。企業依市場法則在全球各地投資佈局，

...

持續發展，已使得兩岸產業分工更擁緊密。過程中儘管對台灣社會亦

造成一些負面的影響，例如，產業結構調整帶來部分人失業的問題，

但是企業投資大陸對台灣產業轉型和發展也有相當程度的貢獻，

對台灣經濟整體而言利大於弊。

---

9 相關的實證研究發現，縱使台灣廠商對大陸投資導致國內生產總之調整，但
   這種產業結構調整並不必然帶來產業空洞化的後果，相反的，卻有助於產業
   升級，並使台灣產業在國際市場競爭優勢，詳細請參閱 Tian-jy Chen and
   Ing-hua Ku(1998), Foreign Direct Investment and Industrial Restructuring:
   The case of Taiwan's Textile Industry, paper presented the East Asia Economic
   Seminar, Osaka, Japan；高長（2001）。

第五節　兩岸「三通」直航落實的政經意義

　　2008年6月中旬，中斷多年的海基、海協兩會制度化協商恢復舉行，並針對兩岸周末包機、大陸地區人民入台觀光等兩項議題協商達成共識，簽署協議。就「周末包機」議題部分，雙方敲定兩岸周末包機自7月4日正式啟航；包機航路暫時繞經香港飛航（行）管制區；在航點方面，大陸同意先行開放北京、上海（浦東）、廣州、廈門、南京等5個航點，並陸續開放成都、重慶、杭州、大連、桂林、深圳，以及其他有市場需求的航點。台灣同意開放桃園、高雄小港、台中清泉崗、台北松山、澎湖馬公、花蓮、金門、台東等8個航點；航班次每周各飛18個往返班次。「大陸觀光客入台」議題部分，雙方敲定7月4日啟動入台旅遊首發團；每團人數限10人以上，40人以下，在台停留期間不超過10天；第一年旅遊人數配額以平均每天3,000人次為限，第2年雙方可視情況協商作出調整。

　　2008年11月初，海基、海協兩會正式協商會議首度移師台北舉行，會議結束時簽署了四項協議，包括《海峽兩岸空運協議》、《海峽兩岸海運協議》、《海峽兩岸郵政協議》、《海峽兩岸食品協議》等。該四項協議已在12月中旬正式生效並付諸執行。至此，議論多年的「大三通」終於實現。

　　按空運協議內容，主要包括：(一)建立兩岸直達航路（即俗稱的空中航線截彎取直）；(二)在現行周末包機的基礎上增加航班（每周往返由36班次增至108班）、航點（大陸方的航點由現行的5個擴大為21個），及客運包機常態化安排；(三)開通貨運包機。

　　在海運部份主要包括：(一)兩岸資本並在兩岸登記的船舶，經許可得從事兩岸客貨直接運輸；(二)兩岸登記之船舶，自進入對方港口至出港期間懸掛公司旗，船艉及主桅暫不掛旗；(三)雙方現階段相互開放

港口，台灣方面為基隆（含台北）、高雄（含安平）......

兩岸郵政協議的內容主要有：(一)開辦兩岸直接平常和掛號函件（包括信函、明信片、郵簡、印刷物、新聞紙、雜誌、盲人文件）、小包、包裹、快捷郵件及郵政匯兌等業務合作；(二)安排郵件封發局，台灣地區包括台北、高雄、基隆、金門、馬祖，大陸地區包括北京、......通過航空通航或海運直航，直接運送至對方郵件處理中心。

空運、海運、郵政等三大協議之簽署，對兩岸關係發展具有重大......營運基地，也能夠吸引海外台商返台投資......三通，增加企業運籌和佈局的靈活彈性，最終目的在於落實「深耕台灣，連結全球」的目標

兩岸「大三通」正式啟動，對台灣而言，最直接的效益是，可以大幅降低兩岸間交通運輸的時間及費用。根據相關統計，目前兩岸雙......貿易總額超過1,500億美元，大陸是台灣的第一大貿易伙伴（約佔台灣對外貿易總額的30%左右），最大的出口市場（約佔台灣總出口值40%），第二大進口來源（約佔台灣總進口值的13%）。此外，台灣居民往返兩岸的數量每年超過500萬人次。兩岸交流規模這麼龐大，長期以來都是透過第三地間接進行，對於當事人或企業造成不便及巨大的額外成本負擔。

兩岸直航後，客、貨運輸直接通行，可以實現省時、省錢、節能的直接效益。以海運業為例，在兩岸直航之後，交通部估算平均每航......

次可以節省16～27個航行小時，可節省約15%～30%的運輸成本。運輸時間節省將可大幅提升兩岸物流的配送效率，對於生產事業而言，不只可以節省運費，更可以降低存貨成本，增加運籌管理的靈活度。另外，兩岸直航並可節省行經第三地的結關費用及燃料費，若以每航次節省30萬元新台幣及每年以4,000航次估算，則每一年可以省下約12億元的費用。

　　再以空運業為例，在航道截彎取直後，航程可大幅縮短，就桃園到上海而言，飛航時間可以由原來的5、6小時，縮短到只需82分鐘；原來往返機票需要5,000多人民幣，現在只需3,000元左右。

　　兩岸直接通郵後，據郵政部門透露，郵寄的時間可以節省一半，總費用可以降低60%。

　　兩岸「大三通」正式實施後，拉近了兩岸的地理距離，使得「兩岸一日生活圈」將成為現實。這嶄新的紀元，究竟對未來兩岸關係，尤其對台灣經濟發展將造成怎樣的影響，坦白說，短期內不易計量，不過，可以預見的是，對兩岸民間交流將造成深遠的影響。

　　理論上，「大三通」促使兩岸交流全面擴大，有利於增進兩岸相互瞭解，建立互信，對改善兩岸關係應有裨益。然而，從經濟層面觀察，在交通運輸更加便利之後，對台灣卻可能產生正、負兩面的效應，也就是說，以企業投資意向為例，「大三通」兼具鼓勵外移及回流的效果，最終結果是否對台灣經濟發展有利，難以依據學理判斷，必須從實證考察。

　　根據陸委會在2008年12月下旬所做的民意調查資料顯示，兩岸直航後，有67.9%的受訪民眾同意將大幅節省交通時間及運輸成本，從而有助於提升台灣競爭力（另有30.6%不同意）；另有54.8%的受訪民眾同意兩岸直航健全台灣的投資環境，有助於台商資金回流及外國企業來台投資（另有43.5%不同意）；至於對台灣長期經濟發展的影響，有61.7%的受訪民眾認為會有「好的影響」，認為「沒有影響」或「不

好的影響」的民眾，分別佔有13.6%和23.1%。可且大多數台灣民眾相信，兩岸直航啟動後，將會給台灣經濟帶來機會。

兩岸政策大幅鬆綁，主要目的是在於改善台灣經營環境，促使更自由化、國際化，以吸引外商來台投資及海外台商回流。《遠見》雜誌2008年8月間針對在台外商進行「外商投資台灣意願大調查」，結果發現，與兩年前類似的調查資料比較，外商對於台灣的投資環境信心度明顯提升（回合「信心增加」者所佔比重由5%上升至42.4%，回答「信心減少」的比例則由69.9%減少為13.6%），且有61.9%的外商表示，將來兩岸客、貨運均開放直航後願意增加在台投資，比表示願意增加對大陸投資者的比例54.2%高出許多。

此外，交通大學交通運輸研究所於2008年9月間，對搭乘周末包機旅客之調查研究指出，政府開放兩岸周末包機後，有74.8%的台籍企業主表示「會」或「可能會」提高對台灣投資的意願，以及未來將回台投資的意願的比例）。

或定期航程。在大陸的台商企業主多數「較傾向未來前往地點從大陸遷返台灣」，高於表示將「維持現況在大陸」或「由台灣遷往大陸」的比例（26.4%）。常住地點在台灣的台商企業主長未來前往地點將遷往大陸者佔3.4%，而常住地點在大陸的台商企業主則有42.6%表示將遷回台灣常住。該項調查研究顯示，兩岸直航有益於兩岸投資交流，對台商企業主返台投資及常住意願的激勵作用更加明顯。

「天下」雜誌2008年底出版的一期（413期）「大三通」專題指出，「大三通」政策將改變兩岸產業分工結構。譬如，兩岸海運直航可以節省運輸時間，台泥公司董事長辜成允表示，將改變在兩岸的營運佈局，靈活運用庫存和行銷策略，形成區域整合，發揮綜效。全球最大蠑螺製造商寶不公司原已規劃在武漢設新廠，兩岸「大三通」後，決定將武漢之投資案改做發貨倉庫，同時擴建高雄岡山工廠。

「三通」讓該公司看到最有效率的運籌模式，下游加工在大陸，上游

關鍵生產線放在台灣。宏碁董事長王振堂也指出，兩岸開放「大三通」，不只可以提升企業運籌佈局的靈活度，更有助於企業將核心競爭力留在台灣，不必擔心台灣競爭優勢流失。

　　然而，「大三通」政策對台灣經濟的影響並非一本萬利，也非對抗低迷景氣的萬靈丹。該項政策需要有其他的政策配套，才能夠使經濟效益發揮到最大，或使得負面效應減到最小。具體而言，如前所述，「大三通」之實施使兩岸交通更省時、省錢，兼具鼓勵企業回流和外移的效果，政府需要再提供更吸引人的誘因做為配套，包括完善的基礎設施、安定的社會環境、高素質的行政效率與執法效能等，才能減少或避免企業外流，吸引海外企業返（來）台投資。其次，我們也應該注意到，「大三通」可能為台灣創造的經濟效益，並無法立竿見影，尤其在金融海嘯的襲擊之下。不過，「對的」與「好的」政策適時啟動，對台灣經濟發展的貢獻仍值得期待。

參考文獻

中華經濟研究院（2002），《開放大陸貨品進口對台灣經濟與產業發展之影響》，台北：中華經濟研究院。

台灣經濟學會。

高長（2001），「製造業赴大陸投資經營當地化及其對台灣經濟之影響」，《經濟情勢暨評論季刊》（台北），7(1)，頁138～173。

經貿發展望座談會，中華歐亞基金會主辦，台北。

高長（2006），「二項目對兩岸經濟發展的影響─從分類」，發表於「第一屆兩岸經貿文化論壇」，國民黨暨共產黨主辦，北京。

高長（2009），「『大三通』對台灣經濟發展的意義與影響」，《全球工商》（台北），第611期，頁11～13。

高長、史惠慈、楊書菲（2003），《放寬大陸投資限制對台灣產業結構及就業的影響》，工業局委託研究報告，台北：中華經濟研究院。

高長、張五岳（2000），《兩岸三通問題之探討》，台灣區電機電子工業同業公會委託研究報告。

陳光華（2001），「三通與─後兩岸經貿政策，發表於2001年11月香港會議。

陳麗瑛、王思雲、郭迺鋒、楊浩彥（2002），「三通─對台灣產業之影響─總體經濟效果之評估」，發表於2002年大陸經濟發展研討會，中華經濟研究院主辦，台北。

經濟部（2001），《製造業對外投資實況調查報告》，台北：經濟部
　　統計處。

Chen, Tian-jy and Ing-hua Ku (1998), Foreign Direct Investment and
　　Industrial Restructuring: The case of Taiwan's Textile Industry, paper
　　presented at East Asian Economic Seminar, Osaka, Japan.

Chou, Ji, Kun-ming Chen, Shiu-tung Wang and Nai-fong Kou (2002),
　　"Trade and Direct Investment Across the Taiwan Strait-An Empirical
　　Analysis of Taiwan and China's Accession into the WTO", presented
　　at 6th Annual conference on Global Economic Analysis, Taipei,
　　Taiwan, June.

「小三通」政策與 12
兩岸關係

在兩岸經貿關係的發展過程中，「三通」議題一直受到兩岸朝野各界人士的關注，台灣與大陸相繼成為WTO締約成員之後，台灣民間要求開放兩岸「三通」的呼聲愈來愈大。2000年4月5日，台灣政府頒佈《離島建設條例》，其中第十八條規定，賦予金門、馬祖得先試辦與大陸直接通航之法源基礎；同年12月25日，《試辦金門馬祖與大陸地區通航實施辦法》公布實施，並決定自次年元旦起開辦兩岸「小三通」。2001年元月2日，在「金門訪問團」的前導下，相隔僅幾十海浬的金門與廈門之間，過去五十年多年來不相往來的局面首次被打破，兩岸關係也隨之邁入新的里程碑。

第一節 「小三通」政策形成背景

所謂「小三通」，係相對於兩岸「通郵、通商、通航」（即「三通」）的說法，指的是兩岸尚未開放直接「三通」之前，先由金門、馬祖、澎湖等離島與大陸的廈門、福州進行直接「三通」的構想。2000年3月21日，立法院通過《離島建設條例》，全文計二十條，其中第十八條規定：「為促進離島發展，在台灣本島與大陸地區全面通航之前，得先行試辦金門、馬祖、澎湖地區與大陸地區之通航，不受台灣地區與大陸地區人民關係條例等法令之限制。」換言之，《離島建設條例》第十八條規定，是金門、馬祖及澎湖等離島地區試行「小三通」的法源依據。

「小三通」政策的適用對象僅限金門、馬祖、澎湖等離島地區。政府提出「小三通」政策的背景與目的，可以歸納如下。首先是為促進當地經濟發展。長期以來，離島地區受到地理環境、人口稀少、資源貧瘠等因素之影響，經濟建設相對落後。對於金、馬地區而言，「國軍精實案」實施之後，國軍駐防官兵人數逐漸減少，對當地經濟

發展造成另一次衝擊，政府希望透過「小三通」政策，給予離島地區直接與大陸進行經貿交流，以紓解其生活困境。

其次是為執行「除罪化」措施。金、馬等離島地區居民大都從事農、漁業，由於農業經營條件惡化，以及近海漁業資源枯竭，致生計日益困難。在生活壓力下，當地居民轉向大陸漁民直接購買農、漁產品，再行轉售牟利的情形愈來愈普遍，結果造成非法走私、直航大陸湖水域捕魚，甚至販毒、電魚、破壞漁業資源，與我方漁民發生漁事糾紛等情事屢出不窮。政府希望透過「小三通」政策之實施，使離島與大陸之間非法貿易和直航的行為除罪化，以利正常管理。

第三是社會面的考慮。離島地區尤其金門與馬祖兩地，與大陸沿岸地區關係，無論在血緣、語言、習俗及生活習慣等方面均極為相近。在兩岸經貿交流之後，兩地親友往來會更加頻繁，當地居民與大陸居民接觸也就愈來愈多，因而強化彼此間的認同。因此「小三通」的目的之一，即在於滿足離島地區對社會交流的需求。

大陸政府為促進兩岸直接三通，自1979年起即提出以金門與廈門，馬祖與馬尾「福建祖和馬尾」先行」的構想，試圖透過區域性、民間性的直接三通突破僵局。[1]1994年6月，由金馬地區民間人士組成的「金馬愛鄉聯盟」提出《金馬與大陸「小三通」說帖》[2]，呼籲台灣政府開放金馬地區與大陸進行直接三通，並具體建議以「單向通航」、「定點直航」、「先海後空」、「先貨後人」等方式，漸進推行兩岸直接三通。

1　參閱楊樹清，《金門社會觀察》（台北：稻田出版社，1998年），頁214。
2　參閱中央社（台北），1994年6月25日，間接引自蔡宏明，「『小三通』對兩岸互動的影響」，《遠景季刊》（台北），第2卷第2期，頁129。

　　然而，當時大陸政策的最高指導方針《國家統一綱領》明確指出，兩岸交流必須進入「中程階段」才考慮開放兩岸直接三通，「金馬愛鄉聯盟」所提出的「小三通說帖」當然無法被政府所接受。政府主管部門強調，「兩岸關係是一個整體，不是一個地方對一個地方的單獨關係」；兩岸直接三通，「不論大、小三通都涉及國家安全的問題，未來兩岸三通必須在安全、尊嚴的前提下，通過談判並簽署協議才能實現。」

　　2000年總統大選前夕，三組候選人均對兩岸三通議題提出政見。陳水扁先生曾於1999年11月間前往金門拜票，特別強調未來應透過三通或小三通政策之執行，讓金門地區成為台灣和中國大陸的和平橋樑；連戰先生亦提出「優先協商開放金馬地區與大陸沿海地區的商務、航運往來，進而建立金馬、福建和平特區」之構想；宋楚瑜先生則允諾選後將推動「金馬經濟特區」，開放兩岸「小三通」。[3]2000年3月，陳水扁先生當選總統後，強調「加入WTO，兩岸三通是無法迴避的問題」，另指出「今年施政的最大目標就是三通」，「希望在年底前實施金馬小三通」。關於兩岸三通的問題，在2000年總統大選前後成為朝野各界熱烈討論的議題。

　　2000年6月13日，立法院第23次院會決議，政府應在三個月內完成「小三通」評估，再三個月內完成規劃後，隨即實施「小額貿易除罪化」和「可操之在我部分」等優先試辦項目。行政部門依立法院之決議著手進行評估及規劃，並由行政院大陸委員會彙整統合，於2000年12月25日提出《試辦金門馬祖與大陸地區通航實施辦法》，經行政院

3　參閱《台灣新生報》，2000年2月23日，四版；《工商時報》（台北），2000年2月18日，四版；間接引自陳建民、蔡承旺，「中共在金廈『小三通』的策略運用」，《展望與探索》（台北），3（5），2005年5月，頁49～50。

院會通過，自次年三月開始實施。「小三通」政策優先實施的項目包括

第二節 「小三通」政策與執行方案

政府實施金馬「小三通」政策的主要目標有三，一是促進離島地區的建設與發展，二是增進兩岸良性互動，改善兩岸關係，三是作為兩岸全面三通的試金石。其規劃之原則主要包含下列幾項：[4]

第一、國家安全為最優先考量，落實「小三通」必須在確保國家安全的前提下推動實施。

根據《離島建設條例》第十八條之規定進行規劃，以符合立法授權之整體立法精神。

航及衍生之人、貨往來及相關商業行為，與我加入WTO及兩岸「三通」具高度關聯性，故「小三通」之規劃，需與加入WTO及「三通」政策整體考量，相互配合。

第四、盡最大可能維持離島地區發展與台灣本島的連結，以防範離島經濟過度依賴大陸及政治立場之傾斜。

第五、金馬與澎湖地區作區隔考量，金門、馬祖與大陸地區之「小三通」採「邊區貿易」模式辦理；澎湖與大陸地區則採試點「通航」模式。在執行上，先行試辦金門、馬祖與大陸地區「小三通」，

---

4 中華經濟研究院，《兩岸關係中金門產業發展規劃研究：設置兩岸貨品交易中心、加工產業區規劃》，台北：中華經濟研究院，2003年，頁21～22。

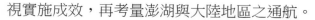

視實施成效,再考量澎湖與大陸地區之通航。

第六、從建立穩定、正常的兩岸關係為出發點,並考量兩岸關係在短程及中長程下之不同情況,本著「雙向往來,互利互惠」原則,以「整體規劃、階段實施」方式進行。

金馬地區與大陸試辦通航案的具體規劃項目,主要包含航運、商品貿易、人員往來、金融往來、郵政往來、工商及農漁業發展等七大方面,茲對初期規劃項目略分述如下。

一、航運方面

主要是指開放金馬地區與大陸福建地區的客貨運輸及漁船往來。就通商口岸而言,初期開放的港口以「一區一港」為原則,金門為料羅港區、馬祖為福澳港區,大陸方面港口只限福建地區港口。就航線而言,原則上採定期、定線方式,若有特殊需要,得向航政機關申請核准經營大陸福建地區其他港口之航線;不定期航線部分,只限金門、馬祖與大陸福建地區之港口,且須逐船逐航次專案申請許可。航行之船舶,以兩岸客、貨船通航為原則;漁船不開放,但基於除罪化之考量,漁船若改裝成客、貨船,可依船舶法與航業法規定辦理。船舶之船籍限中華民國船舶或大陸船舶,外國籍船舶應經特許;船舶入出金馬地區港口,應依指定之船道航行;船舶不得由台灣本島或澎湖航行經金門、馬祖進入大陸地區,但基於特殊活動之需要(如宗教活動)得申請專案核准。

試辦通航前已設籍金門、馬祖之漁船,得航行至大陸福建地區從事經許可行為(如修繕、緊急避難等)。許可條件由縣政府訂定並提請中央主管機關核定。上述漁船得經註銷漁業執照或獲准休業,有條件從事金門、馬祖與大陸兩岸間之水產品運送。

二、商品貿易方面

　　本案擬開放金門、馬祖與大陸地區進行直接貿易。開放之貿易商品類別以滿足金馬地區民生需求為主要重點，加工型貨品轉運貿易為輔；中轉型貿易初期暫不開放。就開放商品項目而言，採循序漸

技術條件時，逐步擴大開放項目，惟部分採負面表列方式，採「原則准許、例外限制」規範。

　　基於上述考量，建議規劃「兩岸貨品交易中心」，准許大陸人民及業者進入中心交易。

　　辦理。台灣地區人民及業者可赴大陸福建地區開放之通商口岸（包括小額貿易口岸、人暉對岸小額商品交易市場）進行交易，金額及數量不限，但以進出口貿易方式進行交易者，貨品進出當依進出口貿易規定辦理；經許可進入金門、馬祖之大陸人民可於當地購買物品，不限金額、數量，但出境時應依相關規定管理。在第一階段，建議規劃「兩岸貨品交易中心」，准許大陸人民及業者進入中心交易。

三、人員往來

　　已開放金門、馬祖與大陸地區人民雙向直接往來。[5]「金馬地區人

開服務站提出申請取得入出境證件，才得進入大陸地區。申請的事由不限，停留期間與活動範圍也不予限制。

民。

動、人道事由、旅遊等。大陸地區人民持「旅行證」進入金馬地區，從事商務、學術、探親、探病、奔喪、返鄉探視等事由者，可停留七天六夜；從事旅遊活動者，可停留兩天一夜。大陸地區人民申請入出境手續，個人身分者，由金馬地區同性質之廠商、學校、親屬擔任保證人，代向內政部境管局金門服務站提出申請；團體則採「團進團出」（每團人數限十人以上，二十五人以下），由經許可在金馬地區營業之綜合或甲種旅行社代為申請。入境人數採總量管制，從事商務、學術、探親、探病、奔喪、返鄉探視等活動者，每日一百人；從事旅行活動者，每日六百人。

四、金融往來

開放金馬地區金融機構辦理兩岸通匯業務。關於通匯業務，初期依「間接通匯」原則，准許金馬地區金融機構透過台灣地區與大陸地區以外之第三地區金融機構，從事匯款及進出口外匯業務；匯款金額每次以十萬美元（或等值外幣）為限，但附有貨物進出口證明文件者，不在此限。依據《試辦金門馬祖與大陸地區通航實施辦法》第二十八條規定，自2001年1月1日開始，已開放金門、馬祖之金融機構經財政部洽商中央銀行許可後，得與大陸地區福建之金融機構從事直接通匯業務。另財政部於2002年8月2日修正發佈《台灣地區與大陸地區金融業務往來許可辦法》，開放國內外匯指定銀行及郵政儲金匯業局，經主管機關許可，得與大陸地區金融機構進行金融業務之直接往來，其往來項目除原已開放指定銀行及郵匯局辦理兩岸匯款及進出口外匯業務，再開放四類匯出款項目（許可辦法第二條、第四條、第五條）。金馬地區金融機構可參酌其業務需求，依據前揭兩項規定擇一申請兩岸直接通匯業務。

關於貨幣管理，現階段人民幣不得在金門地區流通。大陸地區人

凡入出金門、馬祖攜帶外幣超過等值五千美元者，應向海關申報，結

高後可擴大開辦快捷郵件、包裹，並准台灣本島與大陸地區郵件

（六）工商發展

循序漸進建設金門、馬祖成為商務活動、觀光購物及休閒遊憩中心。首先，發展加工製造業，引進大陸農漁產品及農工原料，進行簡易加工，輸銷台灣及國外或回銷大陸。其次，發展觀光相關行業，配合「小三通」開放大陸地區人士來金門、馬祖觀光旅遊，發展金門、馬祖觀光遊憩等相關產業。其三，建設金門、馬祖成為商務及觀光遊憩中心。往中長期，因應「小三通」規模之逐步擴大，配合「免稅購物」及「兩岸貨品交易中心」設置，建設金門、馬祖成為商務活動、觀光購物及休閒遊憩中心。規劃設置的「兩岸貨品交易中心」，依「互市貿易」之精神，准許大陸地區人民進入從事貿易，同時也參考「購物中心」之精神，准許台灣地區及金門、馬祖地區民眾進入中心採購物品。研議自大陸福建引水之可行方案。

七、農漁業發展

發展精緻農業、休閒農業及娛樂漁業。首先,輔導金馬地區農業因應調整,發展精緻農業及休閒農業;其次,輔導金馬地區漁業轉營,發展娛樂漁業。其三,規劃設置「漁獲交易中心」,並發展觀光漁市。

第三節　大陸對「小三通」政策的回應

促進兩岸直接三通,是改革開放以來大陸對台政策的重要工作之一。面對台灣當局對兩岸三通議題之冷淡態度,大陸當局曾經提出替代方案,希望爭取台灣民間或甚至地方政府的配合,以突破兩岸直接三通的障礙。

大陸當局為了宣傳和凸顯台海兩岸直接貿易與通航的現象,自1980年開始,即在大陸東南沿海的福建、廣東、浙江、江蘇四省和上海市,成立許多小額貿易公司,積極推動與台灣的漁民和商人進行「沿海小額貿易」或「海上直接貿易」,這類貿易公司在沿海各地的「台灣漁民接待站」設分公司,與台灣漁民和商人直接交易。自1990年代以來,大陸政府陸續開放福建沿海二十多個口岸對台小額貿易窗口,設立對台貿易小商品市場、對台貿易商場、台貨交易市場等。大陸政府並提供多項優惠辦法,例如,在當地海關核發落地簽證;自台灣進口某一金額以下之貨品免課進口稅[6];從大陸直接出口台灣的貨物一律免徵出口稅,鼓勵兩岸直接貿易。此外,大陸政府在1999年5

6　根據1988年頒佈實施的《對台灣地區小額貿易的管理辦法》,進口金額在五萬美元以下者免課進口稅。該法在1993年9月間修訂,將免課進口稅的門檻調整為十萬美元。

貝獄，佳希門對屏／不帳局設直「小組貿易專喘上」，提供方便之出入境、免稅等優惠措施，以吸引台澎金馬人民前往交易。

針對台灣方面提出的「小三通」政策方案，大陸各界最初的回應可說是貶多於褒。大陸國台辦副主任於2000年11月中旬出席在廈門舉辦的「中華文化與兩岸關係論壇」會議時曾公開表示，大陸主張的不是「小三通」，而是全面的三通。他強調，大陸提出的兩岸直接三通的主張已逾二十年，曾做了相當多的努力和準備，技術上已沒有大問題，只是自欺欺人，並無多大意義和效果。大陸國台辦另一位副主任周明偉也指出，「任何促進兩岸溝通的努力都比不通要好，這種努力應推進三通，這是後汛溝通的預備，後兩岸進的大涼。」

直接三通一不能滿足台澎眉民的需求雙民往來和經貿交流的需要在台灣方面還設置于諸多的大漢障礙「既便做法」獻是既忠相台通，做了許多準備，對有利於金馬居民生活改善和經濟發展的事情大陸願意提供幫助，有關的事宜可以由金馬和廈門、福州相應的民間組織，本著一個國家內部事務的原則來加以解決」，他進一步呼籲「台灣方面對兩岸人員和貿易雙向往來都應提供方便，手續應當盡量

參閱《工商時報》（台北），2000年11月16日。

研究所碩士論文，2002年6月，頁157、158。

簡化」。[9]

　　大陸政府對於「小三通」政策實施初期沒有善意的回應，因為他們將該項政策解讀為：第一，台灣方面企圖將兩岸「小三通」作為政治籌碼，以迴避、甚至否定「一個中國」原則；第二，台灣方面強調「可操之在我」，力圖控制「小三通」的主導權；第三，台灣方面並非把「小三通」作為兩岸直接三通的基礎或步驟，而是以「小三通」來拖延、阻擋兩岸直接三通的實現。[10]不過，在「小三通」政策實施之後，台灣政府逐漸放寬各項限制，大陸中央對該項政策的態度開始轉變，且較具善意。例如，2002年9月間，時任大陸國務院副總理的錢其琛到福建視察時表示，要推動大陸居民赴台旅遊，同意福建省先行試辦大陸居民赴金門旅遊。2003年2月間，錢其琛再度到福建視察時表示，「福建可以鬆一點、靈活一點……只要做起來，慢慢就會有突破。」[11]2004年9月，福建省副省長王美香公開表示，福建將於該年年底開放居民赴金門、馬祖旅遊；隨後國台辦發言人李維一也公開表示，將支持有關方面積極推動這項政策，廈門方面已積極進行整合。[12]

　　從大陸當局對「小三通」政策處理態度之轉變，就消極面來看，或可推論大陸當局認為，如果對此項有利於兩岸交流的舉措採取排斥的手段，可能會引起台灣民眾和國際輿論不必要的誤解，不利於兩岸

9　參閱「中共正面回應小三通」，《中國時報》（台北），2001年1月5日；魏艾，「從『小三通』看兩岸關係發展」，《共黨問題研究》，27（2），2001年2月，頁4。

10　參閱林勁、張敦財、王茹，「拓展廈金直航，推動兩岸全面三通的實踐性分析」，《廈門大學學報》，2002年8月，頁3～5。

11　參閱林長華、趙玉榕，「廈門在建設東南沿海中心城市中金門所扮演的角色分析」，《廈門涉台調研課題匯編》（廈門市人民政府台灣事務辦公室，2004年），頁92～93。

12　參閱陳建民、蔡承旺（2005年5月），前揭文，頁57。

也就是說，大陸當局試圖利用「小三通」來促進兩岸各種交流之快速
發展，從而為促進兩岸直接「大三通」奠定基礎。關於歷來大陸對兩
岸「小三通」政策作為之演變，整理如表12-1。

發生時間	大陸政策作為之演變
1992.03	福建省提出「兩門對開、兩馬先行」的小三通構想。
	外交部發言人朱邦造指出，兩岸儘快實現直接三通是大陸一貫的主……上，台灣當局缺乏誠意與善意。
2001.01.28	福州馬尾經濟文化合作中心代表與馬祖地區代表在福州簽署《福州馬尾馬祖關於加強民間交流與合作的協議》。
2001.03	強廈門與金門民間交流交往合作協議》。
2003.09.04	錢其琛副總理赴福建視察時公開表示，同意福建省先行試辦大陸居民赴金門旅遊。
2004.04.01	福州、廈門公安部開始辦理五年期的「台灣居民往來大陸通行證」。
2004.09.24	福建省副省長王美香公開表示，福建將於該年年底前開放居民赴金門、馬祖旅遊。該項宣示隨後得到國台辦發言人李維一的確認。
2006.08.02	

資料來源：作者根據相關資料整理而得。

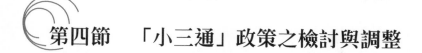

第四節 「小三通」政策之檢討與調整

依試辦通航辦法最初的規定，「小三通」試辦期間為一年。嗣於試辦期滿後報經行政院核定，分別於2001年底和2002年底各展延一年。2003年12月間，配合兩岸人民關係條例修正，在該條例中明確增訂「小三通」相關規範（增訂條款列入該條例的第九十五條之一），為日後「小三通」常態化運作奠定法源基礎；另修訂試辦通航辦法不須逐年辦理展延。

金馬「小三通」政策實施一年半之後，金門縣政府曾先後兩次提出檢討報告[13]，指出金門與大陸廈門試辦通航，最大的成就是在兩岸關係中，台灣已獲取釋放善意的主動角色。對金門而言，為因應通航的需要，金門港已配備完整之海關、檢疫、商檢、人員出入境查驗等機構，其機能足以讓金門對外產生國際接軌的機制，對於未來金門經濟的發展至為重要。的確，大陸政府對於金馬「小三通」政策之反應態度，從實施初期的「冷處理」，到後來的「雖不滿意但勉強接受」之配合演出，不能說「小三通」政策對於兩岸關係之進展沒有貢獻。同時，「小三通」政策之實施對於活絡金門經濟作用也相當明顯。

然而，金門縣政府的檢討報告指出，金馬「小三通」政策的目標與具體的推動措施存在落差，致使該政策執行的成效不如理想。譬如，在促進金門產業發展的利基方面有所不足。「小三通」之政策目標既為「促進離島之建設與發展」，在配套的政策措施上就應以如何發揮金門的區位優勢，擴大自大陸地區引進相對於台灣本島產業發展的有利因素，以提高國內產業投資金門誘因，強化離島發展利基，帶

---

13 參閱金門縣政府，《金門與大陸試辦通航實施概況與展望》（2001年7月），《金門縣大陸事務簡報》（2002年1月），未發表文稿。

大陸經改與兩岸經貿

和當地整體經濟發展。不過，實際的配套政策措施卻不足以達金門的

　　其次，金門與大陸試辦通航「兩場」功能，的關鍵因素並未充

分發揮，使得「兩岸良性互動」的政策效應打了折扣。例如，金門介

制不得由金門中轉大陸地區。

　　第四，試辦通航立案的規劃與執行，政府工作欠周有不足，例

　　第五，由於「兩岸協商機制」未能適時啟動，結果造成通航雙邊

地彌勒後形成「特殊現象」，即人員往來以單向「金門入廈」為主，並

受制於大陸方面逐案專案核准；貨物進口與商務交往，民商意願低

落，居際小額交易情形勢漸不減，累當民衝突時有所聞；特殊商品

（花生、香菇等）大規模走私現象仍然嚴重；市場秩序紊亂，大陸劣

次商品充斥，正常商貿發展更加困難。這些特殊現象基本上是屬畸

形，由於未能透過兩岸協商採取一致行動加以有效規範，使得民意對

「小三通」政策能否為金門離島帶來正面利益產生質疑。

　　「小三通」政策實施屆滿兩年前夕，銘傳大學曾針對該項政策實

施後果進行一項民意調查研究[14]，結果顯示，金門民眾對該項政策實施打了58.6分的不及格分數，超過半數受訪者更認為「小三通」政策對金門經濟沒有或根本沒有幫助；認為有或非常有幫助者佔不到三成。也就是說，金門民眾認為「小三通」政策促進離島經濟建設和發展的目標並未達到。究其原因，金門縣政府指出，主要是開放不徹底、政策不明確及業務不簡便，造成金門人前進大陸，卻未能有效的吸引廈門人到金門或經由金門到台灣觀光旅遊。

其次，「小三通」政策的重要措施之一是開放金、馬地區民眾與大陸地區進行合法的直接經貿交流，也就是「除罪化」事項。不過，前引民意調查研究結果顯示，有高達六成的金門民眾認為實施「小三通」政策後，「岸邊貿易」的情況比以前更為嚴重，只有一成左右的受訪民眾認為有改善。此外，有56%的金門民眾不同意「岸邊貿易」購買大陸貨品是犯罪行為，同意或非常同意的民眾只有不到三成。根據這些調查數據，不難理解取締大陸貨品非法進入金門地區是多麼困難了。

隨著「小三通」政策持續執行，地方政府、民間企業及媒體等各界議論紛紛，期待中央決策更加開放的聲音紛至沓來。中央決策單位在民意及輿論壓力下，從善如流逐漸檢討並放寬相關政策（參閱表12-2資料）。茲依人員往來、貨物貿易、運輸、金融往來等方面分述如後。

一、人員往來方面

(一)專案核可兩岸宗教交流。2002年8月，開放台、澎居民進行兩岸宗教交流時，可專案提出申請包船或申請包機經金門、馬祖轉船舶進入大陸地區。

14　參閱《中央日報》（台北），2002年12月29日，第六版。

表12-2 台灣「小三通」政策之沿革

時間	內容
2000.03.21	大陸直接通郵、通商、通航的「小三通」，為期一年。
2001.03.01	台灣銀行金門分行自即日起辦理台塊海外匯款業務。

陳水扁總統出席「大陸台商協會負責人春節聯誼晚宴」時公開表示

2006.01.17	內政部警政署公布，配合2006年春節擴大「小三通」專案，住春節期間，金馬旅台鄉親無須組團，可以經由「小三通」自由入出大陸。
2006.05.01	內政部依修正的《試辦金門馬祖與大陸地區通航人員入出境作業規定》，宣布自即日起，金馬旅台鄉親不必組團，得往返「小三通」自由行。
2007.04.04	在金、馬、澎設籍六個月以上之台灣地區人民，得向內政部入出國及移民署在金、馬、澎所設服務站申請許可核發入出境許可證。
2008.06.19	證件，由金門、馬祖入出大陸地區。
2008.08.23	開放大陸居民可以落地簽方式入境金馬地區。

資料來源：同表12-1。

(二)逐步放寬經金馬地區中轉進出大陸地區的人員資格。自2002年
8月開始至2004年3月間，先後多次放寬各類人員中轉，包括經
核准赴大陸投資台商（含幹部及其眷屬）、福建省籍榮民及其
同行眷屬、福建省大陸配偶及其同行眷屬、試辦通航有關商貿
業務負責人等。

(三)放寬台灣本島與金馬地區民眾可持不同身分證照入出境。2004
年3月公布，為利「小三通」入出境管理之一致性，台灣本島
民眾經申請許可改採護照入出境；另基於邊區貿易精神，金馬
地區民眾維持原金馬證入出境，效期則由一年調整為三年。

(四)關於金馬旅台鄉親往返兩岸的規定。2005年2月，開放金馬旅
台鄉親得組團經金門、馬祖往返兩岸。2006年5月，進一步放
寬金馬旅台鄉親可不必組團，以自由行方式經「小三通」往
返兩岸；另考量家族活動的需求，將旅台鄉親的配偶、直系親
屬、二親等旁系血親與配偶、未成年子女等，得同行納入適用
範圍。

(五)基於人道考量，原規定台灣地區因天災、重病或其他特殊事
故，得專案許可由大陸地區經金馬地區接返台灣。2006年12月
間，放寬規定，針對有關經「小三通」緊急救援等人道考量衍
生之人員往來需求予以常態化；同時也放寬非福建地區之大陸
籍榮民及同行眷屬，可經由「小三通」往返兩岸。

(六)放寬適用對象之範圍，以利兩岸商務往來及專業交流。2006年
12月間，放寬規定，在大陸福建地區投資之企業，其國內母公
司主管及員工得經「小三通」前往在投資當地舉辦之展覽、會
議及相關商務活動；工商團體組團赴福建地區從事參展、觀展
等商務交流活動，並經專案許可者，得經「小三通」往返；以
組團方式參加在大陸福建地區舉辦之學術會議或相關活動，並
經專案許可者，得經「小三通」往返。另外，對包機、包船之

旅遊每團人數，由現行的十人以上、二十五人以下規定調整為五人以上四十人以下，另便利大陸旅行團領隊之入出境管理。

（二）貨物貿易方面

（一）持續檢討放寬金馬地區進口大陸貨品及免稅進口國外物品項目。迄2006年12月底，金馬地區獲准可進口大陸物品項目9,680項，約佔所有貨品的88.73%（同期間台灣地區可進口大陸貨品僅8,673項，約佔79.5%）：免稅進口國外物品318項。

（二）開放福建地區台商企業生產所需物品可由台灣經由金馬地區中轉出口至大陸，新辦法自2003年12月公布後立即實施。

（三）為減少行政作業成本及便利廠商正常經營，2006年12月間政府宣布將研議一定金額以下台灣地區貨物經金馬地區中轉赴大陸，通關時免附台商協會出具證明。

（四）為促進金馬地區民生必需品正常進口，2006年12月間宣布，將協調金馬地區加速落實執行小額小量大陸農漁產品進口方案，

三、運輸方面

(一)放寬「一區一港」之限制。2002年8月宣布,在安全及有效管理前提下,以專案審查方式准許自大陸進口砂石,可經金門、馬祖指定通航港口,其中金門為料羅港、馬祖為福澳港,查驗後原船將砂石運送至金馬地區其他港口。金門水頭港區並在2002年間開放作為專案通航客運航點;復於2006年3月間指定為離島兩岸客運通航港口。

(二)持續強化金馬通航港口防疫、檢疫機制與設施。

四、金融往來方面

修正試辦通航辦法第二十九條規定,於2005年10月3日開始實施金馬地區金融機構試辦人民幣兌換業務。符合「小三通」入出境規定之金馬地區當地民眾、台灣地區人民及大陸旅客,可向經過許可的金馬地區金融機構或其委託之行業或機構兌換人民幣,每次入出境兌換限額為人民幣2萬元。

繼2008年6月擴大放寬「小三通」之後,同年9月底完成相關政策調整措施,實現「小三通」正常化。主要是進一步放寬「小三通」人員、航運、貿易等往來限制,包括:適度開放大陸人民運用「小三通」進出台灣;簡化人員入出手續;貿易及航運便捷化措施等。10月15日開始,實施澎湖「小三通」常態化。

第五節 「小三通」實施成效與展望

「小三通」政策之實施,一方面是作為台灣與大陸全面三通的試金石,另一方面則是為了促進離島地區之建設與發展。大陸對「小三

擇金、廈「小三通」的大陸民眾也佔較大比重，尤其到2007年時有突

表12-3　金馬「小三通」人員往來統計

單位：人次

期間	我方人民出入境				大陸人民入出境				合計	
	金門	馬祖	小計	成長率 (%)	金門	馬祖	小計 (%)		人次	(%)
	廈門	福州								
					951	90	1,041	—	12,770	—
2002	26,151	1,936	28,087	139.5	1,039	319	1,358	30.5	29,445	130.6
2003	78,782	2,977	81,759							
		6,454	202,571	147.5	9,865	2,544	12,409	230.0	214,780	151.2
2005	244,504	13,739	258,243	27.6	14,132	4,475	18,607	50.0	276,850	28.9
2006	278,060	16,709	294,769	14.1	35,399	6,530	41,929	125.3	336,698	21.6
						4,813	55,522	27.17	391,940	16.41

資料來源：行政院大陸委員會。

破性的改善。

其次，再從航運的業務來觀察，行政院大陸委員會的資料顯示（表12-4），金、廈「小三通」航運往來航次，以我方船舶而言，貨船往來由2001年的83航次，激增至2005年的260航次，2007年間則減少至221航次；客船往來方面，同期間則由81航次增加為2005年的947航次，2007年再大幅增加至2,154航次。馬祖、福州之間，貨船往來航次由2001年的2個航次逐年增加至2003年的173航次，嗣後呈現逐年減少的趨勢，2007年逆轉增加至246航次；而客船往來方面，在同期間則由52航次逐年增加至2007年的394航次。金門地區的氣候、基礎設施等條件相對較好，可能是造成金、廈航線較受青睞的主要原因。

就大陸方的船舶而言，仍以客船為主，但與我方船舶比較，其貨船航次相對較多，且與我方的貨船航次比較，2003年以前較少，嗣後則逐年激增；顯示大陸政府對金馬「小三通」政策的回應，為了凸顯兩岸直接貿易，初期似較重視貨運的業務，不過，自2003年開始，大

表12-4　金馬「小三通」航運往來統計表

單位：次

	我方船舶				大陸方船舶			
	金門—廈門		馬祖—福州		廈門—金門		福州—馬祖	
	客船	貨船	客船	貨船	客船	貨船	客船	貨船
2001	81	2	52	2	12	22	2	9
2002	233	55	59	88	40	76	1	41
2003	442	25	136	173	349	182	1	35
2004	773	47	268	133	767	448	0	593
2005	947	260	277	111	887	580	0	1,241
2006	1,656	161	363	73	1,419	294	0	494
2007	2,154	221	394	246	1,788	365	44	179

資料來源：行政院大陸委員會經濟處。

_____

　一、大陸經改與兩岸經貿
_____

陸政府對金馬「小三通」政策之態度已明顯調整，因而促使金馬「小
三通」航運往來大幅成長，尤其在客運方面。大陸船舶經營福州、馬
祖航線，幾乎專注在貨運部分。

　　「小三通」政策實施後，對金馬地區的進出口貿易也有影響：玫
瑰■■地之■件■■，出口至■■幾少的■分，金門縣政府的統計
顯示，出口數量由2001年的82,528公噸逐年減少，到2004年時已降至

　■■出口有關。不過，透過地下管道出口的情形會否全無，也是原因之
■，而進口數量逐年大幅增加的現象，以金門地區有限的市場腹地來
看，常理判斷其中不排除有轉口貿易行為；也就是說，金門地區進口
之物資，有■大部分轉出口至大陸。另外，自大陸進口的物資不排除
■續進入台灣地區。■■■■■■■■■■■

　　地區為例，戰地政務解除後，駐軍減少，加上政府推動國軍精實及精
進案，■造成當地經濟持續下滑。■■■■■■■■■■■■■
「小三通」政策實施後，金門經濟逐漸復甦，2003年、2004年的經濟
成長率分別達到9.48%和7.21%。各產業對經濟成長的貢獻比較，依序
為製造業、礦石及採石業、水電燃氣業、營造業、批發零售業的家數
分布來看，2001～2004年間，公司家數呈現增加者主要包括營造業、
住宿及餐飲業、其他服務業、運輸倉儲及通訊業，這些產業基本上與
觀光旅遊業密切相關，而製造業、批發及零售業的公司家數卻呈現逐
年減少趨勢，顯示「小三通」促進市場競爭，優勝劣敗結構調整的結
果，呈現集中化、大者恆大的特質。

_____

15　參閱金門縣政府主計室統計資料。
16　參閱金門縣政府主計室統計資料。

┌─────
│ 384
└─

　　大致上，「小三通」政策有助於改善金馬地區民眾的生活問題，增進當地觀光與商業活動，促進離島經濟繁榮。此外，對於原已存在的海上貨品交易、走私等非法行為，納入正常管理，也有助於降低犯罪。在各界對於兩岸直接三通仍然存有疑慮的前提下，以金馬地區為試點實施「小三通」，改變金馬地區的戰地地位，對增進兩岸良性互動具有深遠的意涵。

　　然而，「小三通」政策之實施對於兩岸關係也可能帶來負面效應。行政院大陸委員會的評估報告指出[17]，在中共未放棄武力犯台前，貿然開放「小三通」將威脅離島軍事安全，進而影響台灣本島之防衛作戰及國家安全保障，可能加劇非法入出境、走私、偷渡、逾期居留、非法打工等問題，形成治安的隱憂。的確，兩岸「三通」如果不是透過正常的兩岸協商達成共識並簽署協議，將增加國防安全的不確定性，現實面政治對立問題則仍存在。此外，「小三通」政策雖然使得小額貿易「除罪化」，但由於對有安全衛生疑慮的產品進口仍有限制，故走私活動可能無法杜絕，甚至可能發生合法掩護非法的行為，走私毒品、槍械等違禁品。這些可能產生的負面效應，在「小三通」政策實施以來，一直受到國內各界的關切與議論。儘管到目前為止，令人疑慮的因素仍在，但在兩岸透過「小三通」交流的規模持續擴大，我方配套的管理措施也不斷推出之情況下，並沒有任何的跡象顯示實施「小三通」政策，對金馬、甚至台灣地區造成嚴重的負面衝擊。

17　參閱行政院大陸委員會，《兩岸「小三通」影響評估及規劃方向》，2000年10月2日。

參考文獻

大陸宏觀調控與 13
兩岸經貿關係

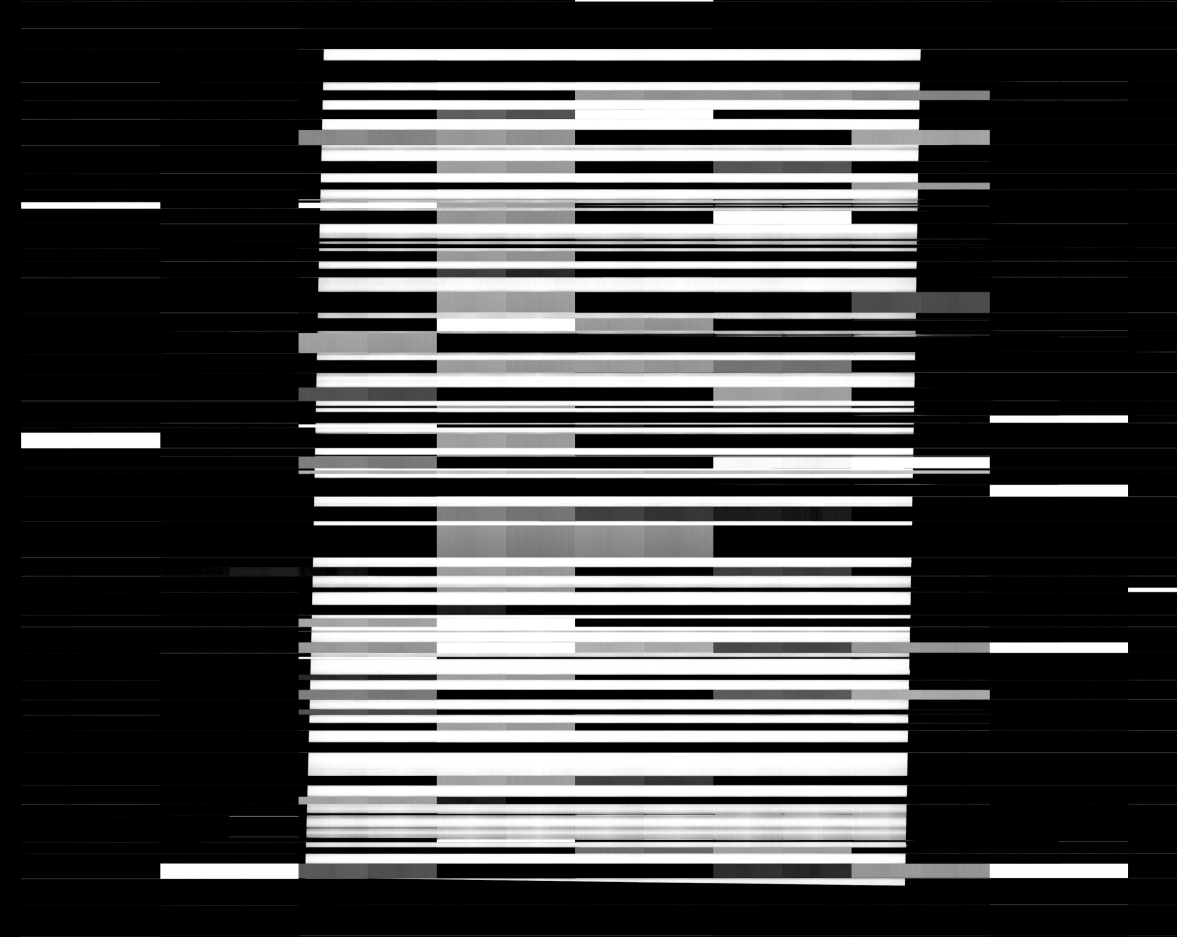

近年來，有關大陸經濟的問題一直是國際社會關注的焦點，譬如，大陸經濟成長的表現亮麗，國際社會卻多所質疑，認為大陸的統計數據不可靠。又如，人民幣匯率低估問題，造成國際市場不公平競爭，國際社會要求人民幣升值的聲音不絕於耳，大陸當局不願面對人民幣為強勢貨幣、應有更大幅度升值的事實，則引發熱錢流入的困擾。自2003年下半年以來，大陸政府針對經濟過熱的問題，頻頻採取降溫措施，是否會導致大陸經濟「硬著陸」[1]，從而影響全球經濟正常發展，則是另一個引起國際社會關注和討論的話題。

2004年4、5月間，大陸政府曾採取一系列措施抑制投資過熱，譬如，控制信貸、嚴格審批土地使用、提高利率等，迄今已經歷數月時間，依大陸官方公布的統計數據來看，這些措施對於抑制經濟過熱問題，確實已發揮了一定的效果，而且各界擔心宏觀調控政策可能導致經濟「硬著陸」的問題似乎並未發生，大陸經濟之運行逐漸回歸基本面。

然而，大陸自2004年開始，在每年年底召開的「中央經濟工作會議」中，針對未來一年經濟工作的主要任務和部署，都一再強調「繼續加強和改善宏觀調控，確保經濟平穩較快發展和物價穩定」的思維。顯示，大陸政府為求經濟穩定發展，宏觀調控政策將持續執行。未來大陸的宏觀調控政策將如何發展，其影響的層面不只大陸本身。由於大陸已是全球第六大經濟體，第三大貿易國，在國際分工格局中佔有重要地位，大陸經濟的表現若有起伏波動，勢必影響東亞地區甚至全球經濟正常發展。而台灣對大陸經濟依賴已相當高，面對大陸將持續實施宏觀調控政策，政府及民間企業都不能掉以輕心。

1　所謂「硬著陸」，是指經濟由高度成長的境界，因調控政策執行不當，而產生大幅滑落、出現經濟嚴重衰退的現象。相對上，執行調控政策使經濟過熱趨於和緩，並保持適當的經濟成長，則被形容為「軟著陸」。

自改革開放以來，大陸經濟表現雖然亮麗，並因而躋身全世界

經濟大國之林，但是也曾經歷過三次經濟劇烈波動實施宏觀調控的

表 大陸主要經濟指標歷年變動趨勢

單位：%

年度	經濟成長	失業率	社會商品 零售	固定資產 投資	物價	貨幣供給 (M2)
1980	7.8	na	18.9	na	32.7	na
1981		na	9.4	28.0	1.4	na
1984	15.2	na	18.3	28.2	17.6	na
1986	8.8	6.5	15.0	22.7	13.1	na
		10.8	27.8	23.4	20.3	na
1990	3.8			2.4	10.2	na
1992	14.2	6.4	16.8	44.4	18.1	31.3
				30.1	31.9	34.3
1996	10.0	8.3	20.1	14.8	1.5	25.3
1998						
2000	8.4	0.4	9.7	10.3	27.8	12.3
2001	8.3	0.7	10.1	13.0		
2002	9.1	0.8	11.8	16.9		
			9.1	27.7	34.0	19.6
2004	10.1	3.9	13.3	26.6	35.4	14.7

表13-1 　大陸主要經濟指標歷年來變動趨勢（續）

年度	經濟成長	消費物價	社會商品零售	固定資產投資	出口貿易	貨幣供給（**M2**）
2005	10.4	1.8	12.9	23.9	28.4	17.6
2006	11.1	1.5	13.7	26.0	27.2	17.0
2007	11.4	4.8	16.8	24.8	25.7	16.7

資料來源：依《2007中國統計摘要》相關資料整理。

　　回顧歷次發生經濟波動的背景原因，大致可以歸納在四個方面，一是政治權力鬥爭造成的；二是經濟體制因素，主要是指經濟體制轉型過程中，市場機制不完善，以及地方政府的投資衝動行為；三是宏觀調控政策之工具以行政手段為主，人為直接干預的政策鬆緊不易控制；四是國際經濟景氣波動所影響。1980年代的經濟周期波動，基本上是由於政治權力鬥爭和體制因素所導致，所謂「保守派」和「改革派」相互制肘，加上行政手段的調控政策不當，結果造成經濟大起大落；進入1990年代，地方政府的投資衝動逐漸成為經濟周期波動的主要推動者，近年來，由於大陸經濟對國際經濟之依賴度提高，國際經濟景氣波動對大陸經濟周期波動的影響愈來愈顯著。

　　樊綱（1997）的研究指出[2]，在1980年代導致大陸經濟波動的體制性原因，主要為「計畫者衝動」與「軟約束競爭」等因素。不過，在經濟改革的不同階段，由於體制的變化，兩種因素所起的作用大小是不同的。大致上，在1980年代初期，主要是由中央計畫當局高速投資所帶動，與傳統體制下的經濟波動特徵，在本質上是相同的。嗣後發生的兩次經濟波動，主要是與分權化改革有關，譬如，財政制度實行「財政包幹制」；針對國有企業先後實行「利潤留成」、「外匯留

2　參閱樊綱，《體制改革與宏觀穩定—中國體制轉軌新時期的宏觀經濟問題研究》，杭州：浙江人民出版社，頁295～306。

為了解決經濟過熱問題，1980年代初調控和緊縮，主要是運用行政手段直接控制，包括直接控制生產或投資和直接控制信貸，而不是通過市場手段對相關經濟變量進行間接調節。具體而言，在1980年代初期，由於傳統的計畫體制基本沒有改變，經濟過熱本身是由中央制訂的高增長計畫引起的，因此，抑制經濟過熱也就只能用直接的行政計畫手段壓縮基建規模，削減財政支出、投資自主權下放後，大陸當局曾嘗試利用利率、準備金率等金融調控手段，處理經濟過熱問題。不過，實踐證明其效果不如對信貸實行直接的控制，自1988年第四季開始實施的緊縮政策，同期提高居民存款利率，對提振居民的消費稅等抑制消費的間接調控政策，效果有限，真正發生作用的是從1989年初開始執行的壓縮投資與控制信貸規模政策，其中最主要的是壓縮投資的各種直接的行政控制手段，包括規定壓縮幅度，停建緩建各種項目的自查性計畫，派出固定資產投資檢查小組等等。

1992年間，大陸經濟再出現當經濟循環熱問題之困擾，從經濟體制

有共同之處，其基本特點仍是國有企業和地方政府的投資膨脹所導致的，所不同的是，1992年以來，隨著生產市場、證券市場和資金市場等逐步發展，地方的自主權進一步擴大，使得投資需求擴大的速度比以前更快，規模也更大，造成的通貨膨脹壓力自然也比以前歷次更

大。必須指出的是，進入1990年代，除了投資因素，資金的跨地區流動、社會上非銀行信用規模擴大（如政府或企業發行的各種債券、各種企業間債務等），以及價格改革、市場預期和結構失衡等因素，對於經濟波動也產生了重要的作用。

1993年3月，朱鎔基正式接任副總理，為處理當時經濟過熱問題，他隨即於6月間採取十六條宏觀調控措施，並有效地將超過12%的經濟成長率逐年調降至1997年的9%左右，大陸各界人士形容這段期間的經濟降溫成就為「軟著陸」。此一階段的宏觀調控措施，基本上仍是以行政手段為主，譬如，十六項宏觀調控措施中，關於整頓經濟秩序的幾項，包括：針對金融部門，糾正違規拆借資金、制止違法集資、規範有價證券之發行和交易等；針對財政秩序，包括：強化稅收徵管、嚴格控制社會集團購買力成長等；針對整頓市場秩序，包括：加強房地產市場管理、停止地方管理的物價調價措施等，都是屬於行政手段。此外，在實行適度從緊的貨幣政策上，嚴格控制貨幣發行及信貸規模、停止人民銀行對非銀行金融機構發放貸款、限制中央銀行再貸款的貸款對象、控制固定資產投資等作為，其實也都是透過行政手段進行。與1980年代不同的是，此一階段，大陸當局開始試圖透過利率之靈活調整，發揮經濟槓桿作用，似較過去更重視經濟手段。

1990年代後期，大陸經濟受到亞洲金融風暴所波及，出現衰退的景象，為扭轉這一局面，大陸當局實施擴張性宏觀調控政策。[3]基本上，1997～1998年間的調控措施主要是在刺激投資成長，例如降低利率、取消財政性基金（資金、附加、收費）項目、增發建設國債等，另外也採取了提高出口退稅措施刺激出口。但在刺激消費方面的措施較少，比較重要的措施是1998年11月間，大陸財政部將42.5億元的專款

3　參閱馬洪、王夢奎主編，《中國發展研究》，北京：中國發展出版社，2000年，頁38～41。

中央撥給地方，用於支持各地政府做好國有企業下崗職工基本生活保障、企業離退休人員養老金發放工作。

1999年以後，大陸當局推行擴張性財政政策和貨幣政策，……投資、消費、出口全面刺激需求成長，以加快調整經濟結構多元化。在刺激投資成長的措施方面，主要有：降低利率、增加國債投資、稅收優惠、技術改造投資貼息貸款、取消行業准入限制、改善投資環境等；在刺激消費需求方面，主要措施包括：增加中低收入居民工資福利、提高貸款……增大消費信貸的規模與範圍、延長節日期間、改善消費環境……非國有部門……到加強出口信貸、提高通關效率、進一步改革貿易體制等。

1997～2002年的擴張性宏觀調控政策，基本上對於扶持大陸經濟成長不過擴張，促進經濟復甦發揮了重要的作用，根據大陸官方資料顯示，2002年間的經濟景氣已充分回升，經濟成長率逐季提高，突破了8%的水準，超過官方預期的成長目標。促進經濟成長的動力主要來自於投資高速成長和出口擴張，前者主要是依賴國有部門的大量投資與大陸當局實行積極的財政政策有關，後者除了因景氣期間鼓勵出口的相關政策措施奏效外，主要是國際景氣好轉、美元走軟、加入WTO的效應，以及跨國公司將其生產和採購中心轉入大陸等因素造成的。

第二節 胡溫體制下的大陸經濟形勢

大陸經濟歷經亞洲金融風暴，自2002年下半年開始，經濟成長逐漸加速，包括固定資產投資在內的多項經濟指標，擴張速度居高不下，曾引起大陸經濟學界對於經濟是否過熱，宏觀調控是否有必要再加緊縮。

大陸……自2002下半年……

經濟成長率均超過兩位數，創下了近十多年來的最高紀錄。造成經濟成長率一再創新高的背景原因，主要是固定資產投資的高速成長。資料顯示，自2002年以來，大陸固定資產投資連續四年的成長率都超過20%，投資佔國內生產總值（GDP）的比重，在2004年間達到44%的空前水準。由於投資的高度成長，導致了一系列生產資料供應短絀，價格上揚，例如夏天電力短絀，緊接著油品和煤炭均出現供不應求的現象，煤炭、鋼材、水泥、化工產品等的價格上揚幅度最高時曾達20～30%。

　　大量投資所形成的產能自2005起逐漸釋放，表現在各行各業庫存增加，相關產品價格下跌、企業獲利減少、虧損增加。固定資產投資成長偏高可能隱藏著產能過剩問題，儘管產能過剩問題目前尚未出現嚴重後果，表面上看，工業快速成長，企業獲利也有所改善，但是就深層觀察，產能過剩問題或有可能被投資高速成長，吸收了一些原來過剩的產能所掩蓋；另外，消費者物價指數能夠在各項製造成本不斷上升的壓力下，維持在較低的水準，也可能是產能過剩所造成的。商務部在2006年上半年針對600種主要消費品之調查報告指出，2006年下半年供過於求的商品約佔71%。[4]世界銀行預測，大陸的投資熱潮仍可能持續。[5]

　　與固定資產投資相比，大陸的居民消費成長率偏低許多，自2004年以來，大陸社會消費品零售總額成長幅度，扣除價格因素，都在13%左右，與固定資產投資大幅成長的趨勢比較，極不協調，顯示「內部失衡」現象。根據統計，居民消費佔GDP的比重約僅55%，較韓國和日本歷史上消費率最低的時候60～70%還要低一些。大陸的消費率之所以會偏低，一方面是因社會保障體系嚴重滯後，以及房價上

4　參閱《國際金融報》，2006年8月10日，一版。

5　參閱《國際金融報》，2006年8月16日，二版。

漲失控，導致儲蓄率偏高，另一方面則是因為投資成長太快。投資和

消費失衡問題是因應大陸經濟發展時是投資效益低⋯⋯次，省重資本⋯

⋯至美國、德國、印度等國相比，⋯顯示其投資效益並⋯⋯

⋯率偏低會呆賬就中隱藏下來⋯⋯

⋯

外債有虛過高，而外匯有偉大幅成長，則不利於貨幣政策的獨立操
⋯貿易順差實際上是根源於大陸國內儲蓄偏高（消費偏低）的因
素，也就是內部失衡的問題。解決問題的方法，一方面是要擴大內
需，另一方面則是應該調整鼓勵出口的政策。

　　第二是貨幣供應量偏高，同時，貨幣信貸成長速度也過快。隨著
經濟成長加速，貨幣供需的形勢也出現根本性的變化。首先，從貨幣
需求面來看，投資需求高漲，刺激了融資需求，扭轉了貸款有效需求
不足的局面；同時，社會大眾在預防動機和投機動機增強，也增加了
貨幣需求。另一方面，2002年各級政府改組，新上任的地方首長出現
所謂「投資衝動」現象，進一步加大了對貸款的需求。其次，從貨幣

供給面來看，由於外匯儲備大量增加，使得中國人民銀行相對釋出的基礎貨幣大量增加；同時，就商業銀行而言，由於其資金較充裕，其放款行為也從過去「惜貸」變為積極放貸。供需兩方面因素的作用結果，使得銀行貸款規模快速成長，並導致物價持續上漲。

2005～2006年間的資料顯示，廣義貨幣供應量（M_2）一直保持16～19%的漲幅，連續二十多個月超過大陸央行設定的預期目標。就貨幣信貸來看，大陸全部金融機構人民幣各項貸款的漲幅保持在15%左右，也較往年偏高。由這些數據可以發現，近年來，大陸的金融形勢一直呈現「寬貨幣、寬信貸」的局面。近年來，大陸金融機構的貨幣信貸成長很快，究其原因，一是經濟成長加速，對貸款的需求迫切；二是貨幣環境寬鬆，流動性充裕，銀行存貸差擴大；三是商業銀行追求獲利動機，增加放貸。貨幣信貸成長太快與固定資產投資成長過快等問題交織在一起，相互促進的結果，勢必加劇經濟結構失衡問題，同時也將增加金融信貸自身的風險。

第四，房地產炒作問題。自2003年以來，大陸政府就開始著手控制房地產之高速投資，不過，該措施似未發揮預期效果，房地產投資增速依然超過20%。2006年上半年資料顯示，70個大、中城市房屋銷售價格較上年同期上漲了5.6%，漲幅較消費者物價水準平均上漲幅度（1.3%）高出許多。大陸國家統計局公布的房地產業的固定資產投資景氣指數顯示迭創新高[7]，其中，上海、北京等大城市的炒作風潮更甚。房地產投資熱潮不減的主要原因，一方面是社會上的游資和熱錢炒作，包括外資投入的效應、體制外資金流入、期房預售制度供給房地產開發商充裕的資金，另一方面更與地方政府違法不當開發和運用土地有關。

上述的分析顯示，自2003年以來大陸經濟形勢，無論是從實物面

7　參閱《國際金融報》，2006年8月3日，二版。

第二節 加強政府的宏觀調控政策

款準備率0.5個百分點，並進行公開市場操作；銀監會則要求金融機構落實政府宏觀調控政策，加強金融檢查和貸款審批，以抑制固定資產投資過快，進一步加強貸款風險管理。

第二是利用行政手段抑制經濟過熱。國家發展委員會、銀監會與中國人民銀行聯合公布《當前部分行業制止低水平重複建設目錄》，涉到鋼鐵、有色金屬、機械、建物、石化、輕工、紡織、商業、印刷等行業，明列禁止類和限制類投資目錄。另外，更加強清理固定資產投資導案工作，清理的重點主要包括鋼鐵、電解鋁、水泥、黨政機關

物流園區、大型購物中心等項目，以及2004年以來新開工的所有項

目。2004年間又陸續推出差別存款準備金率，再貸款利率浮動、提高消費信貸門檻（汽車消費貸款從當年4月1日起首付款提高到30%）、提高鋼鐵、電解鋁、水泥、房地產開發投資項目的資本金比率、產業政策和信貸政策配合控制投資過快成長、緊縮房地產貸款、整頓土地市場、加強金融檢查等緊縮性政策。

　　這一系列的宏觀調控措施，的確使當時經濟偏熱的情況得到某些抑制，譬如固定資產投資成長率，2004年前三季平均成長27.7%，漲幅比同年第一季和上半年分別減少12.3和0.9個百分點，也較上年同期的漲幅減少2.8個百分點。在土地使用方面，共撤銷各類開發區4,813個，佔開發區總數的70.1%；核減開發區規劃用地面積2.49萬平方公里，佔原有規劃面積的64.5%。在貨幣信貸方面，以廣義貨幣供給（M_2）為例，2004年11月底只成長14%，漲幅較上年同期降低6.4個百分點。然而，這一系列的緊縮政策對2004年的經濟成長速度似乎沒有產生抑制作用，當年經濟成長率甚至達到了1996年以來的最高水準10.1%。

　　2005年，大陸經濟繼續保持高度成長，達10.2%（表13-1），與前兩年比較，2005年的需求結構則有一些變化，例如，固定資產投資的增幅略為降低，出口貿易擴張速度略為回落，民間消費（扣除物價因素）則保持穩定的成長。面對這樣的經濟形勢，大陸政府在2005年12月召開的例行年度中央經濟工作會議中決定，2006年將繼續實行穩健的財政和貨幣政策，保持宏觀經濟政策的連續性和穩定性，以促進經濟穩定成長。

　　然而，大陸經濟形勢自2006年開春以來出現了質變，固定資產投資、貨幣供給量及經濟成長率等指標再創新高，經濟過熱問題似有趨更為嚴峻之勢。出現這種現象的原因可以概括為二，一是大陸中央政府的態度較保守，雖不希望經濟過熱，但也不希望經濟過冷，尤其地方政府一直有反彈力量，導致緊縮性政策未能貫徹；二是中央政府似乎不願急促的大幅緊縮，採取相關的緊縮性措施只是被動的回應，旨

為了抑制經濟過熱，自2006年以來，大陸政府陸續採取了一些宏觀調控

針對外匯存底攀升導致基礎貨幣增加，以及向企業投貸款和貨幣信貸大幅增加的情況，大陸央行自2003年第四季以來即多次增加票據的發行。自2006年以來，大陸央行先後透過中央分別向東銀行定期發行不可交易票據，以近期信貸增加較多的銀行為發行對象，用是以票據回收市場過剩的流動性提高票據額度信貸，顯然已經成為大陸央行

與關切的討論中，大陸央行又宣布預警州在2006年8月中旬分別調高存貸款利率水準，存貸款基準利率分別再上調0.27個百分點，調整後，年期存貸款基準利率分別為2.52%和6.12%。2007年一年，大陸政府又連續六次調高存貸款利率。至2007年底，大陸的存款利率已達4.14%，貸款利率達

第三是上調金融機構存款準備金率，試圖從供給面抑制貨幣信貸總量過快成長。2006年7月間，大陸央行上調了金融機構人民幣存款準備金率0.5個百分點，8月中旬，大陸央行再度上調金融機構存款準備金率0.5個百分點，連續兩次調整存款準備金率相估凍結逾動性3,000億元人民幣。儘管相較於上一次調整存款準備金率（2004年4月間）的幅度（一次性調整1個百分點），此次調整手段算是溫和的，但在一個月內上調兩次，凸顯了大陸央行緊縮政策的態度堅定。2007年全年，大陸央行再連續十次上調金融機構存款準備金率。至2007年底，大陸

的存款準備金率已高達14.5%，迫近了1998年以來最高水準。[8]

　　大陸政府利用貨幣政策工具治理經濟過熱問題，借重經濟手段的企圖心至為明顯，不過，行政手段並沒有因此而被忽視，其中，最重要的是透過行政指導，譬如規範地方政府不當地招商引資，要求商業銀行克制信用貸款等等。在這一波經濟過熱的風潮中，房地產業投資高速成長也是源頭之一，因此，土地調控是宏觀政策的重點，其中，除了緊縮房地產的信貸，還有從嚴控制新開工項目，規定開發商預先訂房價再拿地等等。2006年9月初，大陸國務院公布《關於加強土地調控有關問題的通知》，將新增建設用地控制指標納入土地利用年度計畫，強化地方政府的土地管理責任；禁止各地擅自將農用地轉為建設用地，要嚴肅懲處土地違法違規行為；針對工業用地出讓價格過低問題，提出要統一制訂並公布工業用地出讓最低價標準（國發(2006)31號文件）。

　　此外，大陸建設部等六個部委在2006年7月底聯合發佈《關於規範房地產市場外資准入和管理的意見》，明確規範外商投資房地產市場准入，外商投資企業房地產開發經營管理、嚴格限制境外機構和個人購房管理等。其中，具體提高了部分外商投資房地產企業註冊資本金在投資總額中的比重；規定外商投資房地產企業的中外投資各方，不得以任何形式在合同、章程、股權轉讓協議以及其他文件中，訂立保證任何一方固定回報的條款。境外機構在境內設立的分支、代表機構（經批准從事經營房地產的企業除外）和在境內工作、學習時間超過一年的境外個人，可以購買符合實際需要的自用、自住商品房，不得購用非自用、非自住商品房。符合規定的境外機構和個人購買自用、自住商品房必須採取實名制。同時，外資購房被限「嚴進嚴出」，不

8　參閱高長，「對大陸連續調整存款準備金率與利率之解析」，《兩岸經貿》，台北，第186期，2007年6月，頁1～4。

該途徑，改採提高利率的手段，有避重就輕之嫌。尤其，提高利率收

主任許健、瑞士信貸第一波士頓亞太區首席經濟學家陶冬等人，參閱《大公報》，2005年1月25日國文版。

　　依據學理推論，大陸政府實施的各項貨幣政策措施之效應可能不會很顯著，原因在於：提高金融機構法定存款準備金率之前，大陸各商業銀行已握有龐大的超額存款準備金，儘管多次提高法定存款準備金，抵扣之後，仍然有超過6,000億元的流動性過剩，又即使再扣除大陸央行發行的定向票據，大陸各商業銀行仍有為數不少的超額準備金，甚至吸納定向票據最多的中國建設銀行和中國銀行之信貸業務不會受到什麼影響，尤其他們境外上市籌集的資金規模很大，資本充足率高。大陸著名經濟學家樊綱認為，本次加息不足以遏制經濟過熱的勢頭，除非政府輔以對信貸進行直接量化控制。

　　運用貨幣政策工具進行宏觀調控不易奏效的原因，主要是國際收支順差過大，導致外匯存底快速累積，從而造成基礎貨幣大幅增加，貨幣供應和信貸擴張。自2003年以來，大陸的外匯存底每年新增的規模都超過2,000億美元。基礎貨幣投放的直接效果就是銀行存款增加，存差擴大。根據統計，2000～2005年，大陸金融機構存差的擴大，83%的因素是因為國際收支「雙順差」所導致。顯然，只要外匯存底（實際上就是外匯流入）增加不停止，銀行信貸的快速擴張無法避免，固定資產投資規模控制和信貸控制也不會有明顯的長期效果，行政手段縱使能收短期功效，過一、二年可能會有更大幅度反彈，2006年以來的信貸和投資大幅擴張或可看出端倪。因此，為了降低流動性，抑制經濟過熱，保證宏觀政策長期穩定有效，釜底抽薪之計應是減少「雙順差」，讓人民幣升值應是最直接有效的方法。

　　然而，大陸央行認為，大陸國際收支順差維持較高規模，有著深刻和複雜的內外原因，包括經濟競爭力、內部失衡、政策和體制因素等，不能單靠匯率調整來承擔國際收支平衡的責任。換言之，儘管匯率對調節國際收支有一定的作用，但為了解決順差的問題，大陸央行認為，匯率的調整必須配合「全面協調可持續發展戰略」的要求，應避免大幅升值。事實上，在經濟高速成長及雙順差擴大，外匯存底不

斷累積的經觀環境下，人民幣的升值壓力始終存在。

2005年7月21日，明溫升在國際社會與論不斷施加壓力下，調整了人民幣匯率。不過，大陸政府仍然運用各種手段干預人民幣匯率水準。為了紓解人民幣匯率上漲的壓力，大陸政府另透過放寬下并匯管理，諸如，多次提高出來經申項目外匯限戶限額，允許企業增加購匯，使此

投資，自2006年5月，民期，不再對各地區核定境外投資購匯額度，等

過調升利率和存款準備率等貨幣政策工具來處理流動性過剩引發的經濟過熱問題，程只能達到治標的效果，不可能治本。尤其的是，利率提高將使人民幣與美金的利率差縮小，可能吸引更多的資本流入，進而加大人民幣升值壓力。有鑑於此，大陸央行事實上也不希望利率調升幅度太大，無怪乎政策調控的效果無法彰顯。

匯率之調整在對抗通貨膨脹壓力和促進平衡成長，將資源從過熱的貿易財貨部門轉移等方面，無疑是一個較好的政策工具選擇，大陸政府的匯率政策卻非常謹慎。無論如何，人民幣匯率浮動緩慢升值乃大勢所趨。手實上，最近以來，人民幣匯率波動升值幅度已經趨於實鬆，經濟過熱問題若無法在短期內獲得緩解，緊縮性的貨幣政策

措施將再被祭出。大陸試圖依賴貨幣政策工具，而避免人民幣升值以解決經濟過熱問題，看來將面臨嚴峻的考驗。摩根史丹利的經濟專家指出，要透過人民幣升值以達到抑制經濟過熱的效果，大陸央行必須讓人民幣升值10～20%[10]，不過，大陸央行根本不願意用大幅調升人民幣匯率的手段以獲取緊縮效果。從另一個角度看，人民幣若不升值，緊縮性的利率措施則需使出更大的力度才能奏效。

第四節　大陸經濟波動與兩岸經貿關係

　　過去二十多年來，大陸經濟發展雖然歷經多次波動起伏，但從長期趨勢觀察，其總量規模卻呈現大幅擴張之勢，綜合國力已顯著提升。世界銀行1997年出版的《2020年的中國》專書中曾指出：中國的經濟崛起為世界發展帶來機會，成為世界經濟成長和貿易成長的驅動力之一。《紐約時報》2002年6月27日亦發表專文指出：大陸經濟蓬勃發展，吸引巨額的FDI，進出口需求旺盛，已成為亞洲經濟成長的發動機。[11]過去二十多年來，大陸經濟的高成長，增加了大量物美價廉產品對國際市場之供給，同時也擴大了資本財和中間製品的國際市場需求，對於世界經濟的繁榮可說是有一定程度之貢獻。另外，大陸經濟的持續穩定成長，加上充沛低廉的生產要素供應，為跨國投資提供了一個具有吸引力的投資據點。跨國公司將大陸同時賦予「世界工廠」和「世界市場」的雙重角色。

　　大陸經濟崛起，無疑地帶給台灣許多商機。過去多年來，由於兩

10　參閱http//www.cec-ceda.org.cn/qynews，中企聯合網，2006年8月27日。

11　間接引自高長，《展望大陸經濟變動趨勢與全球經貿版圖消長》，行政院經建會委託研究報告，2004年，頁18、頁28。

增長為3.1倍和20.9倍，進出口貿易值分別…1991～2006年間…2億

擴張之紀錄，1990～2006年間，除了1996～1998年及2001年外，每年…

口來源和最主要的貿易夥伴，最大的出超來源。

…台商在大陸投資累計已達72,285件，協議值與實投資金額累計分別

達1,000.3億美元和420.4億美元…

…同國企業結構調整行動的影響，台商對大陸投資的行

動較過去更為積極。

　　回顧歷年來兩岸經貿關係之發展，無論台灣對大陸出口或對大陸
投資，長期趨勢雖然都是擴張的，但在短期間也曾出現波動的現象。
這些短期波動是否與大陸經濟波動相關，比較分析後可以發現，大陸
經濟在1992～1993年間曾出現經濟過熱；1998～1999年間及2001年間
曾兩度出現經濟緊縮現象；而兩岸經貿交流在1990年代初期呈現較高
的成長率，1990年代後半期的成長速度明顯減緩，足加金融風暴期間
甚至呈現負成長。2001年間，兩岸經貿交流也呈現停滯狀態。

…兩岸經貿交流之變動情勢與大陸經濟波動存在正向關係。茲以投審
員公布在台灣對大陸出口數據為例，其變動率與大陸經濟成長率相關係
數達0.112，投審會公布之台灣對大陸投資金額變動率與大陸經濟成長

率的相關係數為0.462，不過，兩者都未達到0.05統計顯著性。另外，根據Pearson相關係數估計值，我們也發現，台灣對大陸出口變動與大陸出口波動之間，以及台灣對大陸投資變動與大陸進口波動之間，都存在正相關（相關係數分別為0.324和0.438），這些數據或可說明台灣對大陸投資帶動台灣對大陸出口的事實；另一方面，由於大陸鼓勵「大進大出」的加工貿易活動，大陸出口波動影響原材料和中間製品之進口，也影響了台灣對大陸出口。

　　無疑地，由於台灣經濟對大陸經濟的依賴程度已相當高，大陸經濟的興衰勢必影響台灣經濟之持續及穩定發展。針對未來大陸經濟發展前景，大陸國務院發展研究中心李善同等人（2006）曾利用可計算一般均衡（CGE）模型，模擬估計大陸2000～2020年經濟成長和結構變化。該項研究的模擬情景有三個，在「基準情景」中，預期大陸經濟將繼續過去的發展趨勢，2005～2020年全要素生產率成長繼續保持過去二十五年的水準，年平均成長率維持在2.0～2.5%；城市化水準將以每年平均提高1.1個百分點的速度持續推進，到2010年將達到49%，2020年時達到60%左右。

　　「協調發展情景」是在「基準情景」的基礎上，假設技術進步的偏向性及中間投入率的變化更加偏向於各產業協調發展，服務業的全要素生產率在2005～2010年間每年成長1個百分點，2010～2020年間每年成長0.5個百分點。另外，能源的利用效率提高0.2～0.5個百分點，農業勞動力向非農產業快速轉移。

　　第三為「風險情景」，考慮未來大陸經濟發展可能面臨一些風險和挑戰。假設要件包括：相對於「基準情景」，勞動轉移速度放慢、居民的儲蓄傾向降低、政府消費的成長速度略高；2005～2020年全要素生產率的成長率低於過去二十五年的平均水準，平均每年成長率為1.5～2%。

　　模擬估計結果顯示（表13-2），「十一五」期間經濟成長速度將

| 2003~2020 | 7.3 | 8.1 | 6.0 |

保持在8%左右。按照2000年不變價格計算，「十一五」期末大陸GDP
總量將達到24,000億美元左右，超過2000年德國GDP總量，人均GDP

高，速度將緩慢變為穩中有升，到2020年，大陸GDP總量將達到
48,000億美元左右，超過2000年日本GDP總量，人均GDP將達到3,200
美元左右。

對於大陸經濟發展前景的看法，樂觀派的學者認為，大陸經濟還
可以持續高速成長十年以上，理由是，從生產因素看，勞動供給充沛
且素質不斷提升，資金供應更加充裕，另一方面，大陸工業化、城市
化、市場化、國際化等之進展，已使大陸的宏觀環境、體制和微觀基
礎發生根本性的變化，對於未來持續經濟成長提供強有力的支撐。國
際上對大陸經濟發展抱持樂觀看法者，日本的大前研一可說是代表性
人物。然而，從長期可持續性來看，大陸經濟發展仍然存在許多不確
定性因素，譬如，粗放型經濟發展模式，高投入、高消耗、高污染、
低效率等現象，造成資源浪費及對生態環境造成破壞，可能導致發展
的不可持續；又如，高房投資和產能過剩，國際貿易失衡及衍生的國
際貿易爭端未解除，以及城鄉發展差距擴大、所得分配不均惡化等環

象，都將困擾大陸經濟的正常發展。

　　王夢奎（2006）等大陸學者的研究指出，未來大陸經濟發展的可持續性面臨許多因素的挑戰。首先是結構失衡問題。改善經濟結構失衡問題已經提出多年，但成效不彰，反而有加劇的現象。譬如，儘管「十一五規劃」明確提出要刺激國內消費，以實現投資與消費、內需與外需之間的平衡，然而，投資和出口佔GDP的比重仍然有增無減。

　　其次是資源消耗和環境承載能力問題。隨著經濟總量規模愈來愈大，能源和其他重要資源需求急劇增加，資源約束和環境壓力也加大，經濟成長同資源和環境承載能力之間的矛盾愈形尖銳。以能源為例，從總量來看，目前大陸是世界上能源消費大國，但是以每人平均量來看，不及世界平均水準的六成，這表示未來大陸對能源消費總量還將隨著經濟成長而大幅增加，這對於大陸，甚至是全世界的能源供應將構成巨大壓力，換個角度說，能源供應充裕與否將成為大陸經濟永續發展的關鍵制約因素。

　　大陸經濟永續發展的最大制約因素在於資源約束。近年來，大陸伴隨高速經濟成長陸續出現民工荒、電荒、煤荒、油荒等資源供應短缺現象，究其原因，粗放型經濟成長模式是罪魁禍首，大陸政府似早有警覺，並在多年前即開始鼓吹「轉變經濟增長模式」，不過，迄目前為止，其成效並不彰顯。在各項資源約束因素中，以能源尤其石油供應形勢最為嚴峻。

世界銀行（2002），《2001年世界發展指標》，北京：中國財政經濟

李善同、侯永志、劉雲中、何建武（　　　），「　　　　　經濟增長前景分析」，收錄於馬洪、王夢奎主編，《中國發展研

馬洪、王夢奎主編（　　　），《中國發展研究》，北京：中國　　　版社。

高長（2004），《展望大陸經濟發動規勢與全球經留版圖消長》，台　　　　　　　　　　。

高長（2007），「對大陸連續調整存款準備金率與利率之解析」，《兩岸經貿》，台北，第186期，頁十二。

　　　（　　　），「　　　　　　　　　　　　　　　　　　經濟問題研究》，杭州：浙江人民出版社。

國際經濟整合與　　　14
兩岸經貿關係

冷戰結束後，國際間的互賴及合作快速發展，開始有「複合式相互依賴」（complex interdependence）、「區域主義」（regionalism）、「全球化」（globalization）等等理論的出現，尤其在經貿的頻繁互動之下，建立互利的經貿關係已經取代了過去冷戰時期意識形態的對抗，經濟一體化蔚為潮流。在另一方面，各國為了降低貿易障礙、增進資源使用效率、提升國際競爭力，積極推動區域經濟合作，並洽簽自由貿易協定（FTA）。

然而，FTA也形成一種新的貿易壁壘，對非結盟國造成排擠效應，尤其結盟國之間產品自由流通所形成的貿易創造效果，激起了其他區域推動有組織經濟體的意願。歐洲聯盟（European Union，簡稱EU或歐盟）與北美自由貿易區（North American Free Trade Area，簡稱NAFTA）是目前全球有組織區域經濟體中最典型的實例，無論生產規模或市場吸納能力，在全球都具有強大的影響力，對其他地區起了示範的作用。同時，其他國家為了避免被邊緣化的危機，都積極推動區域經濟合作，結果，造成全球經濟區塊化現象。

亞洲是全球人口最多的區域，市場規模佔全球比重最大。受到全球區域經濟整合熱潮的影響，亞洲地區經濟合作的意識日益增強，尤其東亞地區的雙邊或多邊經濟合作近年來更是迅速發展，其中包括了東協（Association of Southeast Asian Nations，簡稱ASEAN）與中、日、韓的自由貿易談判，以及東亞自由貿易區計畫等，顯示東亞各國對於走向更緊密的經濟合作關係已逐漸形成共識。未來東亞經濟體一旦整合成形，對兩岸經貿關係勢必造成影響。

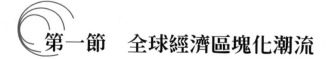

第一節　全球經濟區塊化潮流

二十世紀全球經濟的顯著特徵之一是經濟全球化的發展，促使了

大陸政策與兩岸經貿

區域經濟整合現象，在進入1990年代後有快速發展的趨勢，根據

逐步擴展至全球經濟合作的領域。換句話說，區域性之經濟結盟與經

近日前，幾乎所有的WTO成員都參與一個或多個區域經濟組織

定到自由貿易區，以及關稅同盟、共同市場、經濟同盟等，其中以自
由貿易區和關稅同盟協定之簽署最為普遍。此外，在處理如勞工、資
本流動、投資、生產比例等問題時也不一樣，有些組織的協議內容其

參閱劉大年，「全球區域整合之趨勢」，朱敬一（主編），《ECFA：開創兩
岸黃金十年新契機》，台北：遠景基金會，2009年，頁13

而言，區域經濟組織的發展有三種模式，一是原已存在的區域經濟組織進一步整合，例如歐盟（EU）是目前全世界成立最早且運作良好的一個區域經濟組織，其合作的層次已由共同市場提升至貨幣同盟；又如東協（ASEAN）的合作層次也從原來較鬆散的對話機制，提升成為自由貿易區；二是現有的區域經濟組織擴大整合的區域範圍，例如歐盟東擴，由原來十五國增加至二十五個國家，[2]又如美加自由貿易區擴大為北美自由貿易區（NAFTA）；三是成立新的區域貿易協定，例如日本與新加坡簽署自由貿易協定。

　　目前區域經濟整合實例，在全球各地都有，不過，主要集中在歐洲及美洲。歐盟是目前全世界上成立最早，以及合作層次最深的一個區域經濟組織（Wallace,1994），2004年擴張新納入10個國家；[3]2007年又有保加利亞和羅馬尼亞加入，目前歐盟已有27個會員國。另外，歐盟又已同其他28個國家簽署區域貿易協議。歐盟是由1950年代初期德國、法國、義大利、荷蘭、比利時、盧森堡等六國所締結的「煤鋼共同體」發展而來，當時成員國針對煤鋼行業對內實行自由貿易，對外實行保護性的共同對外關稅，共同行使經濟主權，其目的是從經濟領域入手保持締約成員國的利益均衡。1957年建立歐洲經濟共同體後，經濟整合進程不斷深入，如建立統一大市場和制定《馬斯垂克條約》，建立經濟貨幣聯盟和使用同一貨幣（即歐元），締約成員共同行使的主權範圍不斷由共同貿易政策擴大到農業政策、能源政策、工業政策、商業政策和財政政策等。隨著共同關稅的建立，歐洲統一市場一直具有「貿易堡壘」的色彩，非締約成員國的市場准入受到該組

2　歐盟原來成員包括奧地利、比利時、丹麥、芬蘭、法國、德國、希臘、愛爾蘭、義大利、盧森堡、荷蘭、葡萄牙、西班牙、瑞典、英國等十五國，東擴後加入愛沙尼亞、拉脫維亞、立陶宛、波蘭、匈牙利、捷克、斯洛伐克、斯洛維尼亞、賽普勒司、馬爾他等十國。

3　同註1，頁19-21。

機下訂與美國素和常美國素不同程度取限期。

用貿易區。近年來，美國和中美洲、加勒比海地區及南美洲各國積

美國在推動世界貿易自由化方面，態度一向非常積極，二次大戰

是其國際影響力受到限制和挑戰的反應，其中最重要的挑戰是來自歐

　　在當今的國際社會上，區域經濟整合的議題內容已呈現多樣化的

發展。按GATT第24條、第5條及授權條款（enabling clause）的規範，

區域貿易協定必須符合WTO貿易自由化的精神，區域協定的議題通常

涵蓋能夠超越WTO的議題範圍，平每的措施來降低市場自由化，加

強雙邊投資便捷化，增進雙邊經濟合作等各大領域，表14-1綜合整理

表14-1　全球各主要區域性貿易協定之議題範圍

項目	美國、以色列	北美自由貿易區	美國、約旦	日本、新加坡	智利、加拿大	智利、墨西哥	歐盟、墨西哥	澳、紐 FTA
關稅廢除	◆	◆	◆	◆	◆	◆	◆	◆
進口管制措施之廢除		◆		◆	◆	◆	◆	◆
安全防衛措施	◆	◆	◆			◆	◆	◆
反傾銷、平衡稅措施	◆	◆					◆	◆
原產地規則	◆	◆	◆	◆	◆	◆	◆	◆
關稅評估、通關程序		◆	◆	◆	◆	◆	◆	◆
投資		◆		◆	◆	◆	◆	◆
服務貿易	◆	◆		◆	◆	◆	◆	◆
標準、認證（MRA）		◆		◆		◆	◆	◆
衛生植物檢疫	◆	◆		◆		◆	◆	◆
政府採購	◆	◆	◆			◆	◆	◆
智慧財產權	◆	◆	◆			◆	◆	◆
競爭政策		◆		◆	◆	◆	◆	
爭端解決機制	◆	◆	◆			◆	◆	◆
國際收支條款	◆		◆				◆	
經濟合作				◆			◆	
委員會機制	◆	◆		◆	◆		◆	
電子商務				◆	◆			
人的移動		◆		◆	◆	◆		
環保與貿易		▲		◆	▲			
勞動與貿易		▲		◆	▲			

說明：◆為協定之議題；▲為附屬條款。

資料來源：日本經濟產業省，《經濟白書》，2001年；間接引自王文娟（2002）。

判：第一是跨區域性的結盟，不再侷限於地緣關係，第二是已開發國

的過，形成了新的貿易障礙，這些將會具國的經濟產生不利的影響，
因此，各國為了避免被邊緣化及受到不利因素的衝擊，都採取積極的
態度與其他國家或地區進行經貿合作的談判，區域性經濟整合的世界
潮流促使各國對國際典範（regime）及國家行動的瞭解，不僅對於當
該國內相關產業發展與政策因應，對未來全球性經濟的發展有多邊關聯，
而影響了未來全球性經濟整合
的進展。

發生，國家之間的發展程度差距不斷拉大，加上全球經濟追求自由化
的趨勢，區域經濟自由貿易成了一股不可抗拒的洪流，區域性經濟整合的
發展過程，不但涉及實際經濟利益，更包括了政治意涵與安全事務方
面的考量，因此，其進展速度比預期的緩慢許多。不過，由於某些區

Viner（1950）、El Agraa（1989）等文獻指出，區域經濟整合會

降低會員國間的貿易障礙，而產生兩種效果，一是貿易創造效果，即由於邊境障礙降低，本來由國內生產的不具比較利益商品，轉自會員國進口；二是貿易轉向效果，即因為會員國間貿易不必支付關稅，本來自非會員國進口之商品將轉向自會員國進口。前者有助於整體福祉的增加，後者由於對非會員國會形成衝擊，全球之福祉或可能因之下降。

　　從國際經驗來看，區域經濟整合後，區域內貿易比重會有明顯的增加趨勢，尤其FTA的簽署對會員國之間的貿易流量會造成影響，區域內貿易與投資活動將大幅成長（Buch, Kokta and Piazolo, 2003）。IMF的Direction of Trade研究報告指出，北美自由貿易區在1994年成立之前，區域內貿易比重僅有42%，但五年後的1999年該比重已升至46.5%，區域內貿易比重增加近5個百分點。反之，區域外貿易比重則減少了5個百分點。歐盟從歐洲共同市場（EC）時代以來，區域內貿易比重也呈現逐步上升趨勢。在EC成立之前，各會員國多數自澳、紐、美、加、南非等進口穀物、乳製品或初級製造品，但是EC成立之後，紛紛轉向自區域內會員國進口，因此，澳、紐、美、加、南非等都是貿易被移轉的對象。如果區域整合係採關稅同盟型態，各會員國有共同的對外關稅，這種貿易轉向的效果可能會更大。[6]

　　EU的區域內貿易比重亦呈現逐年增加的趨勢（表14-2），在1980～2003年間，區域內貿易比重都超過50%以上，尤其在1996年後，除了2000年及2002年，都呈現60%以上，顯示歐洲經濟整合後，其區域內的貿易比重與貿易流量呈現增加趨勢。1980年以來，NAFTA和ASEAN的區域內貿易比重也呈現逐年增加趨勢，前者已突破至45%左

6　貿易轉向與貿易創造效果係為靜態效果，而在現實經濟社會中，經濟整合也會創造一些動態效果，其影響更為深遠。這些動態效果包括規模經濟效果、外部性效果、提高生產效率並促進競爭、吸引外人直接投資、改善貿易條件等。

NAFTA　EU　ASEAN

領域內）,可以分享主權目標,在這國家地區機構內部有管理權和發

言權,成員國不分大小,權利和義務都是一致的。從歐、美的例子

看,經濟一體化什麼讓渡部分經濟主權並不意謂國家利益受損,相反

的,...是為了爭取更大的保障和獲得更高的利益目標。相關的實證研究

證實,區域經濟一體化對成員國甚至區域整體經濟發展有一定程度的

正面效果,透過合作取代了競爭關係,深化了區域內貿易財和生產要

素自由流通,減少貿易壁壘所帶來的成本與損害,對本區域的經濟成

長具有重大的貢獻。'

Comparative Economics 31(2003), pp.94-109.

　　然而，值得注意的是，歐美兩大經濟體區域化進程形成競爭的局面，雙方不斷擴大各自結盟的範圍，同時一方面透過關稅和非關稅壁壘增加保護主義措施，另一方面則利用目前多邊貿易體制的漏洞，擴大其市場准入和市場保護的合法性。這種貿易保護主義已由國家間擴大到區域之間，不斷引發的貿易爭端導致全球貿易保護主義抬頭，對WTO的自由貿易原則和組織結構，尤其對區域經濟體以外國家的貿易條件產生消極的影響。

第二節　東亞區域經濟整合之發展

　　受到全球經濟區域化潮流之影響，東亞各國參與區域經濟合作的意識逐漸增強。然而，東亞各國在1990年代初期推動經濟整合，相對於歐、美各國而言成就並不算大。究其原因，主要在於各國經濟發展差距太大，譬如，日本與新加坡人均所得都超越三萬美元，而同地區的緬甸與柬埔寨等國卻僅有200多美元，相差甚大；貿易和跨國直接投資活動亦都集中在中國、日本、南韓、新加坡等國，其他較落後的國家受益十分有限。由於發展相對較低的國家參與區域經濟合作所受實益有限，經濟穩定與發展卻可能因參與區域經濟合作、對外開放而面臨不確定性，甚至受到不利的衝擊，因此，這些國家在參與區域經濟整合的態度上多所保留。

　　另外一項導致東亞地區經濟整合進展緩慢的因素，是東亞各國的社會、政治制度和文化發展的差異性，以及各國內部存在複雜的民族問題、宗教矛盾等因素，導致國內政治環境的不穩定，尤其在相互依賴的國際社會中，一個國家內部的穩定性將影響其他國家及區域的穩定發展。在全球化的時代，各國對國際社會經濟波動的承受較為敏感，東亞區域內任一國內部的動盪，將牽連周邊國家的穩定，同時亦

WTO各成員對新回合議題之協商各持己見，談判曠日費時，全球經貿自由化目標遙遙無期的情況之下，東亞各國積極轉而積極參與區域

除...區域也越來越強烈，近年來東亞主要國家和地區洽簽自由貿易協定的趨勢愈加明顯，如表14.3 ...

14.4進一步整理了東亞主要國家，迄目前參與區域經濟整合的對象，可以發現，東亞主要國家參與區域經濟整合的作為，大都採多軌進

自由貿易區，甚至進一步提出組織包括日本、南韓、香港、台灣、東協

日本舉行的東協特別高峰會中，日本與東協共同發表《東京宣言》，揭示日本與東協除推動經濟整合外，在政治、發展、安全保障，以

的經濟整合為一體外，也期待全面性的消除國與國間的藩籬，進一步地推向東亞共同體。

除了推動區域整合外，日本政府近年來也積極推動雙邊自由貿易之談判，例如，也與新加坡、墨西哥等國完成簽署FTA，與韓國、台灣、菲律賓、泰國等則正在評估中。日本政府已放棄其數十年來所堅持的以WTO多邊談判為主軸的貿易自由化政策，改採雙主軸貿易政策，強調與國際潮流接軌。由於日本經濟在東亞地區一直居於領導地位，日本政策的轉向必然會影響東亞各國的貿易政策取向，進一步激勵各國推動經濟整合意願。

表14-3　東亞主要國家和地區洽簽自由貿易協議概況（截至2009年5月）

國家	生效	簽署	談判階段	評估階段	合計
新加坡	14	3	11	4	32
泰國	9	0	9	6	24
中國	8	1	6	8	23
韓國	5	1	7	10	23
日本	9	1	5	4	19
馬來西亞	6	1	9	3	19
印尼	5	1	4	6	16
菲律賓	5	0	3	4	12
越南	4	1	4	2	11
台灣	4	0	2	1	7
香港	1	0	1	0	2
合計	70	9	61	48	188

資料來源：參閱劉大年，「全球區域整合之趨勢」，朱敬一（主編），《ECFA：開創兩岸互利雙贏新局面》，台北：遠景基金會，2009年，頁24。

　　在推動雙邊自由貿易協定方面，表現最為積極的東亞國家為新加坡，表14-4資料顯示，新加坡已與日本、印度、韓國、紐西蘭、美國、澳洲、約旦、巴拿馬、歐洲自由貿易協會（包括瑞士、列根支坦、挪威及愛爾蘭等國，簡稱為EFTA）完成簽署FTA，並與墨西哥、加拿大、埃及、烏克蘭等國進行協商中。泰國、大陸與馬來西亞也有急起直追之勢，馬來西亞則一貫的強調區域整合，曾提出建構東亞社會（East Asian Community）方案，期待朝東亞經濟一體化發展。

　　針對雙邊自由貿易協議談判，東亞各國大都採取速戰速決的方式，在二至三年間完成簽署。不過，在多邊經濟一體化架構之進展上，由於牽涉層面較廣，不只談判費時較長，同時，經濟一體化的時程基本上有過渡期。例如ASEAN與中國大陸簽署的自由貿易協定，在2000年10月間首度正式提出，並於次年11月雙方取得共識，預定在

表14-4　東亞主要國家區域貿易協定一覽表（截至2009年5月）（續）

國家	已生效	已簽署	談判中	評估中
泰國	東協、東協—中國、東協—韓國、東協—日本、寮國、中國、澳大利亞、紐西蘭、日本		東協—澳大利亞與紐西蘭、東協—歐盟、東協—印度、印度、巴林、歐洲自由貿易聯盟、秘魯、美國	東亞自由貿易區、東亞高峰自由貿易區、韓國、巴基斯坦、智利、南錐共同市場
印尼	東協、東協—中國、東協—韓國、東協—日本、日本	8個發展中國家關稅優惠約定	東協—澳大利亞與紐西蘭、東協—歐盟、東協—印度、巴基斯坦	東亞自由貿易區、東亞高峰自由貿易區、印度、澳大利亞、歐洲自由貿易聯盟、美國
菲律賓	東協、東協—中國、東協—韓國、東協—日本、日本		東協—澳大利亞與紐西蘭、東協—歐盟、東協—印度	東亞自由貿易區、東亞高峰自由貿易區、巴基斯坦、美國
越南	東協、東協—中國、東協—韓國、東協—日本	日本	東協—澳大利亞與紐西蘭、東協—歐盟、東協—印度、智利	東亞自由貿易區、東亞高峰自由貿易區
香港	中國大陸		紐西蘭	
台灣	瓜地馬拉、巴拿馬、尼加拉瓜、薩爾瓦多—宏都拉斯		多明尼加、巴拉圭	美國

資料來源：參閱 劉大年（2009，頁24-26，表2-6、2-7）整理。

2010年間完成經濟一體化，而與高棉、緬甸、寮國和越南等ASEAN新成員國的整合則將延至2015年才完成。另外，日本與ASEAN之自由貿易協定於2002年由日本提議，同樣預定在十年內，於2012年間實現成立自由貿易區的構想。這一類的區域貿易協定由於強調會員國間進一步緊密經濟關係的建立，因此，又被廣稱為緊密經濟伙伴關係協定

已相當有限。相對地，商業文件、海關通關效率、產品規格要求，以

及其他行政監督系統的交易成本可能超過高關稅的貿易障礙，因

題。在此區域協定之中檢討貿易議題，而來檢視金融部門之合

作著手。最顯著的案例為亞洲金融風暴發生後，由日本主導推動的

宏觀決金融及外債問題。此一經濟整合的內容係強調金融部門合作機

制之建立。

中國大陸與東協已於2004年11月29日正式簽署「中國—東協全面

經濟合作框架協議貨物貿易協議」，朝設立自由貿易區的方向邁進

步。這一項歷史性的協定，雙邊承諾逐步推動雙邊貿易自由化及零關

稅的合作關係，並將於2010年實現上千類產品關稅稅率降至0.5%以

下，還將建立「中國—東協自由貿易區」。中國與東協建立六大金融

合作領域，包括農業、資訊通信、人力資源開發、相互投資和湄公河

與十國合作，透過所謂「十加一」提出具體的經濟合作模式，在東亞

地區經濟整合之運作上逐漸扮演主導的角色。

第三節　兩岸在東亞區域經濟整合的角色地位

　　東亞各國經濟關係愈趨密切，逐漸朝向一體化發展的過程中，中國大陸扮演著非常關鍵的角色。大陸經濟崛起，牽動了東亞經貿版圖。以對外貿易之擴張為例，大陸對外貿易總值在1978年間僅206.4億美元，在全球貿易總量中所佔比重可說是微不足道；不過，到2006年，大陸對外貿易總值已突破超過1.76兆美元，在全世界的排名由第三十二位竄升至第三，僅次於美國和德國。由於大陸55%以上的出口依靠加工業，出口產品所需要的原材料、半成品和零組件大都依賴進口，[8]而其中絕大部分是從東亞各國進口，因此，隨著大陸對外貿易之擴張，東亞各國對大陸出口的依賴程度不斷增加，東亞區域內貿易的比重也呈現逐漸增加之勢。

　　張宇燕、王小敏（2004）的研究指出，1995～2001年間，東亞對大陸地區之出口以平均11.5%的速度增長，遠高於世界貿易3.8%的增速。大陸地區成為東亞各國在區域內最重要的、成長最快的出口市場，2001年的資料顯示，香港、台灣和南韓對大陸之出口佔各該國出口總值的比重已分別達到44.9%、43.8%和42%。加入WTO後，市場准入限制放鬆和貿易自由化措施，進一步促進了大陸的進口成長，同時，大陸挾其低廉要素成本的優勢，已成為東亞地區主要生產基地，結果導致東亞國家區域內出口貿易的比重大幅提高，其中，台灣、新加坡、南韓及日本等四個國家對東亞區域內出口成長的速度最快（表14-5）。

8　據統計，大陸每出口100美元的商品就會有50-70美元的進口原料。參閱張幼文、徐明棋，《經濟強國：中國和平崛起的趨勢與目標》（北京：人民出版社，2004年），頁180。

表11-5 東亞國家區域內出口佔各該國總出口比重

	1986	1991	1996	2002
台灣、新加坡、香港	38.5	41.4	49.4	50.4
東協四國	52.6	52.5	55.1	52.5

與大陸雙邊貿易擴張，以及貿易相互依存度提高，經貿關係再趨緊密

以來，東亞開發中國家積極投入1的）亞共地，在睦國公司的戰略佈局

水平分工格局。無疑地，大陸對外貿易擴張，提供東亞各國出口的機

會，發揮了區域內貿易引擎的角色。同時，大陸與周邊國家橫向內在

發展。

大陸自加入WTO前後，逐步調整其貿易政策，一方面參與WTO

多邊體制，推動貿易自由化，逐步開放服務貿易市場，另一方面加積

極營建區域或雙邊經濟合作。事實上，中國大陸為了遂行其強國戰略

的企圖，多年來一直以發展中國家的領導者自居，並積極融入全球經貿體系，參與甚至主導各項國際經濟組織。例如，1992年，大陸正式加入亞太經合組織（APEC）成為會員；2001年間大陸與俄羅斯、哈薩克斯坦、吉爾吉斯斯坦、塔吉克斯坦、烏茲別克斯坦等五個國家組合「上海合作組織」；同年間加入WTO；2002年，大陸與東盟簽署了《中國—東盟全面經濟合作框架協議》，稍後又達成在十年內建立中國—東盟自由貿易區的共識；2003年間分別與香港、澳門簽署「更緊密經貿關係安排」（CEPA）。迄目前，中國大陸已與9個對象簽署協議（含國家、地區和經濟組織），其中8個已有效運作；正在談判和評估的對象分別有6個和8個（表14-3）。

由於地理、歷史因素，台灣與東亞各國的經貿交流亦相當密切，以雙邊貿易關係來看，東亞主要國家佔台灣總出口比重從1990年代初期的37.1%，逐年上升至2000年的50%，[11]最近的資料顯示，該比重已逼近60%；而相對地，台灣對美國之出口值佔台灣總出口之比重，則由1990年的32.2%減少為17%。在另一方面，同一期間，東亞主要國家佔台灣總進口之比重也由41.7%逐年增加，目前已突破56%；而自美國進口值佔台灣總進口之比重，同期間卻由23%逐年減少至13%左右。顯然，東亞各國已成為台灣最主要的貿易伙伴，台灣與東亞主要國家的貿易關係已愈來愈緊密。其中，尤其是大陸地區已成為台灣最大的貿易伙伴（約佔二成），最大的出口市場（比重超過三分之一）。

台灣與東亞主要國家之間雙邊貿易快速而穩定的成長，顯示台灣與東亞區域內各國生產分工體系已逐步建立。在實證研究上，一般都是採用產業內貿易指數來衡量貿易伙伴之間的產業分工特質，[12]當該指

11　參閱高長、吳瑟致，「東亞經濟區塊化的大陸因素與台灣角色」，《經濟情勢暨評論》（台北）11（1），2005年，頁71。

12　產業內貿易之衡量，文獻上大都採用H. G. Grubel and P. J. Lloyd（1975）所

單位：%

	1990	1995	2000	2001	2002	2003
動物產品	24.56	35.58	27.94	22.54	20.90	20.19
植物產品	19.00	25.17	26.14	25.90	26.02	26.16
動植物油脂產品						
食品、飲料、菸草製品	21.57	37.01	32.26	31.54	32.45	33.01
礦產	20.75	19.26	25.00	43.97	33.96	22.44
化學製品	38.25	47.20	44.63	48.22	46.23	44.50
塑膠橡膠製品	50.58	46.26	54.00	52.00	50.03	49.06
毛皮與皮革製品	21.01	26.50	29.16	25.13	20.20	24.01

建議的方法，一般稱之為 G-L 指數，計算公式為 $B_{ij} = \left[1 - \dfrac{\Sigma|X_{ij} - M_{ij}|}{\Sigma(X_{ij} + M_{ij})}\right] \times 100$，

其中，M_{ij} 為 i 產業自 j 國的進口、X_{ij} 為 i 產業對 j 國之出口值。當 B_{ij} 值愈接近

100，兩國該產業貿易愈屬於產業內貿易；當 B_{ij} 值愈接近0，雙邊產業的貿易型態

表14-6 台灣與東亞各國之產業內貿易指標（續）

	1990	1995	2000	2001	2002	2003
木及木製品	32.01	32.02	28.78	31.23	28.39	29.56
紙製品	45.95	57.06	60.29	63.58	67.80	66.91
紡織原料及紡織品	26.69	23.03	21.08	18.01	20.23	20.46
鞋、帽、傘等	6.17	39.29	37.88	38.00	30.79	23.62
水泥、陶瓷及玻璃製品	48.19	62.73	49.47	52.79	57.41	43.73
寶石或半寶石	11.62	32.64	22.86	24.25	20.56	19.42
金屬製品	43.51	46.72	45.23	42.13	40.95	42.24
電子電機製品	63.79	61.68	73.07	73.39	71.05	73.98
運輸設備製品	36.41	40.47	55.68	60.89	63.00	73.82
精密儀器製品	54.64	43.95	43.67	48.94	49.54	51.72
雜項製品	33.67	41.64	49.45	49.09	49.18	48.28
合計	45.02	48.52	58.69	58.88	57.59	58.47

資料來源：高長、吳瑟致（2005）。

其次，再從台灣之對外投資方面觀察，東亞地區也是台灣對外投資最集中的區域。根據台灣官方統計，以累計金額計算，台灣對東亞各國投資合計約佔總額的四分之三。事實上，依當地國官方統計（表14-7），台商對東亞各國投資累計的金額還不只這麼多。因此，對東亞地區而言，台灣可說是扮演資金提供者的角色，其重要性僅次於日本。

台灣對東亞地區之投資件數與金額，雖不如日本，但在以中小企業為主體的投資活動中，台灣廠商逐漸發展出獨特的投資策略模式，將在台灣原創的產業網絡延伸至海外投資事業，[14]也就是整合台灣與投資當地國的資源，包括人才、原材料、零組件與資金等，以發揮最

---

14 紡織、製鞋、電子零組件等產業對外投資之佈局即是典型的例子。參閱蕭新煌、王宏仁、龔宜君編，《台商在東南亞：網絡、認同與全球化》，（台北：中央研究院，2002年）。

這種投資策略模式相較於歐美多國籍企業的海外投資模式不盡相同，

果。

1990	781	2,340	141	818	42	431	
		1,320	12	1,038	13	521	1,105
1992	281						
1993	215	221	5	428	68	421	
1994	478	1,123	268	2,488	100	519	3,391
1995	1804	568	14	640	32	1,240	3,162
1996	2709	516	7	535	105	554	3,473
1998	254	263	5	157	158	441	2,915
1999	211	70	5	1,180	325	173	2,599
2000	432	341		121	330	381	3,296
2001	159	397	0.1	72	270	456	2,980
2002	63	66	235	19	26	277	3,971
2003	339	164	46	39	26	322	3,400
累計	10,943	9,439	1,111	12,942	1,824	6,261	36,748

資料來源：泰國BOI，馬來西亞MIDA，菲律賓BOI，印尼BKPM，行政院投資審查

註：適用MPI，間接引自經濟部投資業務處，中國大陸資料引自大陸

《中國統計年鑑》

　　回顧過去，東亞經濟整合快速發展中，台灣是東亞地區重要的投資者，同時，透過投資與雙邊貿易，台灣更扮演著東亞地區產業分工的樞紐角色，相關研究指出，在東亞產業分工體系中，台灣是僅次於日本的製造品零組件主要供應者，台商的生產技術和經營模式亦廣泛被東南亞及大陸的企業模仿學習（蕭萬長，2005）。台灣與大陸經濟整合的效益更為明顯。據統計，台灣對大陸投資企業累計已超過七萬家，投資地區遍佈大陸各地，尤其集中在長三角、珠三角和環渤海灣地區，對當地產業及經濟發展的貢獻極大，以電子資訊產業為例，目前大陸的生產總值中，台商投資企業的貢獻比重約佔一半（高長、李吉仁，2003）；另外，台商對大陸進、出口貿易總值的貢獻比重約為18-20%。[15]

第四節　加強兩岸經濟合作的探討

　　在全球化的時代，經濟區塊化也蔚為潮流，尤其各國致力於洽簽FTA，試圖降低貿易障礙，擴大雙邊貿易和經濟合作，進而創造更大的經濟福利效果。在現實的國際社會中，區域經濟整合模式及影響層面各有不同，其中，北美自由貿易區與歐盟堪稱為迄目前區域經濟整合成功案例中的典範。

　　受到全球區域性經濟整合潮流之激勵，以出口為導向的東亞國家，近年來也積極推動雙邊或多邊的經貿合作，其中，尤以新加坡、泰國、中國大陸、日本、南韓等國最為積極。東亞國家積極推動區域

15　依台商對大陸直接投資佔大陸利用外商直接投資總額的比重（估計約佔三分之一），乘上外資企業出口值佔大陸出口總值的比重（約60%）而得。由於台資企業相對於其他外資企業較偏出口導向，台商在大陸出口總額中所佔份額可能略高於全部外商的平均水準。

經濟整合的進程較歐美各國晚，其效果還有待觀察。儘管如此，過去
十多年來，在市場力量的主導下，東亞各國之間的貿易整合其實已

員環境的改善，可吸引直接投資的進入，則產生更大的外溢效果，進一
步促進東亞區域經濟的穩定發展。

展望未來東亞區域經濟整合之發展，中國大陸與東協的自由貿易
協定談判進程是值得重視的關鍵因素。近年來，大陸經濟快速崛起，
國際地位與影響力也大幅提升，尤其積極拉攏東協成立自由貿易區，

成長最具潛力的區塊。尤其，醞釀中的東亞自由貿易區，一旦全面展
開，其經濟規模將媲美

面，東亞區域經濟整合程度提高，區域內貿易規模勢將逐漸擴張，一

台灣身為東亞區域的一員，不能不關注東亞區域經濟整合的進
展。由於過去二十多年來，台灣與東亞各國之間，透過雙邊貿易和投

東亞區域經濟整合議題上，台灣不僅可繼續扮演促進貿易與提供資金
的角色，針對地域整合的各種議題，例如通關流程、產品規格標準和

來發展、金融合作和能源環境等，台灣也都有機會且應積極參與國際
雙邊或多邊對話。台灣的商品化和製造能力，尤其為了資訊製品，在
全球分工格局中佔有重要的地位，全球運籌管理和研發方面亦累積了

一定的實力，加強區域內雙邊或多邊經貿關係，必定能為台灣本身和本區域創造更大的經濟利益。

過去二十多年來，東亞各國經濟整合程度逐漸加深過程中，台灣和大陸對於東亞地區經濟一體化的發展都扮演著重要的角色，尤其，在同一期間內，台灣與大陸的經貿關係也持續發展，目前大陸已是台灣最大的貿易伙伴、最大的出口市場、最大的貿易出超來源、最大的海外投資據點；而台灣是大陸第七大貿易伙伴、第七大出口市場、第四大進口來源。台商對大陸直接投資促進了大陸的資本形成，同時帶入了先進的技術和管理知識。台商企業與跨國大廠結盟，以全球經營戰略著眼，把國際產業鏈中部分加工組裝活動大規模移向大陸的結果，對於大陸製造能力之提升、產業結構改善、新就業機會之創造和出口擴張等方面具有明顯的貢獻。[16]

面對全球經濟區域化，尤其東亞地區經濟整合的趨勢，國際市場競爭日趨激烈、國際貿易保護主義日益抬頭，台灣是一個外向型經濟體，將面臨嚴峻的挑戰。中國大陸和東協各國是台灣的主要經貿伙伴，加強與周邊這些主要經貿伙伴國家協商，推動更緊密的經濟合作關係，是台灣經濟避免被邊緣化的重要課題，應嚴肅以對。

長期以來，台灣因為國際政治因素，一直被排除在東亞經濟整合之外。為解決台灣被邊緣化的危機，除了應致力與其他國家洽簽FTA之外，大陸是台灣最重要經貿伙伴，與大陸發展更緊密的經貿關係，對台灣整體經貿發展應有正面助益。馬、蕭政府致力於推動兩岸經貿關係正常化，近期並一再強調兩岸簽訂「經濟合作框架協議」

---

16 較具體的討論可參閱 Charng Kao and Wen-Thuen Wang, "Economic interaction between Taiwan and mainland China and its influence on both economy," in Shiping Hna(ed.), *The Beijng-Taipei-Washington Triangle*, New York: Palgrve Macmillan.

新簽FTA（當然名稱不一定是FTA），或是類似的經濟合作協定。關於
利於台灣和東亞區域經濟的整合銜接。

ECFA是屬框架性或架構性的協議，是雙邊經濟合作的法律基礎及
基本架構，包含合作的宗旨、目的、精神及綱要，尚未有詳細的實質
合作內容，符合WTO規範，但屬特殊的FTA。可以說，FTA有詳細的
實質合作內容，且簽署後就必須依協議執行。而架構性的協議，通常
是在簽署後一段時間內針對特定議題繼續協商實質合作的內容，再簽
署相關協議。眾所周知的「東協加一」在

框架性的協議，而後到了2005年，才再進一步簽訂「貨品貿易協定」

（或稱關稅減讓協定），2007年又簽署「服務貿易協定」。「東協加一」從2002年間簽署框架性協議到2010年全面運作，前後歷時9年。ECFA架構性協議的精神和「東協加一」的精神是類似的，即先有架構性協議後再逐步協商實質合作內容。

　　綜合而言，簽訂ECFA對台灣的影響可歸納為：(一)避免國際區域經濟整合潮流帶來不利的衝擊，確保國際市場公平競爭機會，穩固海外市場；(二)在中長期發揮經濟整合效果，擴大貿易，發揮規模經濟效益、外部經濟效果、吸引外人投資、改善貿易條件、提升企業競爭能耐；(三)突破與其他國家洽簽經濟合作協議的障礙；(四)台灣產業結構將面臨調整，主要是以內需為主的產業，如傳統產業或地方性產業，可能會受到較大的傷害，政府必須要有配套措施；(五)兩岸加入WTO的門票不同，台灣加入時是比照「已開發國家」的身分，付了較高的門票，也就是關稅減讓幅度較大；大陸是開發中國家，關稅減讓幅度較小。在ECFA下，兩岸平行調降關稅後，相對而言我們進入大陸市場是比較有利的。

參考文獻

王文娟（2002），「區域性貿易協定之發展趨勢及最新動態」，《經濟情勢暨評論》（台北）8(2)，頁48-66。

（2003），... 考：以瑞士資訊產業為例」，發表於中華經濟研究院「92年大陸經濟發展研討會」，台北。

（2003），「歐盟東擴對貿易與直接投資影響之研究」，發表於歐洲聯盟研究協會「歐盟的深化與廣化」2003年歐洲聯盟研究協會年度學術研討會」，台北。

朱...男（2004），「區域經濟集團化與中國」，王長勝（主編），《中國與世界經濟發展...

（...），「...經濟共...的角色」，《經濟情勢暨評論》（台北）11(1)，頁58-78。

張幼文、徐明棋（2004），《經濟強國：中國和平崛起的趨勢與目標》，北京：人民出版社。

張宇燕、王小敏（2004），「亞太地區經濟形勢綜述」，張蘊岭與孫士海（主編），《亞太地區發展報告》，頁1-19，北京：社會科學文獻出版社。

劉大年（2009），「全球區域整合之趨勢」，朱敬一（主編），《ECFA：開創兩岸嶄新文贏新局面》，頁13-33，台北：遠景基金會。

蕭新煌、王宏仁、龔宜君（2002），《台商在東南亞：網絡、認同...

與全球化》，台北：中央研究院亞太研究計畫。

蕭萬長（2005），「亞洲經濟整合的前景與展望」，《經濟前瞻》（台北）97，頁10-13。

鍾景婷、洪淑惠（2003），「東亞經貿整合趨勢與台灣角色」，《台灣經濟論衡》（台北）1(11)，頁29-47。

Buch, C. M. , R. M. Kokta and D. Piazolo (2003), "Foreign direct investment in Europe: Is there redirection from the South to the East?" *Journal of Comparative Economics* 31, 94-109.

El-Agraa, Ali M. (1989), *The Theory and Measurement of International Economic Integration*, New York: St. Martin's Press.

Grubel, H. G. and P. J. Leoyd (1975), *Intra-Industry Trade*, London: The Macmillan Press Ltd.

Charng Kao and Wen-Thuen Wang (2007), "Economic interaction between Taiwan and mainland China and its influence on both economy," in Shiping Hna (ed.), *The Beijng-Taipei-Washington Triangle*, New York: Palgrave Macmillan.

Viner, J. (1950), The Customs Union Issue, New York: Carnegie Endowment for International Peace; London: Stevens Son.

Wallace, William (1994), *Regional Integration: the West European Experience*, Washington: Brookings Institution Press.

大陸經改與兩岸經貿 / 高長著

封面設計 — 盧盈良

出 版 者 — 五南圖書出版股份有限公司

地　　址：100台北市大安區和平東路二段339號4樓

劃撥帳號：01068953

台中市駐區辦公室/台中市中區中山路6號
電　　話：(04)2223-0891　傳　　真：(04)2223-3549
高雄市駐區辦公室/高雄市新興區中山一路290號

法律顧問　元貞聯合法律事務所　張澤平律師
出版日期　2008年10月初版一刷
　　　　　2009年10月二版一刷
　　　　　2012年 3 月二版二刷

定　　價　新臺幣450元